矿业权政策性整合法律问题研究

——以山西煤炭企业兼并重组为背景

On the Legal Issues of the Policy Integration of Mining Right
—Under the Background of the M&A of Coal Undertakings

郗伟明 著

经济管理出版社
ECONOMY & MANAGEMENT PUBLISHING HOUSE

图书在版编目（CIP）数据

矿业权政策性整合法律问题研究——以山西煤炭企业兼并重组为背景/郗伟明
著.—北京：经济管理出版社，2015.12
ISBN 978 - 7 - 5096 - 3946 - 7

Ⅰ.①矿… Ⅱ.①郗… Ⅲ.①煤炭企业—企业兼并—矿业权—研究—山西省
Ⅳ.①D922.624 ②F426.21

中国版本图书馆 CIP 数据核字（2015）第 203541 号

组稿编辑：宋　娜
责任编辑：胡　茜
责任印制：黄章平
责任校对：王　淼

出版发行：经济管理出版社
　　　　　（北京市海淀区北蜂窝 8 号中雅大厦 A 座 11 层　100038）
网　　址：www. E - mp. com. cn
电　　话：（010）51915602
印　　刷：三河市延风印装有限公司
经　　销：新华书店
开　　本：720mm×1000mm/16
印　　张：15.75
字　　数：258 千字
版　　次：2015 年 12 月第 1 版　2015 年 12 月第 1 次印刷
书　　号：ISBN 978 - 7 - 5096 - 3946 - 7
定　　价：98.00 元

第四批《中国社会科学博士后文库》编委会及编辑部成员名单

（一）编委会

主 任：张 江

副主任：马 援　张冠梓　俞家栋　夏文峰

秘书长：张国春　邱春雷　刘连军

成 员（按姓氏笔画排序）：

卜宪群	方 勇	王 巍	王利明	王国刚	王建朗	邓纯东
史 丹	刘 伟	刘丹青	孙壮志	朱光磊	吴白乙	吴振武
张车伟	张世贤	张宇燕	张伯里	张星星	张顺洪	李 平
李 林	李 薇	李永全	李汉林	李向阳	李国强	杨 光
杨 忠	陆建德	陈众议	陈泽宪	陈春声	卓新平	房 宁
罗卫东	郑秉文	赵天晓	赵剑英	高培勇	曹卫东	曹宏举
黄 平	朝戈金	谢地坤	谢红星	谢寿光	谢维和	裴长洪
潘家华	冀祥德	魏后凯				

（二）编辑部（按姓氏笔画排序）：

主 任：张国春（兼）

副主任：刘丹华　曲建君　李晓琳　陈 颖　薛万里

成 员（按姓氏笔画排序）：

王 芳	王 琪	刘 杰	孙大伟	宋 娜	苑淑娅	姚冬梅
郝 丽	梅 枚	章 瑾				

本书获全国哲学社会科学规划办公室国家社会科学基金项目"我国能源政策法治化研究"（项目编号：14BF118）、山西省软科学基金研究项目"能源发展转型的法治逻辑"（项目编号：2014041017 –5）资助。

序　言

2015年是我国实施博士后制度30周年，也是我国哲学社会科学领域实施博士后制度的第23个年头。

30年来，在党中央国务院的正确领导下，我国博士后事业在探索中不断开拓前进，取得了非常显著的工作成绩。博士后制度的实施，培养出了一大批精力充沛、思维活跃、问题意识敏锐、学术功底扎实的高层次人才。目前，博士后群体已成为国家创新型人才中的一支骨干力量，为经济社会发展和科学技术进步作出了独特贡献。在哲学社会科学领域实施博士后制度，已成为培养各学科领域高端后备人才的重要途径，对于加强哲学社会科学人才队伍建设、繁荣发展哲学社会科学事业发挥了重要作用。20多年来，一批又一批博士后成为我国哲学社会科学研究和教学单位的骨干人才和领军人物。

中国社会科学院作为党中央直接领导的国家哲学社会科学研究机构，在社会科学博士后工作方面承担着特殊责任，理应走在全国前列。为充分展示我国哲学社会科学领域博士后工作成果，推动中国博士后事业进一步繁荣发展，中国社会科学院和全国博士后管理委员会在2012年推出了《中国社会科学博士后文库》（以下简称《文库》），迄今已出版四批共151部博士后优秀著作。为支持《文库》的出版，中国社会科学院已累计投入资金820余万元，人力资源和社会保障部与中国博士后科学基金会累计投入160万元。实践证明，《文库》已成为集中、系统、全面反映我国哲学社会科学博士后优秀成果的高端学术平台，为调动哲学社会科学博士后的积极性和创造力、扩大哲学社会科学博士后的学术影响力和社会影响力发挥了重要作用。中国社会科学院和全国博士后管理委员会将共同努力，继续编辑出版好《文库》，进一步提高《文库》的学术水准和社会效益，使之成为学术出版界的知名品牌。

哲学社会科学是人类知识体系中不可或缺的重要组成部分，是人们认识世界、改造世界的重要工具，是推动历史发展和社会进步的重要力量。建设中国特色社会主义的伟大事业，离不开以马克思主义为指导的哲学社会科学的繁荣发展。而哲学社会科学的繁荣发展关键在人，在人才，在一批又一批具有深厚知识基础和较强创新能力的高层次人才。广大哲学社会科学博士后要充分认识到自身所肩负的责任和使命，通过自己扎扎实实的创造性工作，努力成为国家创新型人才中名副其实的一支骨干力量。为此，必须做到：

第一，始终坚持正确的政治方向和学术导向。马克思主义是科学的世界观和方法论，是当代中国的主流意识形态，是我们立党立国的根本指导思想，也是我国哲学社会科学的灵魂所在。哲学社会科学博士后要自觉担负起巩固和发展马克思主义指导地位的神圣使命，把马克思主义的立场、观点、方法贯穿到具体的研究工作中，用发展着的马克思主义指导哲学社会科学。要认真学习马克思主义基本原理、中国特色社会主义理论体系和习近平总书记系列重要讲话精神，在思想上、政治上、行动上与党中央保持高度一致。在涉及党的基本理论、基本路线和重大原则、重要方针政策问题上，要立场坚定、观点鲜明、态度坚决，积极传播正面声音，正确引领社会思潮。

第二，始终坚持站在党和人民立场上做学问。为什么人的问题，是马克思主义唯物史观的核心问题，是哲学社会科学研究的根本性、方向性、原则性问题。解决哲学社会科学为什么人的问题，说到底就是要解决哲学社会科学工作者为什么人从事学术研究的问题。哲学社会科学博士后要牢固树立人民至上的价值观、人民是真正英雄的历史观，始终把人民的根本利益放在首位，把拿出让党和人民满意的科研成果放在首位，坚持为人民做学问，做实学问、做好学问、做真学问，为人民拿笔杆子，为人民鼓与呼，为人民谋利益，切实发挥好党和人民事业的思想库作用。这是我国哲学社会科学工作者，包括广大哲学社会科学博士后的神圣职责，也是实现哲学社会科学价值的必然途径。

第三，始终坚持以党和国家关注的重大理论和现实问题为科研主攻方向。哲学社会科学只有在对时代问题、重大理论和现实问题的深入分析和探索中才能不断向前发展。哲学社会科学博士后要根据时代和实践发展要求，运用马克思主义这个望远镜和显微镜，增强辩证思维、创新思维能力，善于发现问题、分析问题，积极推动解决问题。要深入研究党和国家面临的一系列亟待回答和解决的重大理论和现实问题，经济社会发展中的全局性、前瞻性、战略性问题，干部群众普遍关注的热点、焦点、难点问题，以高质量的科学研究成果，更好地为党和国家的决策服务，为全面建成小康社会服务，为实现"两个一百年"奋斗目标和中华民族伟大复兴中国梦服务。

第四，始终坚持弘扬理论联系实际的优良学风。实践是理论研究的不竭源泉，是检验真理和价值的唯一标准。离开了实践，理论研究就成为无源之水、无本之木。哲学社会科学研究只有同经济社会发展的要求、丰富多彩的生活和人民群众的实践紧密结合起来，才能具有强大的生命力，才能实现自身的社会价值。哲学社会科学博士后要大力弘扬理论联系实际的优良学风，立足当代、立足国情，深入基层、深入群众，坚持从人民群众的生产和生活中，从人民群众建设中国特色社会主义的伟大实践中，汲取智慧和营养，把是否符合、是否有利于人民群众根本利益作为衡量和检验哲学社会科学研究工作的第一标准。要经常用人民群众这面镜子照照自己，匡正自己的人生追求和价值选择，校验自己的责任态度，衡量自己的职业精神。

第五，始终坚持推动理论体系和话语体系创新。党的十八届五中全会明确提出不断推进理论创新、制度创新、科技创新、文化创新等各方面创新的艰巨任务。必须充分认识到，推进理论创新、文化创新，哲学社会科学责无旁贷；推进制度创新、科技创新等各方面的创新，同样需要哲学社会科学提供有效的智力支撑。哲学社会科学博士后要努力推动学科体系、学术观点、科研方法创新，为构建中国特色、中国风格、中国气派的哲学社会科学创新体系作出贡献。要积极投身到党和国家创新洪流中去，深入开展探索性创新研究，不断向未知领域进军，勇攀学术高峰。要大力推进学术话语体系创新，力求厚积薄发、深入浅出、语言朴实、文风清新，力戒言之无物、故作高深、食洋不化、食古不化，不断增强我国学术话语体系的说服力、感染力、影响力。

"长风破浪会有时，直挂云帆济沧海。"当前，世界正处于前所未有的激烈变动之中，我国即将进入全面建成小康社会的决胜阶段。这既为哲学社会科学的繁荣发展提供了广阔空间，也为哲学社会科学界提供了大有作为的重要舞台。衷心希望广大哲学社会科学博士后能够自觉把自己的研究工作与党和人民的事业紧密联系在一起，把个人的前途命运与党和国家的前途命运紧密联系在一起，与时代共奋进、与国家共荣辱、与人民共呼吸，努力成为忠诚服务于党和人民事业、值得党和人民信赖的学问家。

是为序。

张江

中国社会科学院副院长

中国社会科学院博士后管理委员会主任

2015 年 12 月 1 日

摘　要

　　煤炭资源整合的目的旨在"使煤炭产业的集中化程度提高，加强对煤炭资源的保护和合理开发利用，维护煤炭资源的国家所有者相关权益"，不仅要解决煤炭企业整合重组问题，更要通过煤炭企业整合重组促使煤炭资源得以有力保护和合理开发利用，因而其是项系统工程。在煤炭资源丰富但煤炭开采利用情形复杂的山西开展煤炭资源整合具有重要意义，不仅具有积极的实验和试探作用，在全国更具有标杆和示范作用。在此情形下，对煤炭资源整合进行研究虽具挑战，却是不可或缺的。因此，本研究以山西煤炭资源整合为中心，针对整合中相关法律问题进行梳理并探究解决之道，故主要内容包括：

　　第二章主要针对山西煤炭资源整合的基础理论进行全面分析。首先从理论和制度层面对煤炭资源的内涵与范畴予以界定，并从行为、主体等角度进一步深掘其内涵，从而将矿产资源整合界定为以矿业权整合为核心内容的行政行为，即：国家为了维护矿产资源开发的合理秩序，保障国民经济健康发展，通过行政规范性文件对特定的资源整合区域内的矿业权设置重新规划后，以整合双方当事人的一致合意为基础，重构并配置矿业权给整合主体的行为。

　　第三章主要采取实证的方式强调山西煤炭资源整合的现实动因。文章首先对山西煤炭资源整合前的状况进行分析，并依此结合山西煤炭资源开发利用具体情况指出山西煤炭资源存在私采滥挖、产业混乱、安全不足、生态破坏、管制弱化等乱象而亟待整合的紧迫情形；同时从资源开发合理性、可持续发展、经济转型、环境保护等方面阐明资源整合的必要性，继而分析其历史进程、现状以及资源整合后的初步效果表现，特别关注资源型经济转型综合改革配套试验区能源建设等。

第四章对山西煤炭资源整合中的问题进行梳理和分析。依据整合中问题发生的背景、利益关系等不同而从三个方面进行了描述和论证：一是基本规范不健全，从而诱发煤炭资源整合配套机制缺失、矿产资源整合中矿业用地与矿业权的矛盾、煤炭资源产权虚置和矿业权异化、煤炭矿业权的流转及退出缺乏机制、政府强制整合缺乏市场有效运营、煤矿产权关系调整漠视群众利益等问题；二是权利义务处置规范的缺失，从而导致煤矿企业被整合关闭后经济补偿、整合兼并中主体资格确定、整合主体被动签订整合协议、煤矿企业债权债务、整合过程中的职工利益、煤炭资源整合对企业资产变动的影响、产权混同及主体不确定性等问题；三是煤炭资源整合中相关纠纷解决机制不完善，其中重点分析阐述调研后较为集中的五类问题，即被整合主体原有债务纠纷、整合主体提前介入最终未整合该煤矿而引发的纠纷、前次整合后马上被后次整合引发的纠纷、被整合主体隐名股东问题引发的纠纷、被整合主体原被承包或租赁而引发的确认补偿主体的纠纷。

第五章主要针对山西煤炭资源整合中存在的问题提出相应的对策。基于山西煤炭资源整合的现状和问题分析，文章从理念、路径和解决机制等三个方面探究解决和完善山西煤炭资源整合中存在或所遇到的问题：从法律理论层面提出了煤炭资源整合的法律规制完善和优化，提出以加强法律法规与制度建设、煤炭矿业权的合理设置、煤炭产业政策法治化为主要途径的解决路径，并重点对有代表性的煤矿被承包和被转让股权产生纠纷的处理、保护不同所有制主体的利益和注重资源开发与生态保护、名义股东侵犯隐名股东权益纠纷的处理及煤炭资源整合中涉及行政诉讼纠纷的处理四个方面提出了对策建议。

第六章着重就山西煤炭资源整合进程中的经验教训进行总结和反思。山西煤炭资源整合是项系统工程，虽然复杂但仍取得了巨大成绩，对其进行历史反思和经验整理，有利于为山西将来以及全国范围内的煤炭资源整合提供经验范本。首先，就煤炭资源整合与改革的维度和基本范式来说，对政府干预市场经济和产业政策调整煤炭资源的关系进行了论证。其次，强调煤炭资源整合中矿业权交易市场机制对资源使用效率和资源优化配置的促进作用，概括性地说明问题根源在于围绕矿业权市场所形成的基本经济关系没有理顺，权利主体之间的权责利关系归属不清，要在"分权"和"法治"的基本原则下综合运用经济杠杆、法律规范、产业政策，以加强管控。

　　山西提升煤炭产业发展水平，实施以煤炭资源整合为核心的兼并重组等行为，是安全发展、和谐发展并且推动转型发展和结构调整的重要举措。山西开展的煤炭资源整合就是以现有的合法煤矿作为基础，对两座井田以上的煤矿进行合并并对已关闭煤矿的资源、储量及其他零星边角的空白资源、储量进行合并，实行统一规划，提升矿井生产、安全、技术保障等综合能力，并关闭布局不合理和经整改仍不具备安全生产条件的煤矿。山西煤炭资源整合的过程复杂，涉及面广，政策性强，对我国矿产资源管理模式的重大变革具有划时代的意义，这种变革是新时期煤炭产业政策制定、调整和推行的具体反映。本书从学术角度对其进行的实践经验总结、理论分析提升，不仅有助于整合以及后整合时代的煤炭资源合理开发利用，更有利于明确山西和全国范围内煤炭资源整合的制度和资源现状，从而为进一步保护和利用资源提供经验支撑和理论保障。

　　关键词：煤炭资源整合；矿产资源；矿业权；产业结构；生态保护

Abstract

The Integration policy of coal resources aims at " increasing the concentration of the coal industry, coal resources to strengthen the protection and rational development and utilization of mineral resources in maintaining national ownership interest", not only to solve the problem of integration and reorganization of coal enterprises, but also to promote the integration and restructuring of coal enterprises through. Coal resources are powerful protection and rational development and utilization, which is the term systems engineering. Rich in coal resources, but coal mining complex use cases integration of coal resources in Shanxi carry great significance, not only has a positive effect experiments and temptations in the country more benchmarking and exemplary role. In this case, conduct research on the integration of coal resources, although challenging, but it is indispensable. Therefore, this book is intended to integration of coal resources in Shanxi as the center for the integration of relevant legal issues to sort out and explore the solution, so the main contents include:

Chapter Ⅱ covers the integration of coal resources in Shanxi to conduct a comprehensive analysis of the basic theory. From the theoretical and institutional level on the content and scope of the coal resources are defined, and from the behavior of the angle of the body to further dig deep its meaning, which is defined as the integration of mineral resources to mineral rights as the core content integrated administrative acts, namely: Country mineral resources development in order to maintain a reasonable order, protect the healthy development of the national economy through administrative normative documents for a specific re-source integration within the region is set to re - planning of the mining rights, the parties agreed to consolidate the basis of consensus, recon-struction and configure Mining right to the integration of the main acts.

Chapter Ⅲ takes an empirical approach to emphasize the integra-tion of coal resources in Shanxi Province realistic motivation. The article first integration of coal resources in Shanxi analyze the situation before, and so combined with exploitation of coal resources in Shanxi circum-stances exist that the private mining of coal resources in Shanxi exces-sive digging, industrial chaos, lack of security, ecological destruction, chaos and the urgent need to control weakened, etc. integrated urgent situations; same time, from resource development reasonable, sustain-able development, economic restructuring, environmental protection and other aspects of the necessity to clarify resource integration and then an-alyze its historical process status and resource integration effect after the initial performance, especially on resource based economy energy com-prehensive reform pilot area construction.

Chapter Ⅳ mainly sorts out and analyzes the problems of the inte-gration of coal resources in Shanxi Province. Based on the integration of background on the problem, such as different interests from the three aspects of the description and demonstration: First, the basic specifica-tion is not perfect, and induce loss of coal resources integration support mechanisms, integration of mineral resources and mining sites in mining conflicts coal resources and mineral rights ownership dummy alienation, coal mining and exit the lack of mechanisms for the circulation, the gov-ernment forced the effective integration of the lack of market operations, mine property relations and other issues of interest to adjust ignore the masses; Second, the lack of rights and obligations disposal norms, re-sulting in after the closure of coal mining enterprises are integrated eco-nomic compensation, mergers and consolidation in the main eligibility determination, integration of the main passive integration agreement signed, coal mining enterprises debts, the integration process in the interests of workers, integration of coal resources on the effects of changes in corporate assets, property rights, and the subject is not confused uncertainties and other issues; Third, integration of coal resources in the relevant dispute settlement mechanism is imperfect, which focuses on analysis illustrates the research more focused after five issues, he incurs the integration of the main existing debt disputes, the final integration of the main early intervention and did not integrate the mine the dispute, after integration immediately after the previous integration times the dispute was implicit integration of the main problems caused by shareholder disputes, is integrated by the body of the original contract or lease caused by the body recognized compensation disputes.

Chapter V focuses on the integration of coal resources in Shanxi problems to put forward corresponding countermeasures. Integration of coal resources in Shanxi – based status and problem analysis, the article from philosophy, paths and explore three aspects resolution mechanisms to solve and improve the integration of coal resources in Shanxi presence or problems encountered: From a legal theoretical level raised the legal integration of coal resources improve and optimize the regulation is proposed to strengthen the legal and institutional construction, coal mining is a reasonable set, the coal industry policy rule as the main way to solve path and focus on representative mines were contracted and the transfer of ownership of a dispute handling, protection and ownership interests and focus on the main resources development and ecological protection, nominee shareholders equity violations dormant dispute handling and integration of coal resources in administrative litigation involving the four aspects of the handling of both some suggestions.

Chapter VI focuses on the integration of coal resources in Shanxi lessons learned in the process of summary and reflection. Shanxi coal resources integration is key systems engineering, though complex but still made great achievements, its historical reflection and experience finishing, as well as beneficial for the future of Shanxi coal resources across the country to provide experience for the whole sample. First, integration of coal resources and reform of dimensions and basic paradigm, the market for government intervention in economic and industrial relations policy adjustments coal resources were demonstrated. Second, Stressed the integration of coal resources in the market mechanism should be introduced to facilitate the mining rights trading resource use efficiency and optimal allocation of resources, provides a summary description of the problem is rooted in the formation surrounding the mining rights market does not straighten out the basic economic relations, the subject of rights relationship between the powers and responsibilities vested unclear, in the "decentralization" and "rule of law" under the basic principles of the integrated use of economic levers, laws and regulations, strengthen the management and control of industrial policy.

Integration of coal resources in Shanxi Province in coal mergers and acquisitions is to enhance the level of development of the coal industry, promote structural adjustment and transformation of development, security and harmonious development of important initiatives. Integration of coal resources based on existing legal mines, based on the two above well merger and closure of coal mines that have the resources, reserves and other corners of the blank sporadic resources, reserves combined to achieve unified planning, improve mine production, safety, technology security and other integrated capabilities, and irrational, and after rectification still have the safety conditions of the coal mines closed. Integration of coal resources in Shanxi Province is complex, involving a wide range, and policies, and can be said of China's mineral resource control epochal change, in essence, is the national coal industry policy development, adjustment and implementation process. From the academic point of its practical experience, theoretical analysis to enhance not only helps the era of consolidation and integration after rational development and utilization of coal resources, more conducive to clear Shanxi and nationwide system integration of coal resources and resource status, so as to conservation and utilization of resources to provide further empirical support and theoretical protection.

Abstract

Key Words: Integration of Coal Resources; Mineral Resources; Mining Right; Industrial Structure; Ecological Protection

目 录

Contents

第一章　导论

第一节　研究背景

　　山西煤炭资源极其丰富，拥有占全国 1/3 的煤炭资源，素以"煤炭之乡"著称于世。长期以来，山西是"西煤东运，北煤南调"最重要的能源重化工基地，为国家经济发展提供了强大的能源保证，做出了重要贡献。新中国成立以来，山西共调出煤炭 50 亿吨，晋煤在中国能源市场上的份额一直保持在 80% 左右，在我国能源供应中占有举足轻重的地位。而且，在今后相当长的一段时期内，我国以煤炭为主的能源结构不会发生根本性的变化，山西的特殊地位，其他任何一个省区都无法取代。然而，煤炭对山西来说却是一把"双刃剑"：一方面，它是宝贵的资源和财富，是山西最重要的经济支柱，为山西和全国的经济发展做出了巨大贡献；另一方面，由于长期追求眼前利益和过度无序开采，已经造成了地表下沉、资源破坏、生态污染、矿难屡发等一系列问题，严重损害了人民的利益，也严重制约了山西经济的健康和可持续发展。

　　当前，中国市场经济法治建设需要实现以下四个转变：一是要从重视立法数量向重视立法质量转变；二是要从重视法律制定向重视法律实施转变；三是要从重视"政府之手"向重视"市场之手"转变（在我们的法治建设中要更多地体现市场机制的作用，体现经济运行和发展的规律）；四是要从重视国内调控向重视内外结合转变。随着经济全球化，我们国家的经济更多地融入了世界的经济体系，我们很多的调控政策就不能只是在境内，或关起门来进行调控，它的影响和被影响都是内外相通的，这也对我们的制度建设提出了更高的要求。① 改革开放时，国家为保障能源供应优先发展煤炭产业，从经济快速发展现实出发，提出建设"山西能源基地"的重大决策，从此山西的煤炭产业吹响了重大建设的号角。根据中央指示和要求，经过深入研究和科学论证，于 1983 年制定了《山西能源重化工基地建设综合规划》，明确了"矿井改扩建、技术改造、发挥老矿区作用、加快新井建设、大力发展煤炭洗选加工、综合利用"的建设方针。从整体开发布局上，确定了重点建设大同、平朔等动力煤基地，阳泉、晋城等无烟煤基地，西山、汾西、霍县等炼焦煤基地的方略，为山西煤炭产业持续、稳定、健康、协调发展提供了科学的理论依据。山西煤炭产业借此"东风"，立足自身优势，加大改革开放力度。对外广泛引进发达产煤国家先进的煤炭开采工艺、设备和技术，加快推进现代化矿井和煤炭洗选项目建设进程；对内加快人才培养力度，整体推进煤炭能源基地建设步伐，山西煤炭生产骨干矿井布局基本形成，以煤为主、多元发展初具规模。

在"煤矿主体多元化"的国家产业政策指引下，国家、集体、个人办矿的积极性空前活跃，特别是地方乡镇利用资源优势快速发展成为山西煤炭产业经济的半壁江山，逐步形成了以国有大型煤炭企业为主体、地方煤矿伴生共存的煤炭产业。特别是自中共十六大以来，山西审时度势，适时调整煤炭产业的发展思路，做出了把山西建设成为国家新型能源和工业基地的战略部署，深入开展了煤炭产业可持续发展政策措施试点，做出并实施了兼并重组煤炭大集团等一系列重大举措，助推煤炭产业又好又快发展，着力改变山西煤矿历史形成的"多、小、散、乱"局面，促使煤炭产业水平不断提高。山西先后形成九家国有重点煤炭企业集团，其中：中央直属有两家，分别是平朔和太原煤炭气化公司；省属有七家，分别是同煤集团、山西焦煤集团、阳煤集团、潞安矿业集团、晋城无烟煤集团、省煤炭运销总公司和省煤炭进出口公司，其中七家省属国有重点煤炭企业是山西煤炭产业的脊梁，位居山西工业企业 30 强之前列。到目前，山西已形成了适应山西煤炭产业全面发展的勘探、设计、建井、生产、安全、加工转化、运输销售、煤机制造、环境保护和教育、科研等配套的新型产业循环经济体系，使山西煤炭产业发展后劲十足、持续稳定。

煤炭本身是宝，但若开采利用不合理则变成贻害百姓和社会的源流。

---

① 陈甦：2012 年《法治蓝皮书》发布暨"中国法治发展与展望"研讨会上的讲话。

对此，不仅坊间百姓积极关注，国家和山西政府都予以了高度重视。为了贯彻和落实"合理有序开发煤炭资源，进一步完善矿业权有偿取得制度，规范煤炭矿业权价款评估办法，逐步形成矿业权价款市场发现机制，实现矿业权资产化管理"的精神，推进山西煤炭资源有效保护和合理开发利用，保障山西煤炭工业可持续发展，山西省政府于 2005 年根据煤炭资源整合和有偿使用的临汾试点实践，在山西范围内推广并实施煤矿企业资源整合和有偿使用举措。随着这一举措的实施和推进，山西煤炭资源开采和利用情况得到积极改观，但在此过程中，有关煤炭资源整合和有偿使用的问题和弊端也逐渐暴露，因而需要通过法治思维和法治方式结合山西煤炭资源整合现实情况展开深入研究。

第二节 研究意义

山西煤炭产业经过 30 多年波澜壮阔的改革开放实践，几度风雨、几度辉煌，已发展壮大成为山西主导产业、龙头产业和强势产业，在为全面建设小康社会、发展中国特色社会主义做出突出贡献的同时，自身也发生翻天覆地的变化。为确保煤炭资源的合理开发利用、煤炭产业的健康发展，在坚持可持续发展理念的基础上，山西适时推进和规范山西煤炭资源整合，不仅有利于保护山西煤炭资源的合理开发利用和可持续发展，更有利于为全国资源整合作出探索和良好示范。因此，针对山西煤炭资源整合进程中的问题与挑战，从学术研究角度进行剖析和探究，以为煤炭资源整合提供理论支持和制度建议：

（1）从理论角度探究煤炭资源整合的概念范畴。为应对矿产资源开发中出现的矿山布局不合理、资源浪费和环境破坏严重、安全事故频发等现象和问题，保障国民经济持续发展，我国自 2005 年起在全国范围内开始推行"矿产资源整合"。① 资源整合是行政和市场主体对生产要素的有机组合，是对原有体系的重组和优化，从而使资源价值得到更充分的体现。山西以试点式路径导入煤炭资源整合政策后在全省范围内取得预期成效继而进一步推广，但煤炭资源整合概念无论在实践还是研究中却鲜有涉及，因而厘清其内涵外延便成为探究山西煤炭资源整合理论基础与制度对策的逻辑起点。

（2）从实证角度分析山西开展煤炭资源整合的现实性。该过程核心是对煤炭产业政策调整和变革的过程。② 然而，煤炭资源属于不可再生资源，作为基础产业的中坚力量，在国民经济与社会发展中具有极其重要的作用，是人类生存和经济建设不可缺少的重要物质基础。但山西煤炭资源长期以来"多、小、散、乱"的粗放型发展格局和模式，成为了煤炭工业持续发展的阻碍。随着我国经济飞速发展，对煤炭的需求越来越大，而在煤炭资源管理和开采等方面出现了诸多的问题，例如环境保护问题和安全生产问题等，山西煤炭行业遇到的这些问题是全国所有煤炭行业共同的问题，具有一定的典型性。为了满足我国经济发展需求和煤炭行业的健康和可持续发展的要求，山西煤炭资源整合势在必行。

（3）从实践出发梳理和分析山西煤炭资源整合中的问题。煤炭资源整合过程是一个经济过程，但诸多现象又体现为以产权归属变动为内容的法律问题，从国家资源保护开采维护到市场主体权益保护、从经济利益和社会利益的冲突协调到地方利益的博弈，在煤炭资源整合过程中出现了不同的声音，牵涉到了不同的利益主体，产生这一现象的主要原因是没有明确配套的法律法规作为整合的根据。因此，在具体整合中涌现出煤炭资源基础法律规范不健全、整合中权利义务规范设置不合理以及具体纠纷解决机制不完善等问题，从而限制甚至阻碍了资源整合的进一步推进。

---

① 在国家颁布的相关行政文件中，"矿产资源整合"又被称为"矿产资源开发整合"，两者是作为等同概念使用的。例如：《国务院办公厅转发国土资源部等部门对矿产资源开发进行整合意见的通知》（国办发〔2006〕108 号）、《关于进一步推进矿产资源开发整合工作的通知》（国土资发〔2009〕141 号）等文件中使用了"矿产资源开发整合"的概念，而《山西省人民政府关于矿产资源整合工作的实施意见》等文件中使用了"矿产资源整合"的概念。从实施整合行为要达到的目的来看，规范矿产资源开发与利用的秩序是国家推行整合政策最根本的动因。从这个角度来说，"矿产资源整合"可以等同于"矿产资源开发整合"。有鉴于此，本文不从概念上对"矿产资源整合"和"矿产资源开发整合"进行区分。

② 《山西省煤炭资源整合和有偿使用办法》（山西省人民政府第 187 号令），2006 年 3 月。

（4）依据理论联系实际的基本思维寻求解决煤炭资源整合中问题的对策。煤炭资源整合的紧迫性、现实性要求山西必须进行有效推进整合，为此关注山西煤炭资源整合过程中出现的问题并对其进行法律分析，找出解决整合过程中出现问题的法律依据及对策至关重要。在山西煤炭资源整合过程中，如何妥善处置国家、集体和个体对煤炭资源产生利益的分配，进而从法治角度解析不同主体的涉法行为，关注其对上下游行业的影响，是有关国家经济运行调控的重大事项，涉及市场主体在经济活动中的自由，需要在可持续发展与自由竞争的公共利益和维护市场秩序之间搭建合理的联结点，确是一项浩大复杂的系统工程。

（5）针对山西煤炭资源整合实践进行省察和反思。煤炭产业是山西的支柱产业，抓好煤炭资源整合和有偿使用，事关山西改革、发展和稳定的大局，对促进山西经济社会全面协调、可持续发展具有重要意义。作为全国试点省份之一，山西正积极推进的煤炭资源整合和有偿使用，可以说是中国煤炭资源采矿权有偿使用改革的一个缩影，具有重要意义。山西在整合进程中亦不可避免地浮现了一些问题和矛盾，但其在可持续发展具理念的指导下，坚持多维度地探究山西煤炭资源整合的路径，从而积极有效地推进山西煤炭资源整合实践探索，在增强本省煤炭产业竞争力、生产技术水平和安全保障能力的同时，积极影响并加快矿业管理体制改革的进程，有利于推动我国煤炭市场的形成和山西煤炭经济体制的进一步完善。

煤炭行业作为基础产业，关系国计民生。长期以来，作为国家重要的能源基地，国家给予了山西许多的政策支持，对山西煤炭经济的发展起到了重要的作用，而山西也从省情出发，制定了许多对煤炭行业发展行之有效的政策与措施。就山西煤炭资源整合实践来说，无论山西抑或全国进一步推进资源整合，亟需国家在相关方面继续加大宏观调控和政策扶持力度，并完善相关产业政策与法律法规的建设，完善国家资源整合的制度保障和秩序环境。

第三节　基本概念

煤炭资源整合是经济社会化背景下国家提高煤炭开采利用效率的重要

举措。在优化煤炭产业结构的引领下，需要大力转变发展方式，同时也要加快大型煤炭基地规模建设，扶持特别大型企业集团未来的发展，鼓励横跨行业、纵跨区域的合作，鼓励煤、电、路、港、化、建等相关产业跨所有制合作、进行联营一体化发展，发挥并保障国家煤炭供应中大型煤炭企业的骨干核心作用。通过整合促进煤炭产业健康发展，有利于保障国民经济平稳运行。因而，煤炭资源整合成为山西抑或我国整个煤炭产业着力推进的重要政策措施，旨在通过整合形成规模效应，从而提高煤炭资源开采利用的合理性和可持续性。尽管煤炭资源整合在实践中是个热门话题，但学界研究中的反应却与此相比显得极不相称，在理论上并无煤炭资源整合相关的界定。

虽然学界对煤炭资源整合内容进行了探讨，但对"煤炭资源整合"的前提条件与内涵属性却鲜有探讨，全国参与资源整合的省份多数采用"可以采取收购、兼并、参股等方式对煤炭资源进行整合"方式，并"鼓励组建和发展大型企业集团，通过大中型企业进行煤炭资源整合"。由此可见，煤炭资源整合主要是指为提升生产、技术、安全保障等综合能力，通过收购、兼并、参股等方式对两座或以上合法煤矿进行合并，实现统一规划的活动。依据此内容，山西为提高煤炭资源生产经营能力而推进煤炭资源整合，但并非所有煤矿皆可进行或参加资源整合。为了符合整合的初衷，山西对煤炭资源整合的煤矿分别从积极和消极两方面对是否可参与整合作了相应的规定。《山西省煤炭资源整合和有偿使用办法》（以下简称《办法》）第七条规定，符合有关条件的煤矿应关闭，对应的煤炭资源同时整合；主要产煤县煤矿的单井生产能力 9 万吨/年以下的煤矿；经整改后安全条件证照不全或不具备的；环保煤炭产业布局不合理且采煤改革条件不具备的。与此同时，对不能整合的情形予以了禁止，有下列情形的煤矿应当予以关闭且其资源不得参与整合：重要的水源地域；在风景名胜和文物保护区；赋存在城市规划区内的资源；与交通枢纽毗邻的连接区域；法律、法规有限制规定的。这是山西政府对煤炭资源整合从正反两方面所做的规定，该办法还要求"应当在淘汰落后的基础上坚持科学规划，使煤炭资源/地质储量与生产数量权属清晰且与服务年限互相匹配"。

有关煤炭资源整合的概念并非首次出现在《山西省煤炭资源整合和有偿使用办法》中，对其进行较为完整的阐述的是依据国务院 2005 年出台的《国务院关于促进煤炭工业健康发展的若干意见》而制定的《山西省人民政府关于推进煤炭企业资源整合和有偿使用的意见（试行）》。该意见核心是"为合理利用和有效保护矿产资源的国家所有权益，切实维护和保护各方利益，使煤炭产业健康、持续的稳定发展"。因此为达到此目标，煤炭资源整合应"充分考虑资源有偿使用与资源整合的相互融合，在坚持资源有效保护的基础上与科学合理开发并重、使煤炭产业政策与矿产资源的总体规划相互进行衔接，通过企业自愿结合和坚持政府规划引导并举推进，稳步、科学地完成资源整合和矿业权市场经济化的改革，以实现资源在资本化管理中的有偿供给"。但在主张尊重市场机制作用的同时，实际煤炭资源整合亦须政府的力量抑或政府调控措施予以推进，即依据"优化结构、能力置换、资源整合"的总体要求，对结构布局不合理的煤矿进行整合改造，扩大优化矿井的规模、落实安全保障措施、促进产业整体水平的提高；加大力度鼓励和支持国家大型煤炭企业，对地方煤矿采取控股、收购兼并多形式整合，组建并且发展规模以上的大型煤炭企业集团，进而改造地方原有的乡镇煤矿。

由此可见，虽然煤炭资源整合是个耳熟能详的热词，但其具体内涵及其实施原则学界则研究甚少。不过，山西在落实国家相关煤炭资源政策时通过制定办法、意见等规范性文件细化和阐释了煤炭资源整合的内涵与外延，对推进山西煤炭资源整合具有积极作用。

第四节 研究方法

"工欲善其事，必先利其器。"研究也是如此，研究方法对于研究成果来说同样至关重要。本文拟围绕煤炭资源整合展开研究，因此，在研究分析中主要运用以下几种方法：

（1）历史分析方法。任何事物或概念都因特定情形而产生并在特定环境中运行、完善，因此，基于历史角度考察和探讨概念有助于厘清其来龙去脉，也有助于辩证地分析其利弊、得失，从而更好地提出相应的对策思路。同样，煤炭资源整合便是在我国经济社会转型期、山西面临产业结构转型等复杂背景下得以生成和推广，在山西或全国范围内并不多见，抑或通过试点展开，因而从历史角度进行回顾并总结其中得失，有助于阐明当前煤炭资源整合的问题以及改革走向。

（2）经济分析方法。现代社会背景下，经济思维成为政府运用和推行经济政策不可或缺的逻辑前提，即通过经济学分析考虑其中的效率情形。尤其是，在攸关国家经济运行安全以及代际公平等核心问题上，更是离不开经济思维和经济学分析对经济决策、经济政策的执行予以考量。煤炭资源整合是项系统而复杂的社会经济工程，必然离不开经济思维和经济学分析的运用，尤其是通过效率分析倡导可持续发展理念便是这一思维活动的结果。

（3）比较分析方法。煤炭资源作为全能源经济不可或缺的组成部分，亦是各国经济发展的能源基础。但因各国经济发展水平以及能源运用能力各异，各国通过制度规范对能源尤其是煤炭方面的规制也有所不同。尽管如此，各国在实践中所采取的有关煤炭资源管理规范措施亦存有优劣之分，经验与教训并存，值得我国尤其是山西推进煤炭资源整合予以借鉴和吸收。因此，积极合理地运用比较分析的方法完善煤炭资源整合的相关理念、路径以及制度法规，从而实现煤炭资源整合初衷势在必行。

第二章 煤炭资源整合的法治塑造：概念与功能

市场经济是以本体利益为动机，以市场为导向的经济①。20世纪80年代中期以来，中国在煤炭资源开采上实行的是以"大矿大开，小矿放开，有水快流"为主线的鼓励矿业发展的政策。同时，地方政府拥有中小矿产资源开发的审批权，从而"一哄而上"全民办矿的局面就此形成②。由于我国对矿产资源开发管理的经验不足、矿产资源管理体制未能理顺、矿产资源开发的法律法规不健全等多方面的历史原因，加上追求短期经济效益的利益驱动，我国的矿产资源开发出现矿山布局不合理、资源浪费和环境破坏严重、安全事故频发的现象。为了解决上述问题，保障国民经济的持续发展，从2005年开始，国家在全国范围内开始推行"矿产资源整合"政策。经过有关部门数年的努力，我国矿产资源开发的产业结构得到了优化，矿产开发秩序和环境也获得了改善③。但与此同时，认为整合过程存在经济补偿不合理、矿业权保护不足的负面评价也不绝于耳④。其中，影响较大的是山西省煤炭资源整合而引发的浙江籍投资者通过浙江省相关部门向山西

① 崔勤之：《论政府干预经济与宏观经济立法》，《法学杂志》2001年第3期。
② 曹开虎：《国土资源部加大矿权整合力度　矿业散乱差格局有望改善》，《第一财经日报》2011年11月3日第B02版。
③ 国土资源部徐绍史部长认为，矿产资源开发整合和矿业权实地核查成效明显，整合工作总体上取得了四个方面的成效：一是矿产开发的产业结构进一步优化。通过整合，以大型矿山企业为主体、中小矿山企业协调发展的矿产开发格局逐步形成。二是矿产开发秩序和环境状况进一步改善。三是和谐开发的理念进一步增强。矿山和矿山所在地利益协调、和谐发展有了新进展。四是整合机制进一步常态化。通过矿业权合理配置，我国矿产开发水平有了提升。参见《徐绍史在全国矿产资源开发整合暨矿业权实地核查总结表扬电视电话会上强调持续推进资源保障和管理工作》，《国土资源通讯》2011年第21期。
④ 蒋文军：《矿产资源整合中存在的问题》，《国土资源》2009年第3期。
　胡成洲、赵伟：《论山西煤炭资源整合》，《现代商贸工业》2011年第17期。

省"讨说法"事件①。2009年6月底，全国完成了5046个矿区整合任务，减少矿业权22276个，占整合前矿业权数量的17.6%。2010年，参与整合的矿业权8809个，通过整合将减少矿业权3885个，占整合矿区内原有矿业权总数的44.1%②，截至目前，这个目标基本完成。根据山西省有关规定："煤炭资源整合就是在产业优化组合的基础上，重新对煤炭开采进行布局，淘汰规模小、浪费大的现有煤矿，从而实现煤矿开采综合效益的提升。"煤炭资源整合事实上就是我国煤炭产业政策完善、调整和实施的过程③。煤炭资源整合既事关国家对能源安全战略的实施，又对市场经济微观调控，还涉及市场主体的经营管制和调整，在这个过程当中如何对比和权衡从而选择适当的发展方向和调控方式，是较为繁杂的系统工程。

第一节　煤炭资源整合的法律界定

关于煤炭资源整合的基本概念，国家安监总局煤矿安全监察局在《关于加强煤矿安全生产工作　规范煤炭资源整合的若干意见》中指出："煤炭资源整合是指合法矿井之间对煤炭资源、资金、资产、技术、管理、人才等生产要素的优化重组，以及合法矿井对已关闭煤矿尚有开采价值资源的整合。"④根据《山西省煤炭资源整合和有偿使用办法》（山西省政府令第187号）的规定，"通过对布局和安全生产条件不合理煤矿的关闭以保护能源并实现安全开采"。资源整合是系统的动态过程，是在政府主导下有资格的市场主体对来源不同、层次不同、结构不同、内容不同的资源进行配置、汲取、选择、激活和针对性整合，使原有系统表现出更加系统性、价值性和条理性，重构以往的资源固有体系，进而形成新的资源核心

---

① 《山西煤炭国有化漩涡　浙江省长过问浙商投资损失》，《中国经营报》2009年11月16日刊。
② 《国土资源部关于省级矿产资源开发整合　重点挂牌督办矿区名单的公告》，《国土资源部公告》2010年第14号。
③ 《山西省煤炭资源整合和有偿使用办法》（山西省人民政府第187号令），2006年3月。
④ 2006年3月25日，中央十一部委联合下发的安监总矿〔2006〕48号《关于加强煤矿安全生产工作　规范煤炭资源整合的若干意见》中规定：鼓励大型煤矿企业采取兼并、收购等方式整合小煤矿。此处规定的整合方式包括兼并和收购。

体系。

一、煤炭资源整合的法律内涵

煤炭资源整合是对煤炭矿产资源、技改生产资金、运营形成资产、安全管理技术、生产人才服务等生产要素的优化重组，煤炭资源是首要的基础，资金和资产是运营的保障，技术、管理、人才是经营的关键。就以煤炭资源整合为代表的矿业权整合而言，无论是在我国还是在其他国家，皆不存在立法性的定义。目前我国相关政策文件和学术观点多对"矿产资源整合"的概念进行界定，少有涉及对"矿业权整合"的研究[1]。究其原因，主要是因为学者们大多是从非法律的视角去研究矿产资源整合政策。例如，有学者侧重于从行政管理的视角来阐释资源整合，认为"从优化矿业布局矿政管理措施出发，按照国家宏观调控要求，遵循经济规律并通过收购、参股及其他多种方式，实现生产经营要素重组，提高资源集约化的系统工作"[2]。还有学者侧重于从内容上对矿产资源整合进行解读，认为矿产资源整合乃是"对矿山企业依法开采的矿产资源及其生产要素进行重新组合"[3]。由于实施矿产资源整合的首要环节就是对矿区和矿业权的重置[4]。因此，矿业权整合是矿产资源整合的重要内容。鉴于此，要准确界定矿业权整合的概念，就有必要对我国的矿产资源整合政策进行梳理和分析，进而明确矿

---

[1] 在国家颁布的行政文件中，通常使用"矿产资源整合"和"矿产资源开发整合"的概念，而在社会层面和学术探讨上，基本也不对矿产资源整合和矿业权整合进行严格区分（参见唐全国：《从"矿业权整合"到"订单找矿"——河南省地矿局创新找矿实践探索》，《国土资源通讯》2010 年第 21 期）。有学者认为，矿业权整合主要是大型煤炭集团公司通过收购、兼并、参股等方式重组中小煤矿（参见曹治国、王威骊：《法治视角下的矿业权整合政策分析——以山西省煤炭资源整合政策为例》，《华北电力大学学报》（社会科学版）2011 年第 5 期）。本书认为，采用收购、兼并、参股方式重组小煤矿与矿业权整合不能直接画等号，重组小煤矿的直接后果是生产要素的重组，而非矿业权的重新配置。

[2] 郝俊峰等：《矿产资源整合规范化的意义——以内蒙古矿产资源整合为例》，《资源与产业》2012 年第 2 期。该文中使用了"矿业权的兼并"这样的描述是不准确的，因为兼并是一个经济学上的概念，常常用来指一个企业或公司吞并或控制其他企业或公司的行为。

[3] 蒋锋等：《加快矿产资源整合势在必行——关于矿产资源整合问题的调研报告》，《国土资源导刊》2007 年第 1 期。

[4] 邓峰、王雪峰：《矿产资源整合政策解读》，《地质勘查导报》2007 年 10 月 27 日第 004 版。该文作者认为，"无论采用何种模式进行整合，矿区和矿业权的重新配置是整个矿产资源开发整合的基础"。

业权整合的本质。

1. "整合"的词义内涵

在汉语中，"整合"主要指"通过整顿、协调重新组合"①。在英文中，与中文"整合"具有相近意思的词主要有"Consolidation"，"Merger"，"Acquisition"，"Integration"。"Consolidation"重在强调公司之间的新设合并行为，"Merger"通常在公司之间出现吸收合并时使用，"Acquisition"是用于描述行为的主体获取财产所有权时以及成为某项财产所有人实施的行为，"Integration"则侧重强调"组合为一个整体的过程"的含义，如"Intergration Theory"指"一体化理论"②。由以上解释可知，与中文"整合"的含义最近似的应该是"Intergration"，在不同的视角下，"整合"的含义不尽相同。

例如，有学者认为，整合是政府在基本条件下对不同商事主体从事的全局性、长远性调整，在国家现有法律法规和政策的框架范围内，通过结合多种方式进行的结构性调整和良性优势互补，促使企业生产要素和经营管理结合及整体有机扩张升级，实现更大的社会效益和经济效益③。这种观点显然是从经济学的视角对"整合"进行概述，将整合主体的"外延"限定为商事主体。

有学者从地质勘查的角度，认为"探矿权整合就是对有机联系的勘查区块进行统一规划，将有机联系的勘查区块进行有机归并，变一个分散的勘查区块为整体区块。通过整合，引导探矿权人和勘查队伍的整合，促进整体性系统勘查，达到整体勘查效益，推进重点接替选区的勘查进程"④。这里的"整合"又着重关注从分散到集中的组合结果，但也抓住了"有机联系"这一前提。

在有关矿产资源整合的文件中，"整合"的含义也不尽一致。例如，《河南省人民政府批转省发展改革委等部门关于河南省煤炭铝土矿资源整合实施方案的通知》（豫政〔2004〕41号）中规定："资源整合是通过对现有企业的矿业权、产权重组，实现对矿产资源的优化配置。"这里的"整合"

---

① 《现代汉语词典》（第六版），商务印书馆2012年版，第1659页。

② English—Chinese Dictionary of Anglo‐American Law, 1st Edtion, pp. 710.

③ 刘欣：《谈如何搞好矿产资源整合工作》，《国土资源通讯》2006年第13期。

④ 易继宁、叶锦华：《西部资源接替区探矿权整合初步探讨》，《中国地质矿产经济学会资源经济与规划专业委员会2006年学术交流会资料汇编》。

主要侧重于优化及重组的含义。

国务院《关于全面整顿和规范矿产资源开发秩序的通知》（国发〔2005〕28号）中规定："对影响大矿统一规划开采的小矿，凡与大矿能够进行资源整合的，由大矿采取合理的补偿、整体的收购或联合的经营等方式整合。"这里的"整合"重点强调了主体之间的收购与兼并行为，但先决条件是"能够与大矿进行资源整合"。

综上所述，"整合"一词的含义，在不同的语境下可以侧重于不同的视角。不过，无论是侧重点在于哪个方面，"整顿、协调"必须是"重新组合"的前提，即"重新组合"必须是有序的、合理的、科学的，带来正面效果的"重新组合"。

2. 资源整合的词义内涵

中共十八大报告中的第八部分有关"大力推进生态文明建设"，对资源节约、自然生态和环境保护内容进行了明确，特别强调"建设生态文明，是关系人民福祉、关乎民族未来的长远大计"，"必须树立尊重自然、顺应自然、保护自然的生态文明理念，将生态文明建设放在突出地位，融入经济建设、社会建设、政治建设、文化建设等各方面和全过程，努力建设美丽中国，实现中华民族永续发展"。就矿产资源管理与开发而言，我国正面临着"两个困难选择"：首先，中国作为第三世界发展中的大国，要实现和平环境下崛起，要在未来实现工业化、城镇化与农业现代化，就必须要有充足可靠的各种资源支撑。随着我国"三化"进程的逐步加快，对矿产资源的基础需要越来越大，而国内资源的供应日益紧张，特别是大宗矿产资源约束趋紧。其次，由于粗放经营、技术落后，面临着生态系统退化、环境污染严重的严峻形势①。

资源整合从认识论上是系统论的思维方式，是优化配置的决策，就是要把企业内部彼此相关但却彼此分离的职能通过组织和协调，把企业外部既拥有独立经济利益又参与共同使命的合作伙伴整合成一个为客户服务的系统，取得实效。市场主体根据企业的发展战略和市场需求对有关资源进行重新配置，以凸显企业的核心竞争力，并寻求资源配置与客户需求的最

---

① 2012年11月8日，胡锦涛同志在中共十八大会议上做了题为《坚定不移沿着中国特色社会主义道路前进　为全面建成小康社会而奋斗》的报告。在其中的"大力推进生态文明建设"一部分中，胡锦涛同志系统地论述了中国共产党对于资源和环境问题的基本态度。

佳结合点，目的是要通过制度组织安排和协调管理运作来增强企业的竞争优势，提高水平。这里所述的资源整合可以分为四个层面：①组织资源与个体资源之间的整合；②纵向资源与横向资源之间的整合；③外部资源与内部资源之间的整合；④新资源与传统资源之间的整合。从十八大报告的表述中可知，对资源的集约利用、科学利用已经成为落实科学发展观的重要表现之一。与之相适应，以煤炭资源整合为核心的矿业权制度改革也必须统筹到这一框架中来。具体来讲，应当做到：①继续完善矿产资源有偿开采制度，通过对价格、财税机制的合理设计，使矿产资源的使用、矿业权的转让的价格反映出其稀缺性来，使资源税费制度的操作更加科学合理，以适应新时期改革发展的需要。②深化矿产资源产权制度改革，应紧密围绕矿业权流转、矿山土地使用权流转、矿山企业产权改革等难点问题有步骤、有重点地展开，理顺各种产权主体之间的利益关系，保证国家作为矿产资源所有者的根本利益。形成科学的矿业开采观与和谐的矿产资源产权关系，使科学发展观在矿业改革领域进一步落实。同时，中共中央《关于制定国民经济和社会发展第十二个五年规划的建议》指出，"加强资源节约和管理。落实节约优先战略，全面实行资源利用总量控制、供需双向调节、差别化管理。加强能源和矿产资源地质勘查、保护、合理开发，形成能源和矿产资源战略接续区，建立重要矿产资源储备体系"。对此，应遵循市场机制客观规律，充分尊重矿业权及其市场规范的公私双重属性和社会属性，健全和完善我国矿业权法律制度。

3. 矿产资源整合与矿业权整合比较

矿产资源整合与矿业权整合存在相似性，但并非同一概念。从两者之间的共性来说：首先，国家实施矿产资源整合与矿业权整合在根本目的上具有一致性，优化国内矿产资源的开发结构、保障国民经济的可持续发展、维护社会公共利益是两者共同的最终价值取向。其次，实施矿产资源整合和矿业权整合在区域上具有一致性。两者都是被严格限定在特定区域内予以实施，脱离了特定区域，矿产资源整合与矿业权整合就丧失了技术上的合理性和整合的必要性。最后，实施矿产资源整合与矿业权整合在依据上具有一致性。整合主体、被整合一方皆由行政规范性文件确定，整合主体仅能在行政规范性文件选定的范围内寻求与被整合一方的交易，故两者皆以行政规范性文件为实施依据。

矿产资源整合与矿业权整合的差异性主要体现在以下几个方面：第一，

从各自的内涵来看，矿产资源整合的内涵远较矿业权整合丰富。"矿产资源整合工作重在重新划分矿区的范围，确定开采规模，对矿业权实施合并和重新分配。但矿产资源整合并不仅是矿业权的重新分配和组合，同时也包括矿业行业的整顿和矿山企业的并购和重组"①。矿业权整合则仅涉及国家对矿业权的重新规划和再行配置问题。因此，矿产资源整合的范围包括矿业权整合，矿业权整合不能等同于矿产资源整合。第二，从两者之间的逻辑关系来看，矿业权整合是实施矿产资源整合的预期目的和结果之一。矿产资源整合是以重新配置矿业权为前提的整合，"如果矿区划分不合理、矿业权设置不当，即使企业重组得再好，也将是无序的整合"②。在实施矿产资源整合的初始阶段就必须首先科学规划矿业权整合后的矿区范围与权属设置问题。仅就矿山企业进行整合，不对矿业权进行科学重置，也达不到优化产业结构、改善矿产开发秩序的效果。因此，矿业权整合是矿产资源整合最核心的内容。

总体来说，矿业权整合实施过程中主要存在两类不同性质的问题：一类是针对矿产资源的支配、利用、收益和处分的问题；另一类则是伴随矿产资源的开发利用而产生的为规范矿产资源勘查开发秩序，保护和合理开发利用矿产资源的问题。这两类问题所涉及的法律关系的类型是不同的：前者主要涉及矿业权的归属和变动，属民事法律关系的范畴；后者主要涉及国家对矿业发展秩序和经济运行的监管与调控，属行政法律关系的内容。从民法的视角看，矿业权整合的过程其实就是一个物权的变动过程。矿业权整合实质上包括两方面的内容：一是对特定区域内原有的矿业权进行科学组合，二是在对原有物权的客体合并的基础上产生新的物权。在矿业权整合的过程中，即使行政规范性文件已事前通过编制矿业权设置方案对矿业权进行预设，整合主体如不能与被整合矿业权的拥有人达成一致，国家原则上也不能直接实施重组矿业权和再行配置的行为。当事人之间就整合达成一致包括两种合意的模式：一种是当事人之间就共同勘查或开发某一区域内矿产资源而意思表示一致，另一种是一方矿业权人愿意将自己享有的矿业权转让给更有利于矿业权开发的特定主体。

综上，可以从广义和狭义两个角度对矿业权整合的概念进行界定。广

---

① 邓峰、付英：《矿产资源开发整合不仅是资源整合》，《中国矿业报》2007 年 4 月 10 日第 C04 版。
② 邓峰、王雪峰：《矿产资源整合政策解读》，《地质勘查导报》2007 年 10 月 27 日第 004 版。

义的矿业权整合包括国家对非法矿山的整顿和清理之后，再就该矿山的矿产资源重新配置矿业权的行为；狭义的矿业权整合仅包括国家对合法矿山企业所有的矿业权进行整理和变动的行为。本书从狭义的角度出发，将矿产资源整合界定为以矿业权整合为核心内容的行政行为，即"国家为了维护矿产资源开发的合理秩序，保障国民经济健康发展，通过行政规范性文件对特定的资源整合区域内的矿业权设置重新规划后，以整合双方当事人的一致合意为基础，重构并配置矿业权给整合主体的行为"。

二、煤炭资源整合的法定方式

煤炭资源整合行为是指国家将特定的资源整合区域内的矿业权进行科学组合后重新配置给特定主体的行为。整合行为实际上是彻底的公法行为，这种公法性主要体现在以下两个方面：一方面，实施煤炭资源整合必须以国家颁布的行政规范性文件为实施依据；另一方面，实施煤炭资源整合的主体本身就具有实施该行为的法定职权。例如，国土资源主管部门依据《矿产资源法》和《矿产资源法实施条例》，其本身就具备编制矿业权设置方案、进行矿区划分、颁发矿业权证的职权①。

1. 煤炭资源整合的实施流程

根据国家的相关政策文件，实施矿业权整合应遵循以下实施流程：首先，按照矿产资源自然赋存状况、地质条件和矿产资源规划，合理编制矿业权设置方案，确定开采规模。其次，合理确定特定矿区内的整合主体和纳入整合范围的矿业权，明确拟设置矿业权的矿区范围。最后，根据不同的情况对纳入整合范围的矿业权进行合并和重新分配：与其他矿业权重组成新的整体后授予有权取得的整合主体。当纳入整合范围的矿业权具备继续存续的合理性时，先由被纳入整合范围的矿业权人与整合主体进行协商，如果能够就同意整合协商一致，则国家可对两者的矿业权进行合并后，授予整合主体（当整合主体本身并不持有矿业权时，可直接将原矿业权人的矿业权转让给整合主体）。如果两者不能就同意整合达成一致，则待纳入整

---

① 《矿产资源法》第十六条规定，"开采下列矿产资源的，由国务院地质矿产主管部门审批，并颁发采矿许可证……"；《矿产资源法实施细则》第二十五条规定，"全国矿产资源规划，在国务院计划行政主管部门指导下，由国务院地质矿产主管部门根据国民经济和社会发展中长期规划，组织国务院有关主管部门和省、自治区、直辖市人民政府编制，报国务院批准后施行"。

合范围的矿业权证到期后，国家将该矿业权代表的资源继续纳入整合范围、履行整合流程①。可见，实施矿业权整合行为包括两种具体的方式：一种是国家先行确定整合主体，再根据整合主体与纳入整合范围的矿业权拥有人是否能达成合意对矿业权进行重新配置；另一种是国家对矿业权依法收回后再重新配置。

就煤炭资源整合的主要程序而言，主要表现为：一方面，企业产权的整合方式不进行改变。如采用租赁和托管方式，这两种方式避免企业并购中的敏感问题和经营困难，但由于这两种方法都定义在法律上没有严格的程序，并没有实现所有权和经营权完全分离，因此属于过渡的改革方式，在易变形的实际实施过程中，不仅资源整合的目标不能实现，也容易引起法律纠纷的争议。因此，它们是在整合资源适用范围中使用广泛的两种。另一方面，企业产权变革整合，如兼并和收购。并购的内涵非常广泛，一般是指收购和兼并。企业合并是指两个或两个以上的独立企业、公司合并成为一个公司，通常由一个占主导地位的公司吸收一个或一个以上的公司。收购指的是现金或证券公司购买另一家公司的股票或资产，以获得企业各项资产或资产的所有权，或控制的企业，因此它可以进一步分为资产收购和股权收购。从本质上讲，企业并购是企业的一种投资行为，是一种商业运作。山西资源整合的主要目的是实现煤炭领域的国家控制，因此，企业并购将成为资源整合的主要模式。

2. 煤炭资源整合的实施方式

（1）对公司合并及其概念的比较。

1）公司合并。我国以法律规范性文件的方式首先出现"公司合并"一词是1994年的《公司法》第一百八十四条，有两种方式，即吸收合并和新设合并。其中，吸收合并是指一个公司吸收消灭另一个公司；新设合并是指两个以上原有公司解散，公司合并设立一个新公司。从法律后果上看，吸收合并中的被吸收公司要丧失法律人格，吸收公司不丧失法律人格；而新设合并中的两个或多个公司都将丧失法律人格。

2）企业兼并。"兼并"一词最早出现在1989年2月19日由国家体改

---

① 参见《国务院办公厅转发国土资源部等部门对矿产资源开发进行整合意见的通知》（国办发〔2006〕108号）、《关于进一步推进矿产资源开发整合工作的通知》（国土资发〔2009〕141号）。

委、计划委员会、财政部、国有资产管理局等单位联合发布的《企业兼并暂行办法》:"企业兼并是购买其他企业的产权,使被购买企业法人资格发生变化。不通过购买方式而开展的企业之间合并,不属于本办法规范。"该方法还提供了四种形式:一是企业并购手段承担债务,在资产和负债等价的情况下,合并方以承担被合并方的债务接受其资产;二是购买法,即并购融资收购兼并企业的资产;三是股份吸收,合并后的企业所有者将被兼并企业净资产作为股份投资并购,成为并购方股东;四是控制方法,即一个公司通过收购其他企业的股份,以达到充分的控制,从而实现合并。1991年国务院发布的《国有资产评估管理办法》第三条规定:一个单位的国有资产的资产评估法定情形是"企业兼并、联营、股份经营"的措施,兼并是指一个企业以承担债务、购买、股份持有或其他形式的补偿接受其他企业的财产,使被兼并方失去法人资格。1996年8月20日财政部发布的《企业兼并有关财务问题的暂行规定》第二条规定:本办法所称"兼并",是指购买企业通过其他有偿方式取得其他企业的产权,使它失去法人资格或同时保持投资主体资格的方法而改变的行为。

通过以上的罗列和分析,我们可以认为兼并是指两个或两个以上的公司或企业合并成为一家公司,通常情况下是由一家较有实力的公司或企业吸收其他公司或企业,兼并方的法律地位依然存在,而被兼并方的法律地位消失。由此,我们可以认为"兼并"和《公司法》中的"吸收合并"含义相同。

3)企业收购。应该说"企业收购"并不是严格意义上的法律术语,而是人们在日常的经济生活中不自觉地或随意地创造出来的用以表明企业之间控制权转移的词汇,因此对收购的解释也就仁者见仁、智者见智了。我国有关法律文件中比较早出现的"收购"是在1993年4月22日国务院发布的《股票发行与交易管理条例》中,该条例特别设立第四章的规定"上市公司的收购",但并没有直接规定"收购"所指的含义。最早对收购做出规定的是1992年4月深圳市人民政府发布的《深圳市上市公司监管暂行办法》。其中第四十七条规定:合并与收购是指法人或者自然人及其代理人通过对一家上市公司(或公众公司)的股份进行收购拥有,从而获得控制该公司权利的行为。控制权通常指拥有对上市公司25%以上的股份或投票权。但是其中的一个缺陷在于将收购和合并混淆,没有对两者之间的区别进行区分。收购是现金或其他有价证券由一家企业或公司以购买另一家企业或公司的股权或资产，以期达到对被收购公司的控制权，被收购的公司并不消灭。根据以上概念，收购应当分为两种，即股权收购和资产收购。股权收购是指收购方以现金或有价证券购买被收购方的全部或部分股权，从而成为被收购公司的股东，被收购方并不消灭；资产收购是指收购方购买被收购方的全部或部分资产，被收购方并不消灭。

通过以上对比，我们可以分析出兼并与收购之间主要存在以下几方面的区别：首先，法律行为主体不同。兼并的法律行为主体是兼并方与被兼并方两个具有独立法人资格的企业，而收购的法律行为主体一方是企业，另一方则是被收购企业的股份或资产。其次，法律程序不同。兼并行为是企业的重大经营行为，根据我国《公司法》的规定，公司兼并必须经过股东大会的批准，有限责任公司的兼并应当由"代表三分之二以上表决权的股东通过"，股份有限公司的兼并应当由"出席会议的股东所持表决权的三分之二以上通过"。公司之间的股权收购由于只涉及股东股份的转让，并不涉及公司股份的增减，因此无需经过股东大会的批准。当然，资产收购由于关系到公司资产买卖，尤其大多数情况下公司收购的目的是取得被收购公司的控制权，因此资产收购所涉及的资产数额往往占到公司资产总额的大部或全部，此种情况需要经过股东会的表决通过。最后，法律后果不同。兼并的法律后果是兼并方依然存在，被兼并方归于消灭；而收购的法律后果并不使被收购方导致直接消灭。兼并行为导致被兼并方法律人格丧失，而收购不会直接导致被收购方法律人格丧失。

4）公司并购。"并购"并不是法律术语，是日常经济生活中人们对于公司之间权属变化的一种笼统的称呼，在经济行为日益法制化的今天，"并购"一词不宜再于正式场合出现，特别是在具有法律效力的正式法律文本中出现，以免产生歧义。如果必须对"并购"进行界定，并购应当是合并和收购的统称，而合并包括吸收合并和新设合并，吸收合并就是兼并，收购则包括股权收购和资产收购。并购与合并、并购与收购之间是隶属关系，合并与收购之间是并列关系，兼并则是特指吸收合并。

（2）山西煤炭资源整合适用的并购方式。

山西省人民政府于2008年9月2日发布《关于加快推进煤矿企业兼并重组的实施意见》（晋政发〔2008〕23号），突出了对兼并重组工作的要求，"以资源为基础，以资产为纽带，通过企业并购、协议转让、联合重组、控股参股等多种方式，以三个大型煤炭基地和十八个规划矿区为单元，以市、县（市、区）为单位，鼓励大型煤矿企业之间的联合重组，由大型煤炭生产企业兼并重组中小煤矿"。通过以上具有指导意义的政府文件和现实中煤矿企业之间的存续状况，可以看出本次煤矿企业兼并重组的最终结果是被兼并的煤矿企业注销，丧失法律人格，从而不再进行煤炭生产经营活动。理由如下：首先，山西此次煤炭资源整合、煤矿企业兼并重组过程中，各级政府文件对于煤矿企业之间的并购活动全部称为"兼并重组"，各地成立的专门性机构也称为"兼并重组整合关闭工作领导组"。其中"兼并重组"是针对煤矿企业，"整合"是针对煤炭资源，而"关闭"则是针对被兼并企业的兼并结果。通过此次兼并重组，被兼并企业从公司法的角度讲只有一种结果，即企业主体消灭，丧失法律人格。其次，煤矿企业之间的兼并对象是由山西煤矿企业兼并重组整合工作领导组办公室关于整合方案的批复予以确定，在批复中包括三方主体，即兼并主体、被兼并主体和兼并后新成立的公司，其中被兼并主体主要包括四种类型的煤矿：保留矿、整合关闭矿、过渡矿和政策性关闭矿。后三者的实体都要消灭，而保留矿的保留本质并不是法律意义上的公司保留，而是作为煤矿的实体要保留，最终保留矿所代表的公司还是要消灭，以新的公司名称取而代之。因此，从法律意义上说，被兼并的企业都是要消灭的。最后，在此次煤矿企业兼并重组中，基本上所有被兼并煤矿的经营活动只有煤炭生产，实施兼并重组之后被兼并煤矿的采矿权证也转让给了兼并主体或新成立的公司，被兼并煤矿也就不再有任何存在的必要和存在的意义。

综上所述，本次煤矿企业兼并重组工作的结果是被兼并煤矿企业的消灭，在煤矿企业兼并重组方式上主要适合的方式是吸收合并。与之相比，由于被收购方并不消灭，股权收购和资产收购方式并不适合本次的兼并重组方式；而新设合并由于合并各方都要消灭也不符合此次兼并重组的实际情况。当然，在被兼并公司除煤炭生产经营范围之外还有其他经营项目的情况下，煤炭资源整合并不能使其公司主体消灭，可以适用资产收购的方式进行兼并重组。

三、煤炭资源整合的法律关系主体

国家实施矿业权整合的行为是一种公法行为。不过这种公法行为因情况的不同，涉及两种不同的法律关系：一种是实施矿业权整合的行政机关与行政相对人之间的法律关系。在这种法律关系中，行政相对人主要包括被整合主体与被整合矿业权的拥有人。另一种是私权处分关系，当事人分别为整合实施方案确定的整合主体和被整合矿业权的拥有人。在实践中，我国矿业权整合政策文件往往并不直接区分被整合矿业权的拥有人与被整合的矿业权，相反多采用"整合对象"、"矿山"、"矿山企业"这样的称谓。例如，国务院办公厅在转发《国土资源部等部门对矿产资源开发进行整合意见的通知》（国办发〔2006〕108号）等有关矿产资源整合的行政规范性文件中，对整合对象采用了"矿山"这一描述①。《关于进一步推进矿产资源开发整合工作的通知》（国土资发〔2009〕141号）规定："对已列入整合范围的矿业企业，无故拖延整合的，要督促其限期开展整合。"本书认为，就分析法律关系构成要素、明确权利义务的角度来说，区分主体与客体是合理的。在矿业权整合法律关系中，主体主要包括行政机关、整合主体、被整合矿业权的拥有人。

1. 行政机关

我国的矿业权整合，是国务院及相关部委领导下的省、市和县三级矿业权的整合。在实施过程中，同级的国土资源主管部门与公安、安监、工商、财政、环保等部门统一协调，按照下级服从和执行上级的工作原则，结合辖区矿产资源特征实施整合。如果仅从矿业权重设和配置的角度而言，矿业权整合属于国土资源主管部门的职权范围。但由于整合实施方案是具体实施矿业权整合的基础，它是由国土资源、工商、安全监察、环境保护等部门共同编制的，从这个意义上说，矿业权整合法律关系中的行政机关具有广泛性的特征。在整个矿业权整合过程中，按层级关系和职权分配的差别，不同行政机关依次负责履行以下职权。

（1）国务院授权部际联席会议制度负责指导全国的矿产资源整合工作。国土资源部、国家发改委会同商务部、公安部、财政部、监察部、环保总局、工商总局、安全监管总局等部门建立部际联席会议制度，研究解决整顿和规范工作中的重大问题，指导矿产资源整合工作，联席会议的日常工作由国土资源部承担。各省（自治区、直辖市）人民政府是整顿和规范矿产资源开发秩序的责任主体，统一组织实施本行政区域内整顿和规范矿产

---

① 如该文件中规定，"按照实施方案被列为整合对象但不愿参加整合的矿山……"

资源开发秩序工作①。各省（自治区、直辖市）人民政府组织有关部门对本行政区域内整合工作进行自查，并提交整顿自查报告。国家发改委、国土资源部与有关部门就全国的整合工作进行检查验收，并向国务院报告。

（2）各省（自治区、直辖市）编制省级整合总体方案，由人民政府负责，并报国家发改委和国土资源部进行报告和备案。总体方案应具体涵盖目标、进度、责任和分工等内容。如果整合工作跨省级区域，则采用协商方式编制方案，如协商不一致则根据矿产资源自然赋存状况和地质条件由国家发改委和国土资源部协调确定。

（3）在国土资源部和国家发改委就省级整合总体方案备案的基础上，各省（自治区、直辖市）人民政府组织有关部门和市（地）、县级人民政府依据总体方案编制矿区整合方案，报经省级人民政府批准后实施。整合实施方案应包括已有整合矿区的资源概况和矿业权设置情况、整合工作进度及保障措施、整合后拟设置矿业权方案等内容。

（4）省级国土资源主管部门及相关工商、环保、安全监察部门对于批准的矿区根据整合实施方案，明确拟设置矿业权的矿区范围，确定整合后的主体，按照基本建设程序重新编制矿产资源开发利用方案等资料，编制矿山整合技术改造设计方案，实施矿山生产系统停产改造和验收，换发矿业权证等相关证照。

2. 整合主体资格标准

整合主体主要指因其本身符合政府有权机关的资质要求，从而有权兼并、重组被整合对象所有的矿业权的企业②。《关于进一步推进矿产资源开发整合工作的通知》（国土资发〔2009〕141号）从整合主体的确定标准和整合主体的确定方式两个方面向各省提出了指导性意见，因此各省级人民政府在以上两个方面都有较大的行政自主权。

---

① 部际联席会议被《国务院关于全面整顿和规范矿产资源开发秩序的通知》（国发〔2005〕28号）授予指导全国整顿和规范矿产资源开发秩序工作的权力。但《国务院办公厅转发国土资源部等部门对矿产资源开发进行整合意见的通知》（国办发〔2006〕108号）又规定，"各省（区、市）人民政府组织有关部门对本行政区域内整合工作进行自查，并向整顿和规范矿产资源开发秩序部际联席会议提交自查报告"。可见，从国务院的角度来说，是授予了部际联席会议指导矿产资源整合工作的权力。

② 目前，我国有关矿产资源整合的行政规范性文件并未将企业的民事主体资格界定为法人，而是多采取了"矿山"或"企业"这一称呼。这种表述与《矿产资源法》第五章明确规定的"集体矿山企业和个体采矿"，实际上是一脉相承的。

根据"国土资发〔2009〕141 号"文件："地方人民政府应制定整合主体的标准，具体参考因素为技术、资金、管理和履行社会责任等方面，并就整合后的矿山规模、矿产利用、安全及环保指标予以落实。"因此，各省级人民政府可以根据资源的种类、赋存情况以及实际开发中存在问题的不同，设定具体的整合主体选择标准。由于山西煤矿企业兼并重组是对煤炭生产经营领域各方利益的重新调整，而且此次兼并重组工作的政策性较强，因此，兼并重组主体资格的认定，不仅影响兼并重组工作能否成功，而且可以避免引发各种纠纷，保障重组后新公司的正常运转和社会的稳定和谐。

（1）煤炭企业整合主体。

按照《山西省人民政府关于加快推进煤矿企业兼并重组的实施意见》（晋政发〔2008〕23 号）和《山西省人民政府关于进一步加快推进煤矿企业兼并重组整合有关问题的通知》（晋政发〔2009〕10 号）的精神，允许参与本次兼并重组的兼并主体包括：

1）大同煤矿集团、山西焦煤集团、阳泉煤业集团、晋城无烟煤集团和中煤平朔公司，以及山西煤炭运销集团公司、山西煤炭进出口集团公司等省属煤炭生产经营企业。

2）现已具备 300 万吨/年生产规模，且至少有一个 120 万吨/年的机械化开采矿井的地方骨干煤炭企业，经省人民政府批准后，可以作为兼并重组主体。

3）其他作为兼并重组整合主体的地方骨干煤炭企业（矿井），由各市人民政府提出，经省人民政府批准，原则上应有一个生产规模在 90 万吨/年及以上的矿井作为支撑，兼并重组整合后的企业生产规模应不低于 300 万吨/年，所属矿井至少有一个规模不低于 120 万吨/年。

（2）整合主体的确定方式。

国土资源部对煤炭整合主体的确定方式设定了优先顺序。首先，如果符合整合主体标准，整合主体应优先从整合矿区内企业产生。其次，如果矿区内的矿业企业均达不到主体标准，或者在规定整合期限内参与整合的矿业企业未达成整合协议的，可以根据情况选择以下三种整合主体的确定方式：

1）选择符合产业政策和布局规划的下游优势企业作为整合主体。在被整合矿区内无法选择整合主体的，可以将被整合矿区以外符合产业政策和布局规划的下游优势企业作为备选主体。例如，在煤矿的被整合区域，就可以选择下游的煤化工企业作为整合主体。

2）通过公开、公平、公正的方式规范确定优势企业，从而确定整合主体。整合主体采用这种方式确定的，必须以招投标的公开方式选择高于矿区内其他企业均达不到的整合主体标准。

3）全部依法收回矿区内企业的矿业权，以招标、拍卖、挂牌方式将统一规划后的矿业权重新出让给符合整合主体要求标准的企业。可见，整合主体可以是整合矿区内的矿业权人，也可以是整合矿区外的下游优势企业。

（3）整合主体的权利与义务。

相对于整合对象来说，整合主体有权依照整合实施方案授予的整合权限，请求兼并整合对象。无论是国有矿山企业之间采用资产整体划拨的方式进行整合，还是非国有矿山企业之间，或非国有矿山企业与国有矿山企业之间的整合，皆以整合主体行使请求权为前提。同时，整合主体应当在整合过程中及时履行以下相关义务：换发采矿许可证等相关证照；对矿山全部系统停止运营；按照整合后的方案组织生产并缴纳特定采矿权价款①。

3. 山西煤炭资源整合主体

整合对象主要是指在矿业权整合过程中被相关行政规范性文件列为被整合矿业权的原权利人。整合对象拥有受《物权法》、《矿产资源法》保护的矿业权，该矿业权被整合实施方案列入整合的范围。虽然整合对象拥有的矿业权不存在合法性问题，但存在矿区设置不科学或产能不达标等方面的不合理问题。例如，国土资源部"国土资发〔2009〕141 号"对整合探矿权范围有所规定：如矿区设置若干个探矿权，并且存在"圈而不探"的勘查情况，不符合矿区规划的勘查项目。整合对象在矿业权整合过程中拥有的权利主要是：选择是否与整合主体达成整合协议，并就协议的具体内

---

① 《山西省人民政府办公厅转发省国土资源厅关于煤矿企业兼并重组所涉及资源采矿权价款处置办法的通知》（晋政办发〔2008〕83 号）中规定："在我省煤炭资源整合和有偿使用中，按照187 号令《山西省煤炭资源整合和有偿使用办法》的规定，只征收了首期资源量（800 万吨或1000 万吨）价款，而剩余资源里尚未制定价款征收标准和核定价款。对于剩余资源量的价款，仍按 187 号令规定的价款标准征收，由兼并重组后的企业缴纳。"补缴采矿权价款其实与矿产资源整合的性质有关。我们认为，由于矿产资源整合的过程本身包含着整顿矿业管理秩序的内容，因此，对矿产资源整合前部分矿山未缴纳的采矿权价款，应当由整合主体或者由整合对象补缴。《福建省人民政府办公厅关于转发国土资源厅等部门进一步推进矿产资源开发整合实施意见的通知》（闽政办〔2007〕99 号）中规定："整合前未进行有偿处置的矿山，整合时要重新进行储量核实，补交采矿权价款；已经缴纳采矿权价款的部分不再重复缴纳。"

容与整合主体进行协商。

同煤、焦煤、阳煤、潞安、晋煤五大产煤集团，是山西两大煤炭基地内业已形成的生产开发主体，是在国内外享有知名品牌的优质动力煤、炼焦煤和无烟煤的生产企业，具有安全管理系统和技术装备先进、专业人才聚集、研发能力超前、管理经验丰富、市场占有率高等综合煤炭经营优势，具有煤炭产业政策所规定的主体开发能力和资源整合重组的潜在优势。

第二节　煤炭资源整合的功能定性

一、煤炭资源整合的制度属性

从行政法的角度来看，国家实施矿业权整合的行为本身是一种公法行为，依据公法行为而引发的法律关系当然具有公法关系的性质。但在矿业权整合过程中，矿业权人之间的兼并、收购、联营、控股等行为又皆属于私法关系的范畴①。因此，我们认为，不能简单地将矿业权整合法律关系视为公法关系或私法关系，而应将矿业权整合关系界定为一种公法与私法的混合关系。

1. 对煤炭资源整合性质的认定

第一，从物权变动的角度出发，矿业权整合过程中的矿业权征收行为是一种能够导致物权变动的公法行为。物权的设立、变更、转让或者消灭，依其发生根据可以分为依法律行为而进行的物权变动以及非依法律行为而发生的物权变动。在矿业权整合的过程中，当纳入整合范围的矿业权不具备继续存续的合理性时，国家对矿业权人补偿后将其拥有的矿业权消灭的矿业权征收行为，属于依据国家单方意志而对物权进行变动的单方法律行为，应当纳入公法行为的范畴。因此，由这种公法行为形成的法律关系显

---

① 《国务院关于全面整顿和规范矿产资源开发秩序的通知》（国发［2005］28号）中规定："对影响大矿统一规划开采的小矿，凡能够与大矿进行资源整合的，由大矿采取合理补偿、整体收购或联合经营等方式进行整合。"《国务院办公厅转发国土资源部等部门对矿产资源开发进行整合意见的通知》（国办发［2006］108号）中规定："通过收购、参股、兼并等方式，对矿山企业依法开采的矿产资源及矿山企业的生产要素进行重组。"

然带有公法关系的性质。

第二，在实施矿业权整合的特定模式下，矿业权能否变动首先取决于整合主体与被整合一方能否达成一致。根据《国务院办公厅转发国土资源部等部门对矿产资源开发进行整合意见的通知》（国办发〔2006〕108号）："各级地方人民政府要保护矿业权人注重运用经济手段维护合法权益，凡是对统一规划开采有影响的大型矿井，可采取整体收购、联合经营或合理补偿等方式进行整合。""有关证照到期后，按照实施方案不愿参加整合的矿山被列为整合对象的，当地政府不再为其办理变更证照手续、证照延续。"可见，国家不能直接强制对其矿业权进行征收，如果主体与被整合方不能先行就矿业权的整合达成合意，而只能等待其权利期限届满而终止。因此，这种完全依赖私法关系的矿业权整合模式带有明显的私法属性。

第三，从矿业权整合法律关系主体权利义务的确定来看，在矿业权整合过程中，整合实施方案实际上从单方面确定了行政机关、整合主体、被整合一方之间的关键性权利和义务①。整合主体和被整合一方都丧失了自由选择交易对方的选择权，整合主体仅能就整合实施方案确定的特定主体的矿业权进行整合，而被整合一方也无法选择与整合主体之外的第三方进行交易。这种通过国家的单方面意志强制确定交易主体的行为，属于公权"强制"私人自治行为，带有明显的公法属性。

第四，从矿业权本身的特性来看，矿业权本身是一种依据公法行为而形成的私权，其自身兼具公权与私权两种性质。虽然矿业权毫无疑问属于私权的范畴，但对矿业权的产生、变更和消灭产生决定性影响的权力还是公权。"矿业许可、矿区的分合增减之订正或改正、掘进增区之设定、矿业权之取消等一切形成此等权利的国家行为，法律都规定其不由法院管辖，而划归行政裁判，故可以说法律明示其认为此等权利为公权"②。如果矿业权本身体现了公权与私权的融合，那么导致矿业权产生、变更、消灭的矿业权整合行为，必然也体现了公法与私法的交融关系性质。

2. 煤炭资源整合违法与否引争议

如果几年前煤炭改革是失败的，那么依靠政策推动现阶段所谓成功的

---

① 《国务院办公厅转发国土资源部等部门对矿产资源开发进行整合意见的通知》（国办发〔2006〕108号）、《关于进一步推进矿产资源开发整合工作的通知》（国土资发〔2009〕141号）。
② 〔日〕美浓部达吉：《公法与私法》，黄冯明译，中国政法大学出版社2003年版，第171页。

煤炭资源整合改革也是非常不合适的。因为，该条件下的法治的空间被政策缩小。山西煤炭资源整合，更多的是使用政策，在合理的法律没有使用政策过程中，引起了部分市场主体的反感和抵制。因此在煤炭资源整合过程中：一方面，我们应该着眼于提高行业的生产力，减少煤炭行业系统风险水平；另一方面，也要保护各方的合法权益，使整合工作健康有序推进。山西煤炭行业整合不应超过法律底线，但必须坚持合法双赢的原则。

3. 整合方式和评估价格引争议

此次山西煤炭资源整合的目标主要是中小煤矿，这直接触及煤炭利益格局中的一个重要群体是为数较多的自然人个体，其中争议比较大的在于整合方式和评估价格。山西煤炭资源整合主要分为三种模式：第一种为私营或中小型煤矿由山西七大国有煤企及中煤集团进行并购；第二种是原有私企由地方政府将其与所属国有煤炭骨干企业重新组建一个公司；第三种为原来多个小煤矿联合组建成立规模较大的企业。整合后的单矿产能均要求达到 90 万吨/年，整合后的组建规模是 300 万吨/年的大企业。山西省政府负责人表示对整合主体的界定，在此次整合中对民间资本原则上"优进劣退"、"大进小退"，这种兼并主体主要是以产业水平层次划分，并不是简单地以"民营"或"国有"进行划分。截至 2012 年，民营企业办矿占山西保留矿井总数的 28%，保留矿井总数中混合所有制企业办矿数则占到的 53%。事实上，无论是《山西省煤炭管理条例》，还是《国务院关于促进煤炭工业健康发展的若干意见》，都规定煤炭企业整合要跨越地域、行业和所有制的局限。如果强调国有企业做一味主导，民营企业只能做整合煤企的小股东，或只能被买断，这既与现有法律制度规定不合，又逆市场经济潮流成为"国退民进"的代表，合乎市场经济和法制的煤炭企业整合应当是实行市场化。

在煤炭资源整合中，依据省政府发布的文件，诸多小型煤矿收到的整合通知十分具体明确，被谁整合已事先定好，并没有多少选择商谈的余地，且收购的评估价格远低于被收购者的心理预期，甚至不足以支付已有投入。对收购评估价格的争议，是由于买卖双方对煤矿的价值看法评价标准不一致，买方认为政府在出让煤炭资源的时候是一个较低的价格，回收的时候也应该按照当时作价来买。卖方则普遍认为，自己是在流转层面进行的接手而非出让层面受让，自己接手的价格是完全按照市场价格，所以卖出自然也该按照市价来确认，否则中间产生的损失无法得到补偿。根据对矿业权评估公司做过的探矿权和采矿权评估报告分析，整个煤炭资源评估行业都存在着一个普遍现象，即完全为委托人的利益而去肆意调整评估价格，而使应有的公允价值无法客观体现。在实践中，如何科学鉴定煤炭资源评估价格是否公正是一个比较难以衡量的普遍问题，尤其是在政府主导的煤炭矿业权评估中，由于评估方法和计算模式的不同，很难让原有权利人消除顾虑。

（1）煤炭资源整合的方式。当代社会市场经济是法治经济，依法行政则体现为依法治国的核心。在推进煤炭资源整合过程中，涉及对利益格局和重大产业布局调整，要在较短的期限内完成，没有政府的高效推动实施难以实现。具体来说，政府在煤炭资源整合过程中的主要作用体现在四个方面：第一，制定产业政策从而为整合工作提供依据和规范；第二，根据发展需要编制和审批规划，使煤炭资源整合工作能够分阶段并按既定计划实施；第三，按照国家产业政策和已经批复的整合规划，指导参与煤炭资源兼并重组的双方寻找合作对象，并整体协调解决相关疑难问题；第四，提供有关行政审批和证照办理等服务，加快推进整合工作进程。按照《中共中央关于建立社会主义市场经济体制若干问题的决定》（中国共产党第十四届中央委员会第三次全体会议 1993 年 11 月 14 日通过）对政府工作的要求：政府对经济管理的职能，主要就是制定并且执行符合市场规律的宏观调控政策，从而实现国家社会和经济的各项发展目标。政府应在制度框架范围内综合运用经济手段、法律手段和必要的行政手段服务国民经济。

山西煤炭资源整合基本由政府事先指定的国有企业集团进行，并且明确了煤炭资源整合后国有企业的总体数量和控股比例程度，事实上绝大多数被整合企业只能通过出售或参股寻找出路，但出让价格是政府确定的买方市场所决定的。以七大国有集团企业为代表的主要整合主体在各自划定的整合区域实施收购活动，基层管理部门要严格执行省政府的整合方案。政府除了制定政策性文件外，还负责统一确认参与整合企业的各项主体标准和补偿标准，以及按照不同状况明确资产评估方法。为此，在具体的工作过程中，还专门建立了政府工作的领导体制，统一规划煤炭整合工作的方式和程序，俨然使整合行为成为了政府的行政工作。不难看出，在政府的行政命令推动下进行的煤炭企业间的兼并重组带有浓厚的强制性。在市场经济条件下要经过平等协商达成合意的宏观调控性，发挥企业主体间的自主和自发行为，才能体现市场经济的公平性和平等性，市场主体经济自由应充分的享有，政府仅应起到必要的协调和指导作用。

政府的整合行为应严格依照现有的法律程序进行，不应也不得超越法律规范设定的权力红线，否则必然损害市场主体的合法性、积极性并降低行政效率。在推进煤炭整合过程中，部分地方政府通过超常规的不当行政手段，为了完成上级下达的煤炭资源整合计划，在缺少调研基础上制定工作方案，人为理想化地将地域上相邻但地质技术上完全不匹配的小煤矿整合到一起来体现政绩，使整合过程中出现了大量煤矿"假整合、各干各、拉郎配"的变异现象，进而导致整合与被整合煤矿企业完全丧失了积极性，产生了大量的抵触情绪，同时给煤炭资源整合与技改基建目标的实现制造困难。早在 2005 年山西在煤炭资源有偿使用中，实行的是"资源有偿，明晰产权"的改革政策，当时吸引了大量投资者进入，而在此后不到四年时间又进行煤炭企业的整合重组，完全是以行政公权力通过指定主体、指定区域、指定时间、指定方式而推动进行的。这样带有"行政万能"色彩的解决方式，使地方政府的经济管制公信力和大量投资者的信心受到重创和影响。煤炭资源整合是一项艰难的系统工作，应避免简单行为和武断决策，方能有效避免剧烈的变革所引发的社会问题。我们并不否认整合带来的生产力变革提高，但政府行为在追求社会实质正义的同时也应考虑程序正义。对于那些经过政府行政授权许可、证照规范经营稳定的民营煤企的整合，应当设定符合法律和市场经济机制的方案，以便众多退出企业有机制保障。

（2）目前出台了一些煤炭资源整合方面的文件规定，具体可参见表 2 - 1。

从中央出台整合文件来看，规定了不同的整合方式：

1）2005 年 8 月 18 日国务院下发的"国发〔2005〕28 号"《关于全面整顿和规范有关矿产资源开发秩序的通知》特别对整合的方式做出了概括，"对凡影响大矿统一规划开采并能够与大矿进行整合的小矿，大矿可以采取整体收购、合理补偿或联合经营等资源整合方式"。

2）2006 年 12 月 31 日国务院办公厅转发"国办发〔2006〕108 号"，《国土资源部等有关部门对矿产资源整合开发意见的通知》，"依据矿业可持续发展相关要求，可通过有关参股及收购和兼并等方式，对合法开采的相关矿山的企业矿产资源和生产的要素进行重组，形成了大型主体矿业集团的新矿产开发格局，不同矿山协调发展要实现资源的优化配置，要对矿山

表2-1 我国矿产资源整合方式及政策依据汇总表

级别	文号	方式								备注
		补偿	兼并	收购	控股	参股	联合	托管	协议	
中央	国发〔2005〕28号	√		√			√			
	国办发〔2006〕08号		√	√		√				
	安监总煤矿〔2006〕48号		√	√						相同的部门，在不同的文件中，对整合方式的规定前后不一
	安监总煤监〔2009〕157号		√	√	√					
地方	山西省政府令第187号		√	√		√				
	云政发〔2008〕169号		√	√		√	√		√	原文为股份制，可理解为控股、参股
	鲁政办发〔2006〕52号		√	√		√				原文为投资入股，可理解为控股、参股
	内政办发〔2007〕49号		√				√			原文中还规定了一种方式，矿产品下游的企业整合上游企业
	冀政〔2008〕76号		√	√	√	√	√			原文为投资入股，可理解为控股、参股
	陕政发〔2006〕26号		√	√		√				

资料来源：中华人民共和国国土资源部网站。

开发合理布局，以便增强矿产资源与经济社会的可持续健康发展保障"。

3）2006年3月25日中央十一部门联合出台"安监总煤矿〔2006〕48号"《关于煤矿的安全生产规范和进行煤炭资源整合的工作意见》，"鼓励采取收购、兼并方式由大型煤矿用多种方式去整合较小的煤矿"。

4）2009年8月19日中央十一部门联合出台"安监总煤监〔2009〕157号"《关于煤矿整顿关闭深化工作的相关意见》，"支持整合（兼并、收购、控股）由大型煤矿企业改造较小的煤矿，支持对整合后的煤矿进行技术改造、升级"。

全国各地方性整合文件差异更加明显规定了整合方式：

1）2006年2月28日山西发布"政府令第187号"《山西省煤炭有关资

源有偿使用的办法》，第六条规定，"可以采取兼并、收购、参股等方式开展煤炭资源整合的工作"。

2）2006年6月21日山东省发布的"鲁政办发〔2006〕52号"《关于搞好矿产资源整合 实施集约化开采的意见》规定，"根据审定工作方案各级政府组织资源整合工作，通过企业的兼并、投资和入股、联合重组、企业收购等手段对矿山企业进行重新整合，依法合理配置采矿权，对符合规定条件规模的企业，要办理完善的证照手续，并按照法律规定妥善安置矿山职工"。

3）2006年7月24日陕西省发布"陕政发〔2006〕26号"《陕西省煤炭资源整合实施方案的通知》，"支持大型的煤炭企业通过收购、兼并、参股等多种方式对现有小煤矿整合"。

4）2007年4月27日内蒙古自治区下发"内政办发〔2007〕49号"《关于印发自治区有关矿产资源整合总体方案的通知》，"采取大矿兼并小矿、小矿联合做大、上下游企业矿产品整合等多种方式，实现采矿和选冶等加工企业之间、矿区之间的有效整合"。

5）2008年8月26日云南省发布"云政发〔2008〕169号"《关于加强我省保护和合理开发磷矿资源若干工作意见》，"积极地探索以多种形式开展的磷矿资源整合途径。按照省人民政府批准通过的整合方案，以大矿业集团、大型企业为主导，以资本和资源为联合纽带，采取有关兼并、联合、收购、股份制的多种形式，加快并依法推进磷矿资源整合"。

6）2008年9月8日河北省发布"冀政〔2008〕76号"《关于进一步加强矿产资源整合管理若干实施意见》，"鼓励国有大中型企业（集团）通过多种形式的投资入股、联合重组、兼并收购等市场模式整合其他的矿山资源"。

通过对以上各个部门煤炭整合的列举我们可以发现，煤炭资源整合的产业政策制定者对整合的方式并没有完全而清晰的整体梳理，并且对各种整合方式的区分方法和内在有机区别也没有清晰的界定和认识。上述表格没有将整合方式的全部依据逐一列出，但可以明显地看出规范用语的不准确、交叉矛盾以及重复等问题，这必将影响在省市管理层面上政策运用混乱，在地方法规研究发现、拟定和实施过程中更是政策大不相同、标准各有千秋，为此更有必要对各种整合方式进行完整的梳理。

（3）整合方式的系统分析。对于整合方式理论的研究，具体指的是真正的整合，按照矿产资源整合法律的逻辑分类理论，以明确方式之间的区别和联系，提出立法，参考决策者、从业者和所有者的集合，整体的整合可以分为两类（见图2-1）：①行政整合配置方式。行政整合配置是指国家机关、政府等对资源进行整合采用行政手段。行政配置式主要包括取缔关闭和资源划拨两种方式。取缔关闭主要适用于对煤炭资源污染严重、环境破坏、不具备条件生产的非法矿山和矿山企业等采取的关闭方式。资源划拨主要适用于政府主管之下的国有矿业企业之间。②市场整合配置方式。市场整合配置是指由市场竞争来决定主要资源配置，并不是靠国家的主要行政计划来决定整合方式、配置资源。这种方式通常是以交易的形式使资源实现配置的。

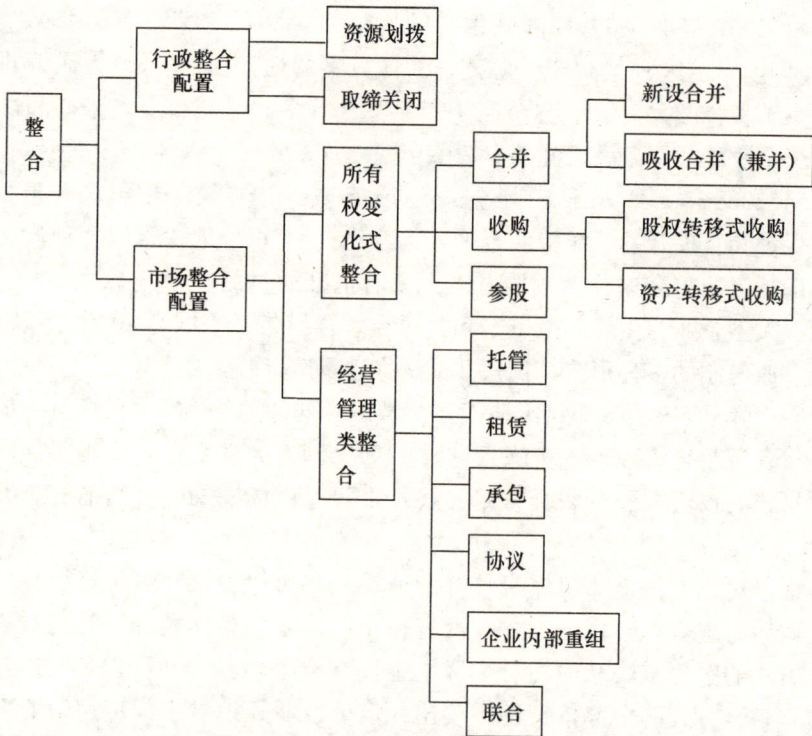

图2-1 我国矿产资源整合类型结构图

资料来源：中华人民共和国国土资源部网站。

其中，市场整合配置方式从交易标的性质可细分为两个子类：

第一类，所有权变化式整合方式。从法律后果又可细分为三种方式：

1）从交易双方还是单方丧失法律身份上来看，合并式整合是指发生交易主体的法律身份在丧失后的整合方式结果。①新设合并又称创立合并，是指成立一个新的公司，由两个或两个以上的公司进行合并后，原有各公司参与合并的均归于消灭的合并方式。法律后果是"甲公司 + 乙公司 = 丙公司"的新设合并模式，即只有新设立的企业具有法人资格，原来参与合并的各企业均丧失了法人地位。②吸收合并是指多个拟合并公司之中，一个公司继续存在吸收其他公司，两个或两个以上的公司被吸收合并后，被吸收公司主体资格同时消灭的公司合并。法律后果是"甲公司 + 乙公司 = 甲公司"，即被合并方（购买方）继续存在而合并方（被购买方）注销。

此外，在煤炭资源整合方式中不能不对兼并的概念进行明晰，但兼并的概念在理论上还没有明确的界定。从以往的规定可以看出，1996 年财政部《企业兼并有关财务问题的规定》中定义了兼并的相应规定，即一个主体企业取得其他企业的产权是通过购买等有偿方式，虽然保留法人资格或使其丧失法人资格但是改变了投资主体的一种行为。因此从法律法规层面上来说兼并就相当于吸收合并。

2）收购是指通过购买被收购方的股权或资产等方式，获得被收购方的控制权，或获得对被收购方的某项资产或者全部资产的所有权。因股东表决权重大变化或大部分企业资产易主，收购式整合并不导致交易主体法律身份丧失的结果，但可能会发生企业控制权易主。从交易标的的具体种类看，这种整合又可分为两种：①股权转移式收购，此种收购是通过购买被收购方股权的方式达到获得被收购方控制权的整合方式。②资产转移式收购，此种收购是通过购买被收购方企业资产的方式获得被收购方控制权的整合方式。

3）参股式整合往往不发生企业控制权转移、交易主体法律身份丧失的法律后果，只发生收益分配比例微调和表决权比例微调的法律结果。参股式整合多为权益"作价入股"，这是从换取股权的对价来看。

此外，反向参股、换股因其属于上述方式中的特殊情况，在实践中也比较常见，但严格来讲作为独立的整合方式不应列入。

第二类，经营管理类整合。这种整合主要针对实际管理权的企业经营活动。目前主要有六种方式：

1) 托管。这是指企业资产所有者将企业全部或部分资产的经营权、处置权，以一定条件下的形式，在限定的时间内，通过合同方式管理委托给其他公司或个人，从而形成一个共同的利益和原有业主之间的关系，以及委托人、经营者和生产者关系。"外部的"的企业经营者通过投入一定数量资金，采取有效科学的管理机制、管理手段，使技术和质量品牌进入企业，对企业实施有效管理。同时，受托人管理的过程中有自己在金融方面的优势，能取得一定的经济效益。

托管是所有权和经营权的分离，企业通过市场对企业的各种生产要素进行优化组合，提高企业的资本运营效益，有利于进一步促进政企分开，明晰企业产权关系，有助于市场经济的实现。

2) 租赁。出租人与承租人签订合同，由出租人出租使用设备或土地使用权给承租人，承租人支付租金。由于对租赁国家限制的法律法规不严格，在现实生活中出现许多以收取租金代征的现象。租赁也保持分离的所有权和使用权，但可以在一定程度上起到优化资源配置的作用。

3) 承包（现行法律法规不允许，但实践中是常见的）。根据《矿产资源法》和有关法律、法规的规定，采矿权不得向他人以承包方式转让合同，但在实践中，该方法更常见。

4) 帮扶协议。

5) 企业内部重组。

6) 联合。

特别说明：

以上的分类方式是依据实现目标的途径和手段来进行细致划分的，这种方式比较常见并且明晰。按照产业链条也可分为横向整合和纵向整合，此外，也有其他的分类方式。

鉴于往往会出现同时使用两种或者两种以上方式的整合，实际情况中表现出复杂性，但这些复杂方式本身并不构成实践中一种新的方式，故各种方式范畴仍属于上述之内。

二、煤炭资源整合的政策功能

矿产资源整合的目的是国家颁布矿产资源整合政策并实施矿产资源整合行为的出发点和落脚点。从直接目的来说，矿产资源整合是为了解决矿产行业中存在的结构不合理、增长方式粗放、科技水平低、安全事故多发、资源浪费严重、环境治理滞后等突出问题。从根本目的上看，是为了维护矿产资源开发的合理秩序，保障国民经济健康发展，具体而言包括以下几个方面①：

1. 保证能源安全，奠定产权基础

我国在计划经济时期实施的是国家矿产统包政策，即资源勘查、资源开采均由国有企业无偿取得利用。在20世纪80年代的"有水快流"政策下，各地中小煤矿的投资主体和所有权性质十分混乱。现登记在册的煤矿中约有75%是集体矿，还有大量非法开采的小矿。这些煤矿由于乡村两级普遍无力投入，层层转包，投资主体和经营主体不断变更，因此导致国家的勘查投资面临流失，滥采滥挖和掠夺式开发现象突出，对矿山环境造成了极大破坏，同时也隐藏着诸多社会隐患。

煤炭资源整合改革使以上问题得到了较好的解决。首先，矿产资源在公平、公开、公正的环境中优化配置，各市场主体参与竞争并排除特殊身份。其次，通过把企业产权包括国家的矿业权推向市场，民间资本进入矿业行业，投资者出于对资本收益的关切，会对市场供需、规模效应、灵活用工、资源回收、安全生产以及资源的深加工综合做出合理的安排。最后，由于矿山企业开采活动对环境破坏严重，有关环保法律法规更加注重生态保护，企业在开采中的环保义务和法律责任不断加强。总之，煤炭资源整合改革，对于资源集约利用、建设资源节约型和环境友好型社会、引导矿业市场经济体制向纵深发展起到积极作用，为我国煤炭产业乃至整个能源安全奠定发展基础。

2. 确定合理的矿产资源勘查开发布局和矿山企业结构

在整合过程中，按照地质条件和矿产资源规划、矿产资源自然赋存状况，重新划分矿区范围，确定开采规模，合理编制矿业权设置方案，保证彻底解决大矿小开、一矿多开等问题。同时，以大型矿业集团为主体逐步对生产要素进行重组，使依法开采的矿山企业对矿产资源实现优化配置和矿山开发合理布局，使矿山企业"散、乱、差"的现象能够得到明显改善，

---

① 参见《国务院办公厅转发国土资源部等部门对矿产资源开发进行整合意见的通知》（国办发〔2006〕108号）、《关于进一步推进矿产资源开发整合工作的通知》（国土资发〔2009〕141号）。

使各种类型的矿山企业和谐发展，共建煤炭资源开发的崭新格局。通过矿产资源整合，提高矿产资源的开发利用率，使矿产资源开采回采率和选矿回收率达到设计要求，使相关矿山企业采用科学的采矿方法和选矿工艺，共生、伴生矿产实现有效利用，特别是对废石等固体废物进行存放利用。

3. 改善矿山生态环境和安全生产状况

通过对煤炭资源的整合，实现对矿山开发布局中的安全隐患排除，使废弃物得到妥善和有效处置，达到国家环保部门对污染物集中治理的要求，进一步防控存在的环境污染和生态破坏问题。通过有效的矿产资源整合，在一定程度上建立科学长效的矿产资源合理开发与利用机制。以矿业权的管理为主要核心，逐步实现建立以准入制度为引导的、以总体规划为龙头的、以计划投放为调节的矿业权管理制度，使矿产资源开发在采用科学的方法和工艺上，利用水平明显提高，进而形成协作、联动、长效的推进矿产资源开发利用的合理机制。

4. 完善社会主义市场经济体制的内在要求

煤炭资源整合改革是我国矿业市场的一项重大制度建设，最大的突破就是将目前煤炭矿业权取得有偿和无偿并存的"双轨制"统一改为有偿取得的"单轨制"。长期以来，庞大的矿产资源无价格，产权归属不明确，不能完全进入要素市场。采矿权的改革使资源有了价格，成为商品，产权有了明确的边界，从而能无障碍地进入市场配置，使"煤炭资源资产化、采矿权利股权化、企业经营集团化"的构想开始变成现实。对资源有偿使用制度进行改革，就是要在充分反映资源稀缺程度的前提、变革传统的体制模式下使用资源的状况，合理设置市场供求关系和环境成本影响下的资源价格形成机制，让价格能够完全体现资源性产品成本，逐步促进资源节约和集约利用体制的形成，真正让市场在配置资源中发挥基础性作用，在国有资产管理体制上实现历史性的突破。矿业权可以看作一种合约的安排，这种合约是为了厘清矿产资源所有者与矿业投资人之间的权利义务关系而出现的。过去，在制度设计上探矿权和采矿权的分割，以及资源补偿费、资源税、矿业权价款和矿业权使用费的分割设立，人为地扩大了市场的交易费用。资源国家所有的观念淡薄、矿业权市场观念不强等认识，反映了在国内矿产资源设置和保护上存在的问题。

5. 促进区域经济均衡发展的有效手段

改革开放以来，国家采取了非均衡发展战略，对东南沿海地区给予一系列优惠政策，使之率先发展起来。这在当时是必需的，但也带来了新的问题，那就是拉大了东部和西部、沿海和内地区域之间的差距。针对这种状况，近些年来国家适时地将区域发展战略调整为均衡发展，进而推动全国经济协调发展。即使如此，由于基础不同，各地在发展速度和质量上依然不同步，区域之间的差距难以缩小。应该看到，"煤炭新政"重点在于强调了国家煤炭资源收益权，明确了资源开发收益分配关系，同时加大了对地方经济发展的支持力度。《关于同意深化煤炭资源改革试点实施方案的批复》（国函〔2006〕102 号）明确规定，煤炭资源有偿使用的收入，中央和地方按 2∶8 的比例分成，这表明中央加强全国区域均衡发展的决心，试点省（区）将通过国有资源和资本的运营，集聚巨大的政府财力。还应该看到，我国的自然资源不仅是煤炭，还有大量的其他矿产，而矿产资源绝大多数分布在中西部地区，如果有偿使用的办法推广至所有矿产资源，对整个中西部地区将是一个巨大的支持。深化矿产资源有偿使用制度改革，在政策和财力上支持地区经济社会发展，有利于更加科学地调整中央和地方、政府与企业的复杂利益关系，有利于让地方的积极性和主动性发挥出来，有利于经济优势与资源优势的转化，为此可带动社会全面进步、资源富集地区的经济加快发展，在均衡发展模式下逐步形成良性互动和优势互补的区域经济。

三、煤炭资源整合与相关概念比较

矿业权整合体现了国家公权力对私有财产权的限制与重构，其实施的过程就是一个公权与私权相结合对物权进行变动的过程。同时，实施矿业权整合往往涉及企业之间的合并。因此，有必要对与矿业权整合存在相似性但又本质不同的概念做一辨析。

1. 矿业权整合与征收

一般而言，征收是指为了实现某种特定的公共利益，由立法机关或行政机关通过主权性的法律行为，对宪法所保障的财产权予以全部或者部分剥夺的法律制度。[①] 矿业权整合与征收的相似性，首先体现在矿业权整合与征收都体现了国家的单方意志，制定矿业权整合政策、实施矿业权整合行

———————

① 房绍坤、王洪平：《公益征收法研究》，中国人民大学出版社 2011 年版，第 73 页。

为，都属于行使国家公权力的具体情形；而征收行为本身就是一种主权性的、公法意义上的行为。其次，两者的相似性还体现在公益目的性上，实施征收行为必须为了"公共利益的需要"，单纯地为了私人利益则不能征收。矿业权整合的根本目的"维护矿产资源开发的合理秩序，保障国民经济健康发展"亦属于为了"公共利益需要"的范畴。此外，两者之间的相似性还体现在有偿性上。国家实施征收取得私人财产权时必须给予补偿，而矿业权整合过程中整合主体与被整合矿业权所有人之间签署整合协议也需要支付相应对价。

两者主要存在以下区别：①就矿业权整合与征收的标的而言，征收的标的包括不动产等多种实物性财产权，而矿业权整合的标的仅为矿业权。②就私人财产权的变动而言，征收主要体现了国家对私人财产权的消灭，而矿业权整合主要针对国家对矿产资源开发利用秩序的重新规划①。③在实施矿业权整合的情况下，国家通常会先以矿业权人达成合意为重构矿业权的中间环节，而征收过程中国家自始至终可以依单方意志完成征收行为。

2. 矿业权整合与矿业权转让

矿业权转让是指在政府的指导下，矿山企业之间进行矿业权交易的行为。矿业权整合与矿业权转让的相似性体现在以下几个方面：①实施矿业权整合和矿业权转让的结果相同，都发生物权变动的法律效果。②实施矿业权整合和矿业权转让的过程相似。实施矿业权整合的情况下，国家会先以矿业权人达成合意为重构矿业权的中间环节，而矿业权转让的过程也需要矿业权人就矿业权的转让达成合意。③矿业权整合与矿业权转让皆属于要式法律行为，矿业权整合和转让后，须到政府主管部门重新登记，换取新的矿业权证。

两者主要存在以下区别：①从是否必须以矿业权人达成合意不同的角度看，矿业权整合并不必须以矿业权人之间达成合意方能完成，而矿业权转让必须以矿业权人就交易而意思表示一致。②从是否改变权利的内容不同的角度看，在矿业权转让后，矿业权的主体发生了变更，矿业权的内容不发生变化。矿业权整合实施的结果是矿业权的内容因国家对矿产资源勘查开发区域、开采规模的变更而完全不同。③从是否存在补偿不同的角度看，在矿业权整合过程中，当国家单方面对矿业权进行消灭并重新配置给

① 例如，国家对矿业权征收之后，重新将该矿业权指向的矿产资源与其他矿产资源重组矿区。

他人时，应当对原矿业权人予以补偿，而矿业权转让不涉及国家的补偿问题。

3. 矿业权整合与矿山企业兼并

"兼并"一词在经济学的领域使用较多，主要是指"一个企业以承担债务、购买、股份化和控股等形式有偿接收其他企业的产权，使被兼并方丧失法人资格或改变法人实体"[1]。矿业权整合与矿山企业兼并的相似性，主要体现在矿业权整合的过程有时会伴随着企业的兼并行为。在我国，大部分矿产资源整合文件都将兼并作为整合的一种模式，但实际上两者存在较大的差别：①从法律后果的角度看，兼并的法律后果包括两种：一种是被兼并企业丧失法律人格，另一种是被兼并企业并不丧失法律人格，只不过控制权发生变化。前一种实际上属于《公司法》上的吸收合并。但矿业权整合的法律后果是矿业权人的原矿业权被消灭，国家重新对矿业权进行配置。②从是否必须以矿业权人之间达成合意的角度来看，矿业权整合并不必须以矿业权人之间达成合意方能完成，而矿山企业兼并必须以矿山企业之间就交易而意思表示一致。③从是否存在补偿不同的角度看，在矿业权整合过程中，当国家单方面对矿业权进行消灭并重新配置给他人时，应当对原矿业权人予以补偿，而矿山企业兼并转让不涉及国家的补偿问题。

第三节 煤炭资源整合的影响因素

一、政府干预对煤炭资源整合调整的影响

由于我国民主法治建设尚在不断完善的过程中，权力制约机制还不健全，加之干预者受计划经济思维模式的影响，政府干预法治的权力工具色彩还较为浓厚，现实生活中将"干预"片面地等同于权力意志、长官意志的倾向还较为突出，我国现阶段政府干预法治运行具体表现出以下几方面的障碍：

---

[1] 参见《国有资产评估管理办法施行细则》（国资办发［1992］36号）。

1. 以权代法，过分依赖行政干预

部分管理部门认为凡事都需强调干预的强制性色彩，片面地将干预等同于"直接高效"、"成果显著"，而被干预者固化思想也是完全依赖干预，习惯于在"下文件"的政府关系模式下"找市场"，把克服市场失灵的国家"有形之手"伸得过长仅是为了弥补市场缺陷以致矫枉过正，缺乏独立自主，凡事都寄希望于由国家出面来干预解决。在某些涉及全国范围的重大干预举措中依赖干预而产生"高效率"，不能运用规则意识和法制思想开展工作。例如，在整顿和治理煤炭资源开采的过程中，以"重症下猛药"的急功近利的政府干预倾向表现得较为突出。遇到问题采用运动式的"严厉打击"，从而使结果往往表现为仅满足于治标之策"反复弹压"，致使出现了"屡禁不止"的不正常现象。显然，就市场秩序发育而言，强制性干预并不能治本，而仅表现为"解一时之急"，要形成市场交易的正常秩序，需要大力促进全社会的信用伦理水平和法律制度保障，信用伦理的基础应依法律规范建立而不是个人自觉，实现从传统的乡土社会发展过渡到现代工商社会或称陌生人社会的普遍主义的信用伦理，或称之为熟人社会的特殊主义的信用伦理。只有切实加强法治和道德建设从根本上入手，完成这样一种"创造性转化"，才能从市场机制中真正生长出"秩序"来，这是一个法制演进的过程，紧紧依靠理想式干预是无法发展的。

2. 轻视程序，不注重经济民主

政府做出这样一项事关数百家企业生死、事关数万多名员工就业的重大决策，要经过充分论证。如果急功近利地下决策则有失法制国家的尊严，也将体现政府管理能力的低下。如果不能采用科学的干预程序，就会割裂干预者和被干预者之间的"天然联系"，导致市场价值背离"干预"目的而出现片面强制和服从。

应当说从微观上看，干预决策让人"想得通"，得到被干预者的认可，如何使干预行之有效且得到普遍的认可，这是需要政府在干预过程中谨慎思考的重要内容。首先，政府通过何种机制来切实保障市场主体参政、议政的宪法性权利。其次，在市场经济领域体现资源的合理配置和主体运营的基本要求。只有这样才能融合干预者与被干预者的心理预期，从根本上解决政府体制和公民意愿，以顺利干预并减少社会摩擦。因此，干预决策能否让市场主体普遍接受是尊重公民权利的基本问题，并不能通过压制进行解决，政府应尊重"群众的首创精神"，"说服教育"在某种程度上还是

一种"精英意识"，只有通过程序的公正才能实现民主利益，进而促进社会经济良性发展。

3. 政府不当监管对市场失效的影响

在美国和其他资本主义社会，政府政策的制定者（行政机关、行政人员、立法者和法官）是以自由放任的经济政策（Laissez‐faire）的前提为起点对社会进行思考。鉴于市场的功效，自由市场优于政府监管的选择。但是，公平竞争更多是一种理想，而非现实。现实情况是，当市场失效时，政府监管常被用来纠正市场的缺陷和稳定市场。政府监管本身也许不能达到其目标，整个体系就会经历监管失败。因此，可以将政府监管的过程视为一个大约由六个阶段构成的生命周期（见图2‐2）①。

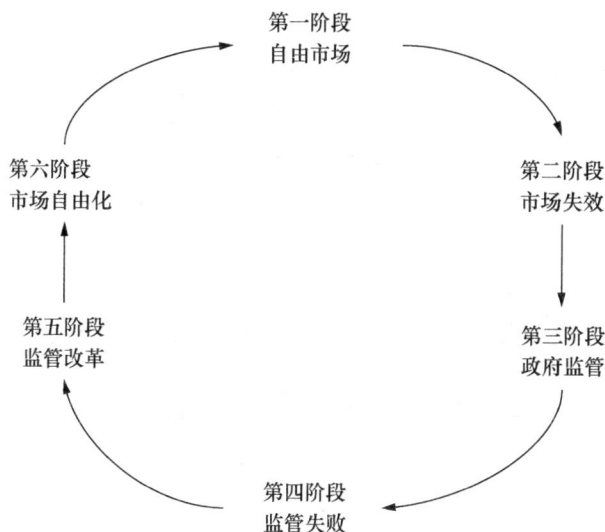

图2‐2　政府监管生命周期分析

第一阶段是自由市场阶段，政府对某一行业或市场不予干预，与资本主义民主政体相一致，在该阶段政府采取了自由放任的经济政策，即小政府阶段。如果市场运行良好且公平有效，政府干预则无助于改善状况。面

---

① ［美］约瑟夫·P. 托梅因、理查德·D. 卡达希：《美国能源法》（Energy Law），万少廷译，法律出版社2008年版，第23页。

对运行良好（公平且有效）的市场，即便是最低限度的政府监管也会增加不必要的管理成本，从而降低分配效率和引起不公正的分配结果。对这类市场，政府的价格或数量控制不会改善市场运行。相反，此类监管可能提高价格、降低供应，将一些生产商赶出市场，并因此减少竞争。

实现或保持理想的自由竞争市场是困难的，因为市场失效会导致失衡状况，这种状况的出现和认定成为政府对私人企业进行干预的理由，使得监管过程从第二阶段进入第三阶段。第三阶段的政府干预理由构成政府监管的必要但非充分条件，采取错误的监管措施（如采用价格支撑来纠正信息失当）的后果可能是恶化而非改善经济状况。政府监管的目的是改善市场的某一情形，使其更有效、更公平，或两者兼而有之。使用不适当或不正确的监管对策导致第四阶段的监管失败，其反应会有两种，即在监管过程的生命周期的最后两个阶段，政府可以通过第五阶段的监管改革纠正监管失败，或者政府通过第六阶段的市场自由化，不再干预市场，使得市场返回第一阶段的自由竞争政策。不是所有的监管过程都会历经上述每个阶段，上述监管过程生命周期和与其相伴的对效率和公平的诉求，说明了政治过程在政府监管体系中的作用。政府监管的思想是，针对市场不总是平衡运行的现实，来纠正市场的不公平。

二、资源型经济转型对煤炭产业结构的影响

山西面临着以煤炭产业为主导的单一的经济结构，面临着资源逐渐枯竭的严峻的现实情况，经济转型已经刻不容缓。资源型地区的经济发展有两个基础性问题需要解决：第一是需要提升产业结构；第二是要进行体制转换。由此可见，经济转型是需要从事经济活动的企业转型，具体路径是产业结构升级和经济体制转轨。

1. 合理产业布局结构

资源型产业是经济增长的支柱，在资源型区域是资本积累的主体，地方政府的政绩要求和功利目标，取决于煤炭市场的兴盛情况和经济的活跃程度。地方经济发展的调控手段是根据市场需求情况控制或鼓励主导产业的发展，并在此基础上对结构不断优化，以此适应经济目标。随着综改区产业的调整，税收政策要以本阶段的主导产业为重点扶持对象。调整产业税收政策，还应以支持企业技术升级、发展高新技术产业作为产业税收政

策的支持重点。由于我国的税收优惠政策应随各重点产业发展的不同阶段而有所不同，免税、投资扣除、税收抵免和加速折旧等税收优惠政策各有其特点，因而随着各重点产业发展的不同阶段应采取不同的税收优惠政策。税收优惠政策应强调产业导向功能，在增强税收政策调节产业结构的功能时，可借鉴国外的先进经验，根据经济发展及产业结构调整所要实现的目标制定相应的企业所得税优惠政策。

2. 升级调整经济体制

在资源丰裕的条件下，经济系统难以实现完全竞争，这对经济增长是不利的。在这种条件下，资源由政府掌控，这不但会诱发寻租行为[1]，而且因为政府垄断，市场缺乏竞争效率，反而影响经济增长[2]。从本源上讲，如果没有技术进步，新兴产业的诞生和产业的形成、分解都是较难前行的，要想提升社会劳动生产率便无根基可言。在我国资源型地区，多数都是以实用技术为主体，技术进步缓慢，依赖于传统的资源产业，产业技术也以传统技术为支柱，因而经济转型在技术层次的约束作用不可低估，长期缺乏相应的技术推动。经济体制（包括其惯性）资源型地区的经济活动呈现出"五低、三高"的贸易分工格局和束缚，突出表现为：产品科技含量低、市场化程度普遍偏低、主导产品附加值偏低、市场主体缺乏竞争优势、产业布局结构不合理、对资源的耗损浪费大、生态环境破坏严重。这种经济活动长期处于"有发展无增长、高耗费低效率"的"资源诅咒"之中，由于这些问题的表象无法在实质上得到解决，其结果严重地制约了国家整体的、有序的、稳定的发展，有损于人民生活水平的提高和当地经济的后续发展。

3. 可持续发展对突破资源"瓶颈"的财税需求

资源"瓶颈"是资源型经济转型的主要障碍之一，山西虽然资源赋存条件优越，但资源型产业对区域经济发展有推动但作用单一，正因如此，绝大多数资源型区域从政府到公民的经济理念，是发展传统产业、开采煤炭资源、稳定既有市场的经济模式。"产业优势是资源优势"发展为思维定式，资源开发决定经济发展，进而可持续发展被"瓶颈化"、形成固化

---

① 按照寻租理论的鼻祖美国经济学家克鲁格的定义和阐述，寻租是指：人们凭借政府保护而进行的寻求财富转移的活动，它包括"旨在通过引入政府干预或者终止它的干预而获利的活动"。寻租的根源是政府，它的主要特征是不经过相应的生产劳动而将社会公众财富转移到一部人手中，寻租从根本上是与劳动和公平原则相违背的，也是对公共资源的侵害和浪费。

② Lane P. L and Tomell A., "Power Growth, and the Voracity Effect".

定格。

（1）财税政策未完全发挥功能，应根据山西各区域的资源环境承载能力、发展水平和发展潜力，统筹考虑人口分布、产业布局、国土利用和城镇化格局，将国土空间划分为四类主体功能区：优化开发、重点开发、限制开发和禁止开发。按照主体功能定位形成合理的空间开发结构，调整完善相应的财政政策，规范空间开发秩序，明晰转型发展方向，而后通过发挥财政政策作用，在全省范围内科学整合、优化配置省内外的各种生产要素和创新资源，如引导新型工业、研发产业、物流产业、创意产业、IT产业、都市农业、文化产业、旅游业、娱乐休闲业等产业在功能区域内进行科学布局。

（2）尚未实现财税政策的激励与约束作用，转型发展的财税政策体制机制有待建成。需要运用财政投资和支出手段，加大对试验区基础设施、环境保护和符合转型发展要求的产业的投入。应通过财税政策杠杆鼓励引进资金密集型、科技含量高、能耗低的高新技术产业进入试验区发展，限制高耗能、高污染产业的发展。可考虑设立专项资金，支持集约使用土地，制定奖励办法，鼓励企业深度开发和有序利用土地。对转型发展搞得好的市县要重奖，不受上限控制；对转型发展迟缓的市县，则要适当扣减其转移支付资金。

（3）未建立和完善替代产业扶持机制。加大力度推进政府通过财税、金融、环境、产业政策等手段，扶持资源型地区非资源替代产业发展，逐步摆脱对原来资源的依赖，实现经济可持续发展。例如，对开发煤矸石、粉煤灰等综合利用项目时，政府可给予贴息支持；对于新能源、可再生能源的开发，政府可加大对贷款的贴息支持和专项资金的补贴力度等；对于煤炭资源开发补偿机制，要按照"谁受益、谁补偿"的原则，通过国家实施财政转移支付解决矿产资源勘探和生态环境保护，通过市场宏观手段综合运用使资源合理开发和经济转型结构调整，通过煤炭资源有偿使用解决计划经济时期该补偿而未补偿的历史欠账问题。

（4）尚未建立衰退产业的援助机制。世界范围内的各国在资源型经济转型地区均建立综合性的工业园区，并辅之以大量的经济税费减免政策：对传统产业按照未来发展需求进行优化，吸引和鼓励技术先导型企业的发展，运用财政杠杆手段引导金融资本支持，优化经济环境支持配套产业的升级换代，积极吸引外资投入落后行业，建立有进有退的市场运营机制，实施国家和地方财政共享合理补贴的运营模式，特别是对资源开采接近枯竭和破坏严重的各类型企业实施政策性破产。

三、产业政策及法规滞后对煤炭资源发展的影响

20世纪60年代以前，世界各国的矿业法本质上属于"私法"，如中国在1930年公布的《中华民国矿业法》，被列为《六法全书》之"商法"部分。20世纪70年代后期，随着1972年联合国斯德哥尔摩"人类环境会议"的召开，资源、环境对社会经济发展的约束受到全人类的普遍重视，可持续发展的思想逐步形成，许多国家都本着公法的思路加强了资源与环境的法制建设。矿业权方面的立法思路也随之发生变化，有的国家制定了矿产资源法，沿用矿业法体例，也增加了资源与环境保护的内容，从而使矿业法律具有了私法和公法的双重属性。从1979年到1996年，我国《矿产资源法》的起草、制定和修订，既处在这一全球化背景下，又处在本国由计划经济向市场经济转轨的时期，因而不可避免地表现出过渡色彩。因此，我国有关矿业权法律制度的进一步完善，理应坚持公法私法内容并重的原则，力求体现社会公平和科学发展观的要求以及社会主义市场经济体制保护私有制财产权的要求。

1. "公私兼顾、以公为主"是煤炭资源政策性整合的主导方式

煤炭资源整合产业政策实施对矿业权的调整是现代市场经济社会化条件下，公法私法化、私法公法化相互融合的产物。因此，煤炭资源整合主体通过向国家矿产资源主管部门申请而有偿取得的矿业权，可以在市场上自由流转。矿业权利主体在合法取得矿业权利后，不但可以据此勘查和开发矿产资源，而且可以将矿业权以转让、作价出资、抵押、合作开发等方式，投入市场流转，实现收益。但随着福利国家的推进和国家对经济宏观调控能力的增强，公法不断地侵入传统的私法领域，私权利越来越受到公法的限制，作为财产权之一的矿业权也必然要受到公法的限制[①]。矿业权基于行政权力的直接授予而获得，有很强的行政管理色彩。在矿业法律规范中，更多的是关于行政管理的公法规范。现行的矿业法律法规在法律责任的设定上绝大部分属于行政责任和刑事责任的规定。在行政责任上，矿业

---

① Robert D. Behn, "Rethinking Democratic Accountability", Brookings Instition, 2001, pp. 201.

行政主体的责任大多体现为各种行政处分，行政相对人的责任则体现为各种行政处罚。当行政处分或行政处罚不足以制裁违法行为即构成犯罪时，应依法追究刑事责任。通过公法责任的追究，直接地制约和监督矿业公权力的行使，使违法的矿业行政行为得到制裁，间接地使作为私权的矿业权得到了保护。

因此，煤炭资源整合涉及的矿业权法律制度具有公法和私法的双重属性，从法的精神和原则上来说，公益高于私权①。纯粹就个案而言，企业或个人对他人私权的侵犯，往往同对公共利益的侵犯交织在一起。因此，矿业法律制度的设计应当按照公法之旨趣，实行主动执法的原则。

2. 宪法保护是煤炭资源整合法律保障的根本

矿产资源具有稀缺性、有限性、耗竭性和不可再生性等特点，决定了必须把合理利用和禁止破坏等无序开采放在首位。这是一切矿产行政、司法活动的出发点与落脚点，制定和执行有关矿业活动的法律法规、政策与有关的管理办法都要考虑是否符合宪法宣示的最高宗旨。《宪法》第九条规定，"矿藏、水流、森林、山岭、草原、荒地、滩涂等自然资源，都属于国家所有，即全民所有……国家保障自然资源的合理利用，保护珍贵的动物和植物，禁止任何组织或者个人用任何手段侵占或者破坏自然资源"。《矿产资源法》第三条对该规定做了进一步细化，即"矿产资源属于国家所有，由国务院行使国家对矿产资源的所有权。地表或者地下矿产资源的国家所有权，不因其所依附的土地的所有权或者使用权的不同而改变。国家保障矿产资源的合理开发利用，禁止任何组织或者个人用任何手段侵占或者破坏矿产资源。各级人民政府必须加强矿产资源的保护工作……国家保护探矿权和采矿权不受侵犯，保障矿区和勘查作业区的生产秩序、工作秩序不受影响和破坏"。以此说明我国矿产资源实行单一国家所有制原则——国家保障矿产资源合理利用原则，禁止侵占或者破坏矿产资源原则。

基于我国《宪法》所确立的矿产资源规范原则和制度，我国矿产资源行政管理和民事权利行使应遵循的根本宗旨是保护矿产资源国家所有权益，保障矿产资源的合理利用，从而禁止侵占或者破坏矿产资源的一切行为。因此，一切违背这个根本宗旨的法律法规、政策与有关的地方行政法规、管理办法都是违法的，没有落实与贯彻这个根本宗旨的工作都无法制保障。

---

① 从我国《宪法》第十三条和第十条的规定便可窥一斑。

但当前，我国煤炭资源管理中出现了以下几种倾向：一是过分强调所谓维护所有者的权益，忽视矿产资源的合理利用与保护，导致矿产资源的浪费与破坏；二是借保护国家利益之名，谋部门之利，不惜侵占矿产资源或他人的合法权益；三是只讲矿产资源的开发效益，不惜破坏其他资源与环境①。这应引起我们的注意，结合我国当前煤炭资源保护的实际情况，立足社会本位观念，以《宪法》原则为根本对矿业权及其市场运行进行系统规范、综合保护，从而将这类权利纳入社会化法治保护的轨道。

3. 产业政策是煤炭资源整合的重要手段

煤炭市场是社会主义市场经济的一个重要组成部分，如何建立社会主义市场经济下的矿业市场，就是要使矿业市场在国家宏观调控下对矿产资源配置起基础性作用。

《国民经济和社会发展第十个五年规划纲要》指出，"深化矿产资源的有偿使用制度改革，规范和发展矿业权市场"，"建立政府管理与市场运作相结合的资源优化配置新机制，深化国土资源有偿使用制度改革，推进国土资源市场体系建设，做到产权明晰、规则完善、调控有力、运行规范，依法维护资源所有者和使用者的合法权益"。

《国民经济和社会发展第十一个五年规划纲要》规定，"十一五"期间，主要目标之一是"单位国内生产总值资源利用效率提高，能源消耗降低20%左右，单位工业增加值用水量降低30%，农业灌溉用水有效利用系数提高到0.5，工业固体废物综合利用率提高到60%"。中央同时明确提出，实现经济社会的可持续发展，建设资源节约型和环境友好型社会需要坚持的原则之一是，"必须加快转变经济增长方式。要把节约资源作为基本国策，发展循环经济，保护生态环境，加快建设资源节约型、环境友好型社会，促进经济发展与人口、资源、环境相协调。推进国民经济和社会信息化，切实走新型工业化道路，坚持节约发展、清洁发展、安全发展，实现可持续发展"。

《关于制定国民经济和社会发展第十二个五年规划的建议》指出，"十二五"期间应"加强资源节约和管理。落实节约优先战略，全面实行资源利用总量控制、供需双向调节、差别化管理。加强能源和矿产资源地质勘查、保护、合理开发，形成能源和矿产资源战略接续区，建立重要矿产资

---

① 蒋承松：《再论地质矿产资源行政管理》，《国土资源通讯》2006年第6期。

源储备体系……"从这些党和国家有关矿业的政策可以看出,产业政策对我国矿业规范和煤炭市场建设具有举足轻重的作用,为我国矿业权及其市场规范提供指引和基本原则。

在我国,政策与法律有着密切的关系,政策指导法律的制定和修改,法律体现着政策的精神并将政策落到实处。在矿业领域,要把中央建设资源节约型社会和环境友好型社会的主张真正落到实处,就需要以科学发展观为指导,制定和完善相关的矿业法律法规,设立严格的法律责任制度,并使这些规范能被忠实地遵守和严格地实施。尽管政策对我国经济发展发挥着不可忽视的作用,但政策的运用和实践也在法治范畴内进行,煤炭产业政策也不例外。依据我国当前矿产资源的现实情况和矿业权市场运行现状,依据法定程序规范矿业权的获得、转让,保障国家矿产资源法律制度的真正落实和矿业权人的合法权益;同时,针对某些矿产资源法律制度落后的情形,应在借鉴国外矿产资源保护与治理的措施和制度,总结国内矿产资源相关制度实践和经验,从而立足社会本位的角度对现代经济权利——矿业权的规范和保护制度进行完善。

我国正处于社会经济的二次转型时期,调整产业结构、改变经济增长方式已成为中国未来经济能否持续发展的关键所在。在此背景下,加强对产业政策法律的研究和产业法制建设十分必要[①]。有学者认为,产业政策是指政党或者国家为了提高产业素质,推动经济社会协调发展而制定的,以党纪或政纪保证实施的社会规范的总称。产业法是指调整在国民经济内部按照社会分工,由提供同类产品或劳务的企业、事业单位组成的较高层次的部门活动中发生的社会关系的法律规范的总称[②]。产业政策和产业法既紧密联系,又有明显区别,各自具有不可替代性。要正确认识和处理两者的关系,使它们共同促进产业素质的提高,加快经济发展方式的转变,推动经济社会的协调发展。

---

① 现代能源工业和市场在19世纪的最后25年内成形。在此阶段,美国的能源经历了两个显著的转变:第一个转变是传统木质燃料完全被煤取代,并开始从煤到天然气和石油的转变。第二个转变是与行业的发展相一致,市场的规模由地方到州,由州到全国发生转变。该阶段最初的能源监管也体现了主流产业政策模式的萌芽,该模式以一系列法规的方式确定能源法和政策,以促进各个自然资源行业的发展。能源监管源于私人拥有的能源运输系统和公共监管之间的根本对立,其结果是形成能源发展政府政策。

② 杨紫烜:《关于产业政策法的理论探讨——对产业政策和产业法的若干理论问题的认识》,《法学》2010年第9期。

第三章　山西煤炭资源整合的背景：现状与规范

我国煤炭资源可采储量居世界第三位，在国民经济和社会发展中煤炭作为我国的主要能源具有重要的战略地位。新中国成立60余年来，煤炭工业改革发展取得了长足进步，特别是改革开放30年来产业结构调整取得进展，逐步建立的煤炭政策法律体系确立了煤炭在我国能源中的主体地位，市场化改革稳步推进使生产力总体水平显著提升，煤矿安全生产形势持续好转使全国煤炭有效供应保障能力大幅增强，有力地支撑了社会生产平稳和我国国民经济较快发展。

煤炭资源属于不可再生资源，作为基础产业的中坚力量，在国民经济与社会发展中具有极其重要的作用，是人类生存和经济建设不可缺少的重要物质基础。虽说山西坐拥"煤海"丰富的资源，但是长期以来"多、小、散、乱"的粗放发展格局和模式，成为了煤炭工业持续发展的阻碍。随着我国经济飞速发展，对煤炭的需求越来越大，而在煤炭资源管理和开采等方面出现了诸多问题，如环境保护问题和安全生产问题等。山西省煤炭行业遇到的这些问题是全国所有煤炭行业共同的问题，具有一定的典型性。为了满足我国经济发展需求和煤炭行业健康和可持续发展的要求，山西煤炭资源整合势在必行。

第一节　山西煤炭资源产业的现状

一、产业布局发展水平低

20世纪80年代，煤炭产业的计划经济体制逐渐放松，在国家"有水快流"的政策导向下，山西乡镇煤矿发展迅速，其中以小煤矿居多。缺失的资源价值、生态环境补偿制度延缓了中小煤矿的退出。由于小煤矿无法淡出市场竞争，加之小煤矿导致煤炭产业集中度较低，且安全投入少、技术水平低，导致矿难频发，资源利用率低下。混乱的煤炭产业结构生产现实，要求必须通过行政手段、经济手段、法律约束和市场调节相结合的办法减少煤炭资源的大量浪费、生态环境破坏、安全事故频发等一系列问题，对目前的煤炭资源管理体制进行重大改革。因此，国家有关部门应通过进一步的规范和有效措施，使大大小小的煤矿能够合理有效地利用煤炭资源，改变我国煤炭开采形成的"多、小、散、乱"的煤炭开发格局。实施煤炭资源整合和煤矿兼并重组是我国提升煤炭产业发展水平，推动结构调整和转型发展、安全发展、和谐发展的重要举措，是我国贯彻落实科学发展观的必然要求，是实现可持续发展的必由之路。

山西经济发展极不平衡，"一煤独大"的问题突出，煤炭工业力量分散、主体太多，使山西其他产业的调整和振兴缺乏基础和动力，难以形成整体竞争优势，煤炭产业处于自然资源开发的始端，发展缓慢甚至萎缩。目前，山西煤炭和以煤炭为基础的焦化、冶金和电力四大产业增加值仍占全省工业增加值的85%，再加上产业结构混乱和粗放型的经营模式，使得全省的经济发展能力严重受挫。每年全省输出了大量低附加值的基础能源，而输入的却是高附加值的终端消费产品，在为国家做出巨大贡献的同时，还要承受地区之间发展不平衡的"剪刀差"效应。

2008年底，全省2598座煤矿中，30万吨以下的小煤矿占70.42%，其中15万吨及以下的小矿占59.08%，各类矿井平均单井规模只有33万吨，明显偏小。国有企业（含地方国有）矿井497座，占全省矿井数的19.10%，产能比重不到50%；乡镇煤矿企业2101座，占全省矿井数的80.90%，产能占到全省的一半以上，大多数小煤矿采用落后的炮采方式。

二、环境恶化，生态破坏

为了国民经济的健康发展，要从经济健康和和谐发展的政治高度，对煤炭能源实行保护性开采[①]。从1978年至今，山西累计挖煤65亿吨，造成

---

① 《山西挖煤破坏恢复需逾千亿元》，《中国环境报》2005年4月29日。

环境污染、生态破坏等损失高达 3988 亿元，但山西投入环境污染治理和生态恢复方面的资金仅为 13.85 亿元。2004 年，全省能源基金仅收入 30 亿元，各项收费仅约 5000 万元，而开采煤炭造成的环境和资源损耗一年就达到 300 亿元[①]。可见全国煤矿开采造成的资源破坏的数据是何等的触目惊心。其中小煤窑对生态环境的危害更为严重，常见的情况是造成地面塌陷、煤矸石堆积成山、含硫废水横流以及因使用高硫煤产生的二氧化硫污染等。最直接的危害首推地面沉陷或造成山崩滑坡，再就是煤矸石的堆放和废水污染。此外，高硫煤矿的开采是危害性很大的，那些高硫煤矿所产煤种含硫高，燃烧时放出大量二氧化硫，由此造成酸雨，直接破坏整个生态环境。国家早已明令禁止开采高硫煤，但某些小煤窑为利益所驱违禁开采，直接销给地方百姓做生活用炉原料，有的甚至用于工业生产，这是小煤窑盲目发展最严重的危害社会和生态环境的现象之一。

由于我国对矿产资源的开发受经济利益的驱动一直处于大规模无序开采状态，矿产资源开发已经造成而且将会更大规模地造成土地、水、生物等资源的破坏，已经严重影响到我国经济社会的可持续发展并且正在对生态环境造成不可估量的破坏。环境资源问题不仅引发矿区水、土壤和大气环境的污染及对矿区周围人群的人身、财产和健康的危害，更为严重的是还会引发地质破坏和生态环境破坏。因此必须对矿产资源开采过程中侵害到当地居民的环境权益进行补偿，因为对环境污染和破坏造成的生态环境功能损失会威胁到他们的生存权、发展权。按照权利义务对等原则，通过向矿区提供一定的资金等形式用于矿区环境污染的治理、生态功能的修复，使其尽量恢复到原有的生态水平，对破坏环境的责任应与保护环境的义务相适应，因此矿产资源的开采者、利用者应承担对矿区生态环境的补偿责任，矿产资源开发的外部不经济性是实施矿产资源开发生态补偿的重要依据。

三、私采滥挖，浪费严重

煤炭资源回采率低导致资源浪费严重。目前小煤矿的回收率只有 15%

[①] 孙佳坡：《煤炭资源整合的法律问题研究》，载《长治市人民政府依法推进煤矿企业兼并重组整合的研究报告》，山西经济出版社 2011 年版，第 15 页。

左右，全国煤矿资源回收率基本维持在 40% 左右，初步统计仅从 1980 年至 2009 年全国煤炭资源就浪费了 300 亿吨，到 2020 年全国将有 560 亿吨煤炭资源被浪费①。由于山西煤矿历史上开采乱、技术落后、回采率低，煤炭资源遭到严重破坏和浪费。在正规煤矿，煤炭平均资源回采率为 40% 左右，乡镇煤矿回采率仅为 10% ～20%②。同时还存在着越界开采、采厚弃薄、采易弃难等问题，煤炭资源受到严重损失。山西的煤炭工业发展一度呈现出"小、散、多、乱"局面，矿井布局混乱，可持续发展受到严重威胁，小矿乱生大矿发展受限，大量小矿采取原始炮采的生产方式使生产力水平严重失衡。国家在山西建立晋北、晋东和晋中三大煤矿基地的规划难以实现，全省煤炭机械化程度仅为 24.8%③。

中小煤矿的资源回采率只有 15% 左右，每生产 1 吨煤炭需耗费 6 吨多煤炭资源，每采 1 吨煤会破坏 2.48 吨水。全省采空区和水土流失面积分别占国土面积的 12% 和 60% 以上，固体废弃物和烟尘排放量全国第一，二氧化碳排放强度居全国之首，单位地区生产总值能耗是全国平均水平的两倍以上。全省每年新增塌陷区面积近百平方公里，煤矸石堆存量超过 11 亿吨，占地已近 24 万亩。据有关部门以 2002 年为基年进行测算，山西因粗放采煤造成的资源浪费、环境污染、生态破坏及地表塌陷等损失，每年至少在 300 亿元以上。山西多次被中科院等机构列为可持续发展能力不足的省份。山西资源丰富区县中县乡干部在中小煤矿入股现象突出，进而使官员入股煤矿已演变成给煤矿提供非法保护。发生的每起特大事故都存在领导干部受到处理问责甚至被追究法律责任的情况，严重影响干部队伍的威信和声誉，继而影响经济发展和社会的和谐稳定，管理部门因为大量小煤矿和非法矿井的存在很难准确掌握全省煤炭的实际产量，更严重的是导致财政税费流失严重。

---

① 肖亚宁：《煤炭资源整合管理及延拓战略研究》，企业管理出版社 2011 年版，第 2 页。
② 王继军：《矿产资源有偿取得法律问题研究——以山西煤炭资源有偿使用为例》，载《长治市人民政府依法推进煤矿企业兼并重组整合的研究报告》，山西经济出版社 2011 年版，第 33 页。
③ 参见山西省副省长陈川平 2009 年 11 月 2 日所做政府工作报告：《山西省煤炭资源整合煤矿兼并重组工作情况》。

四、片面逐利，安全投入不足

统计数字显示：山西煤炭工业厅安全生产执法处统计称，2012年1～12月，山西全省煤矿共发生安全事故39起，死亡83人。事故起数同比减少15起，下降27.78%；但死亡人数同比增加9人，上升12.16%。安全生产是煤炭生产的首要前提，我国在世界所有产煤大国中的安全生产水平还很低，差距依然明显，其中小煤窑的安全事故难辞其咎。小煤矿的私挖乱采，影响了大矿的生产秩序，造成了许多安全隐患和事故。由于安全生产挤压煤炭开采的利润空间，一些乡镇煤矿特别是私营煤矿为了追逐利益最大化，在安全生产硬件设施的配备上后劲不足，装备技术落后，粗放生产，安全隐患成为严重阻碍煤炭生产的桎梏①。2005年第二季度，由于我国小煤矿数量过多，非法违法严重，事故多发，全国人大常委会以煤矿为重点进行了安全生产执法检查，建议国务院对已经成为煤矿安全生产重灾区的地区进行全面整治，争取用三年左右的时间，解决小煤矿问题。国务院办公厅于2005年8月22日下发了《关于整顿关闭不具备安全生产条件和非法煤矿的紧急通知》，部署在全国范围开展煤矿整顿关闭攻坚战。随后国务院又颁布了《关于预防煤矿生产安全事故的特别规定》，规范了煤矿整顿关闭工作程序、矿井关闭具体标准和责任追究办法等，把整顿关闭工作纳入依法进行的轨道。根据全国人大常委会提出、国务院确定的"争取用三年的时间解决小煤矿问题"的要求，国家安全生产监督管理总局、煤矿安全监察局制定了"整合煤矿、扩能技改、科技强矿""三步走"的战略部署：第一阶段，关闭非法和不具备安全生产条件的煤矿；第二阶段，进行资源整合，关闭淘汰落后的小煤矿，按照煤炭产业政策进行技术改造；第三阶段，继续整合技改强化管理，全面改善和提高煤炭行业发展水平。

---

① 肖国兴：《自然资源法》，北京法律出版社1999年版，第15页。

第二节　煤炭资源整合的客观要求

在国家发展战略上，我国选择了阶梯式的区域不平衡发展策略，对于煤炭资源领域，在实践和制度层面上没有形成一个比较成熟的体系。由于山西煤炭企业集中度过低，形成了煤炭产业的无序竞争，阻滞了煤炭市场规模经济的形成，也使煤炭资源产生了较大的浪费。推进煤炭资源整合是煤炭工业调整产业结构、实现科学发展观，煤炭经济可持续发展的重要举措[①]。煤炭资源整合的动因主要体现在以下几点：

一、矿产资源合理开发的诉求

山西煤炭资源的开采局面是在特定历史条件下形成的，同全国其他省区一样，矿业权获得方式不同使采矿权人得到了巨大的远期增值收益，同时造成了"多轨制"的严重不公问题。在利益驱动下，不顾及资源的合理开发而追求超额价值，躲避煤炭资源监管期待获得巨大利益，安全投入不足使煤矿安全重特大事故时有发生，煤炭行业因此丧失了以规模开采实现综合效益的良好机会，非法矿山屡禁不止更造成了资源浪费。为了从根本上解决上述问题，在具体的工作中，山西的根本思路为，"在能力上采用大矿整合小矿、在产能上淘汰规模小的企业、在结构上进行优化联合改造"，逐渐形成"对资产的资源化管理、建立现代股份合作企业、实施大集团大矿业格局"的思路，通过培育大型煤炭集团企业，发展以煤炭为根本的能源基地，建设现代化管理模式下的高效矿井，打造能源重化工基地目标，使国家所有权通过矿产资源和资产化权益来体现，合理利用和维护投资者权益，切实有效保护矿产资源，实现和保障"三农"经济既得利益，促进煤炭产业工业健康、稳定发展。

煤炭资源整合兼并重组前，由于产业结构单一，煤炭行业生产与组织结构不尽合理，煤炭产品加工转化、资源综合利用和非煤产业发展不足，

---

① 郝伟明：《山西煤炭资源整合法律问题探析》，《山西大学学报》2009 年第 5 期。

产品附加值和科技含量低。同时，产业刚性较强，行业外向依存度高，整体素质较差，市场竞争能力和抵御市场风险能力不强。产业链延伸仍然维持在传统链条发展方面，即"煤—焦—化"、"煤—电—化"、"煤—气—化"、"煤—电—材"等煤炭产业链方面。发展煤炭循环经济、实施煤炭资源综合开发利用也只是在几个大的煤炭集团公司进行，大部分中小煤炭企业进展缓慢，全省煤炭行业非煤收入仅占煤炭行业销售收入的28%。

二、可持续发展的煤炭经济之路

首先，通过煤炭资源整合可以从源头上解决煤炭企业的安全问题，如何保障对煤炭资源从事合理开发，是煤炭可持续发展、产业发展和安全发展的首要问题。其次，保护生态环境和资源整合可同时并举完成，两者的结合体现为，资源整合是在注重环境保护上的可持续发展行为，从而使得"防范在前、控制过程、处理保证"的生态环境保护三大功能充分实现，这对于改善和保护煤炭产业生态经济环境有积极的推动作用。最后，煤炭资源整合通过国家产业政策推动实施，使资源型经济产业的发展更加活跃。提高产业集中度和集约化，实现规模经济效益，从根本上淘汰过剩产能，减少行业内的无序竞争，是煤炭产业自身结构优化的内在要求。通过煤炭资源整合可以加快企业兼并重组，加强国家对矿山企业的调控力度，整顿煤炭产业秩序，鼓励企业并购，提高煤炭行业门槛，使集约化生产成为必然。

从国际视角来看，煤炭产业提高集中度是大势所趋，目前而言，产煤大国的产业集中度很高甚至呈现"零死亡"状态，资源利用率和安全生产水平亟待提高。根据统计，美国每年产原煤10亿吨，但前4家公司就占到70%；澳大利亚每年产原煤近4亿吨，前5家公司就占71%；印度每年产原煤4.5亿吨，其中1家公司就占90%。我国小煤矿资源回采率从资源利用率来看为10%～15%，世界先进水平为60%，国内平均回采率为30%。相比之下，提高集约化发展水平十分紧迫。

三、缓和管制的煤炭资源矿业

作为集矿产资源规划、管理、保护与合理利用于一身的国土资源部从现实来看，在加强矿产资源开发利用的宏观管理、放弃原有的行政管理的同时，与全国的改革同步，但微观管制却被弱化以至于矿产资源开发利用失控。国务院具有经济调节即宏观经济调控、公共服务和政府管制的职能，应调节矿产资源的供给并优化供给结构，通过加强矿产资源的规划与管理，最大限度地满足国民经济对矿产资源的需求。近些年来，由于土地管理威胁到国家粮食安全的问题突出，属于居民生存的"敏感性"问题。但在人们的视野中，除了矿难以外，其他问题都不如土地问题敏感，因此各级政府都特别重视土地问题。矿产资源开发利用中涉及矿工的生命安全、生态环境破坏、资源浪费以及工业生产是否能够正常进行等重大问题，因而管理部门更多地把焦点和精力放在土地管理上，对矿业管制则相对较弱。从实践来看，2002 年矿管局和土地局合并以后，市、县两级从事矿业管制的人员大多偏少，一般 3~5 人，其中熟悉采矿业务的技术人员更是凤毛麟角，基层的矿业管制力量明显被削弱、重视程度明显降低就是例证，所以说这些基层矿业管制人员即使有心也无力完成正常的矿业管制任务。

四、资源性地区经济转型的需要

从国务院 2005 年底下发《关于全面整顿和规范矿产资源开发秩序的通知》到 2009 年上半年全国开展矿产资源开发秩序整顿规范工作这三年多来，一共清理出无证勘查开采 14 万起，超层越界 1100 多起，非法转让矿权 2800 多起。关闭非法采矿、破坏资源、污染环境和不符合安全生产条件非煤矿山 48000 多家，煤矿关闭 11000 多家，全国关闭的矿山总数接近 6000 家[①]。通过这些庞大的数字可以看出政府整顿矿业秩序的力度和效果，说明在整顿矿业秩序方面，有关部门颇为尽职尽责。但实际上，从 20 世纪 80 年代中期开始，区域性、全国性、分矿种或全行业的治理整顿，隔几年就有一次，几乎没有停顿[②]。从 1995 年全国第一次大规模的整顿矿业秩序，到 2004 年第三次大规模整顿矿业秩序，再到 2010 年的专项整治，每一次整顿都有其重点，也都取得了可喜的成绩，但是，为何在疾风暴雨式的整顿之后，却又死灰复燃呢？这说明滋生混乱矿业秩序的"温床"还没有被彻底

---

① 夏瑾、朱蕾：《12 部门整顿矿产开发秩序 三年关闭矿山近 6 万家》，《人民日报》2009 年 10 月 28 日。

② 柏林：《矿业秩序乱之缘》，《中国矿业报》2006 年 3 月 30 日。

铲除，也说明矿业管制的长效机制还没有建立起来，更说明矿业秩序的建立绝非一朝一夕之事且产生混乱矿业秩序的根源错综复杂。

从表3－1可以看出，山西属于典型的资源型经济地区，主要特征体现在：①经济总量中以工业为代表的第二产业比重过大，并且各产业之间发展不均衡，对经济协调增长的效果不显著；②第二产业中结构单一表现为重工业与轻工业比例失调，综合发展能力难以维系，地方的产业培育和持续发展相对滞后；③地方产品结构单一，工业门类狭窄，无法形成新的经济增长点，新技术产业发育滞缓；④过分依赖资源型经济，对自然资源及传统产业具有较强的依赖心理，人们表现出对资源的单一依附；⑤如果矿产资源开发达到枯竭，则资源型产业会逐渐出现萎缩而形成"资源诅咒"，使得资源型地区发展受资源和市场的双重制约[1]。

表3－1　山西1990～2009年国民经济主要比例关系　　　单位:%

指标	1990 年	2000 年	2005 年	2009 年
总值中三次产业比例				
第一产业	18.8	9.7	6.2	6.5
第二产业	48.9	46.5	55.7	54.3
第三产业	32.3	43.8	38.1	39.2
工业中轻重工业比例				
轻工业		14.4	6.1	5.4
重工业		85.6	93.9	94.6

资料来源：《山西统计年鉴》（2010）[2]。

2010年12月，国务院宣布设立"山西省国家资源型经济转型发展综合配套改革试验区"，这是我国设立的第9个综合配套改革试验区，也是全国第一个全省域、全方位、系统性的综合改革国家级配套试验区。在这样较大范围内实施的综合性配套改革，有利于统筹当地资源环境和经济运行体

---

[1] 张杰辉（2000）在《论资源依赖意识》一文中指出，资源依赖意识的核心内涵特征有三点：一是认为资源是不会衰竭的，至少在当代如此；二是相信资源开采带来的效益是绝对的，即资源的价值是绝对的或永恒的；三是确定本地区技术、产业和经济发展战略以传统资源为中心，认为离开这个中心就定会带来极大的风险。

[2] 我国的三次产业划分是：第一产业：农业（包括种植业、林业、牧业和渔业）；第二产业：工业（包括采掘业，制造业，电力、煤气及水的生产和供应业）和建筑业；第三产业：除第一、第二产业以外的其他各业。山西省第二产业主要集中在以采掘业为基础、以化工为辅的产业链中。

制，推动改革的原有系统并增强诸多方面、多个领域、不同层次改革的关联性、互动性和协调性，有利于建立健全充满活力、富有效率、更加开放的体制机制，建立起完善的社会主义市场经济体制。资源型经济可以定义为以资源型产业为主导的经济体系，其判据有三点：一是在产业体系中资源型产业属于支柱产业；二是资源型产品在区际和国际贸易中占据主体地位；三是经济活动对资源的依赖性较强且资源代价较高。

资源型经济是从资源开发起步，并形成了长期依赖资源的发展循环过程、经济增长机制和具有浓重资源型色彩的经济体系和经济体制。资源型经济有两大致命弱点，即依附性和边缘化。目前对于转型有以下认识误区：一是存在城市转型、经济转型、产业转型、组织转型及企业转型的混淆，没有明确转型对象；二是有些地方将转型目标定位为降低资源企业产出的比重，有的地方把调整产业结构与转型简单划一，导致转型目标定位模糊；三是忽视社会转型，过度关注产业转型。转型应遵循利益相关原则、系统论原则、针对性原则和循序渐进原则来制定转型政策并区分不同发展阶段。中共中央关于《实施东北地区等老工业基地振兴战略的若干意见》也指出，"资源型城市实现经济转型是老工业基地调整改造的重点和难点"。至此，资源型产业转型已经是几乎所有资源型城市面临的最紧迫的任务和最主要的战略选择①。按照传统经济增长理论②，重新审视并研究经济增长与资源赋存的关系，对在经济可持续发展理念下"综改实验区建设"具有重大的

---

① 资源枯竭城市是指矿产资源开发进入后期、晚期或末期阶段，其累计采出储量已达到可采储量的70%以上的城市。目前中国共有44个资源枯竭城市。2009年3月5日，中国国家发展改革委介绍，为有效应对国际金融危机，促进资源型城市可持续发展和区域经济协调发展，国务院确定了第二批32个资源枯竭城市。此前，国务院确定的第一批资源枯竭城市共12个。中央财政将给予这两批城市财力性转移支付资金支持。首批资源枯竭城市包括：资源型城市经济转型试点城市5个：辽宁阜新市、黑龙江伊春市、吉林辽源市、吉林白山市、辽宁盘锦市；西部地区典型资源枯竭城市3个：宁夏石嘴山市、甘肃白银市、云南个旧市（县级市）；中部地区典型资源枯竭城市3个：河南焦作市、江西萍乡市、湖北大冶市（县级市）；典型资源枯竭地区1个：黑龙江省大兴安岭地区。

② 经济增长理论是研究解释经济增长规律和影响制约因素的理论。西方经济增长理论总的特征是运用均衡分析方法，通过建立各种经济模型，考察在长期的经济增长的动态过程中，如要实现稳定状态的均衡增长所需具备的均衡条件。经济增长最常见的有两种相互联系的定义：一种认为，经济增长是指一个经济所生产的物质产品和劳务在一个相当长的时期内的持续增长，即实际总产出的持续增长；另一种则认为，经济增长是指按人均计算的实际产出，即人均实际产出的持续增加。

理论意义和现实意义。

第三节 山西煤炭资源整合的可行性

从我国煤炭资源整合的历史进程中，可以追溯出我国煤炭资源整合经过的不同发展阶段。最初的阶段是从小煤矿的整顿开始，主要是关闭整顿。这一阶段为涉及所有权变更的全面煤炭资源整合的前奏。本书将对当时处于煤炭企业整顿时期的我国煤炭资源的状况和不同所有制、不同产权的煤矿企业的状况与产能进行分析。

一、整合前的煤炭资源基本状况

1. 我国煤炭资源情况

中国是世界上除俄罗斯和美国之外煤炭资源最丰富的国家，聚煤区占国土面积的6%。据中国地质调查局介绍，中国推测煤炭总储量达55550亿吨（国土资源部，1999），大部分位于西部地区和北部地区。山西、陕西和内蒙古三个地区的煤炭储量占已探明煤炭储量的65%，而南部地区的煤炭储量只占13%，主要分布在贵州省和云南省。90%以上的已探明煤炭储量位于欠发达地区，生态环境易受破坏。国家开始提出大力整顿小煤窑和煤炭资源整合前的2003年，国土资源部根据国际煤炭资源报告准则（联合国欧洲经济委员会，1997），公布中国煤炭资源总储量为10210亿吨，分布在全国的6111个矿区，包括3340亿吨"基本储量"和6870亿吨"预测储量"。公布的"已探明储量"为1890亿吨，储采比在70年以上。中国的煤种很多，从褐煤到质量最好的焦煤都有，但人均占有量，尤其是焦煤的人均占有量，低于世界上其他主要产煤国。焦煤的储量为2760亿吨，占煤炭总储量的27%。

根据1996年颁布的《矿产资源法》，国土资源部是管理煤炭资源的唯一部门。1998年颁布的法规为采矿权的转让和实施采矿权交易提供了法律依据（国土资源部，1998）。因此，中国管理煤炭资源的方式从量的管理变为对采矿权的管理。2005年，国务院批准了国土资源部、财政部和国家发改委联合提出的试点实施方案，除特殊情况外，按照市场价值，通过招标和拍卖，以及交纳出让金获得煤炭探矿权和采矿权。根据国家统计局数据，2009 年全国煤炭基础储量为 3189.60 亿吨，排名位居世界前列，2010 年新增煤炭储量 430.60 亿吨，2011 年全国新增煤炭储量 575.10 亿吨（见图 3 – 1）。

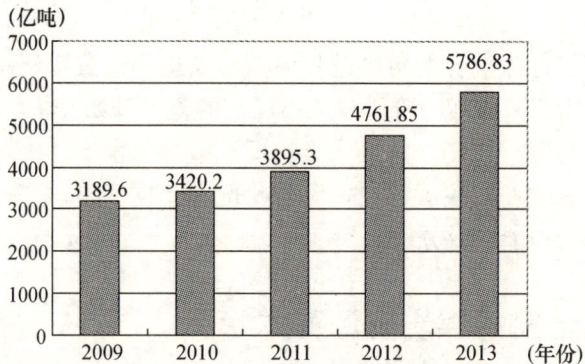

图 3 – 1　2009 ~ 2013 年煤炭行业储量情况分析

资料来源：《2013 年煤炭行业重组机会研究报告》。

2. 山西煤炭资源状况

作为全国重要的煤炭能源基地山西，在全国经济发展和能源安全中占有举足轻重的地位。山西煤炭占有面积 6.2 万平方公里，占全省国土总面积的 40.4%，在 11 个地市所属的 119 个县中有 94 个县市赋存着丰富的煤炭资源，预计山西煤炭保有储量为 2652.84 亿吨。截至目前，查明储量累计 2819.07 亿吨，煤炭资源总储量占到全国的 27.2%；主要煤田赋存煤层气面积近 4 万平方公里，煤层气预测资源量超过 10 万亿立方米，约占全国的 1/3。山西煤炭资源储量大、品种全、煤质优、埋藏浅、易开采，自北向南分布有大同、宁武、西山、河东、霍西、沁水六大煤田和浑源、繁峙、五台、垣曲、平陆五个产煤基地。

图 3 – 2 和图 3 – 3 分别为 2012 年各省份已探明煤炭储量全国占比和煤炭可采储量全国占比。

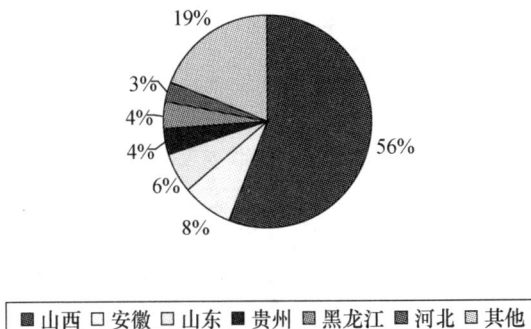

山西 □安徽 □山东 ■贵州 ■黑龙江 ■河北 □其他

图 3－2　2012 年各省份已探明煤炭储量全国占比

资料来源：国家统计局 2012 年统计年鉴。

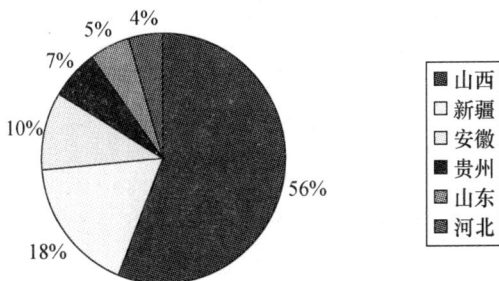

■山西 □新疆 □安徽 ■贵州 ■山东 ■河北

图 3－3　2012 年各省份煤炭可采储量全国占比

资料来源：国家统计局 2012 年统计年鉴。

从 30 年来改革开放的情况看，自 1979 年煤炭产量首次突破亿吨，持续稳定的发展推动了山西煤炭工业，从 1985 年到 2004 年累计突破 10 亿吨，生产比重占全国煤炭总产量的 1/4。

山西的煤不仅储量丰富，而且煤种齐全，煤质优良，地质构造简单，开采条件优越。山西有多个煤炭品种：气煤、肥煤、焦煤、瘦煤、贫煤、无烟煤、弱粘煤、长焰煤。山西煤具有"三低、两高、一强"的特点，即低硫、低灰、低磷，高发热量、高挥发份，乳结性强。在查明的保有资源储量中，气煤 898.0 亿吨，占 33.85%；肥煤 164 亿吨，占 6.2%；焦煤 358.46 亿吨，占13.51%；瘦煤 273.25 亿吨，占 10.03%；贫煤 417.15 亿吨，占 15.72%。

二、山西煤炭资源整合对不同利益体的影响

煤炭资源整合是涉及各方利益关系的过程，而实际上是煤矿产业经营体制的重大变革，是局部利益、眼前利益与长远利益、全局利益的博弈。

1. 维护社会整体利益

煤炭资源整合对煤炭产业的宏观格局和市场秩序的调整和完善，涉及整个社会的公共利益，事关国家、政府对经济的规制和调控，应当保障社会整体利益遵循法治的调整原则，要从社会本位角度出发，对现有法律和政策进行调整。保护全社会的整体利益是山西煤炭资源整合的出发点，如何真正在大众惠及的基础上开发和利用自然资源是基础。在尊重经济规律和遵守法律政策的范围内促进社会发展对自然资源利用与环境保护统筹兼顾，在社会本位的理念统辖下进行煤炭资源整合必须遵循自然规律和相应的社会发展规律。

严格遵守自然资源法律和环境保护规定，对于煤炭资源整合在现行法律规定范围内实现可持续发展，对自然资源保护的原则应充分体现是矿产资源开发利用的重要问题。例如，新的资源整合范围显然高度重视生态环境治理的原则，涉及自然保护区、森林公园、风景名胜区，不得新增加资源、不得搞扩张性生产、不得布置安排新建矿井；参与资源整合的煤矿企业上、下组煤要统一考虑以原煤矿井田边界为界；资源整合后矿井的改造要按照环境保护"三同时"规定开展项目建设，煤矿之间的零星边角资源及关闭矿井的可利用资源与夹缝资源参与整合。

煤炭资源整合从长远来看为国民经济建设注入活力并增加财政收入，真正有益于满足经济增长发展和物质文化生活的需要。煤炭企业做大做强使资源型经济在产业结构层面发生深刻变革，进而对下游和周边相邻企业结构进行调整，整体提高社会经济实力。过去小煤矿工人绝大多数居住在棚户区内，资源整合后随着国家和地区政府统一改造棚户区力度的不断增强，煤矿产业工人的各方面生活条件发生显著变化。因此，煤矿企业对于资源型地区经济发展、改善政府财政状况、促进社会利益整体提高具有积极的推动作用。

2. 国有资产的保值和增值

社会主义国家国有资产属于全民所有，在资源整合中如何保障国有企

业的有效运营不仅是经济问题还是能源保护的基本要求，国有企业的运营使国有资产保值增值。在资源整合中，由于兼并重组主要由国有企业进行，在收购和开发中国有支出较大，整合主体主要采取对被整合主体出售或参股的形式参与国有企业的收购和兼并，并且通过划定整合区域各自消化。山西为了解决国有重点企业整合重组、收购兼并地方煤矿成本高的问题，特规定：各级政府可向收购兼并的主体企业转移注资，将地方煤矿缴纳资源价款转为资本金，对于其资源价款可以免缴，转增政府资本金，通过资源整合新增的煤炭资源。在资金的使用上，针对国有企业设立省级整合重组专项基金与中央专项基金统筹结合，优先支持煤炭产业优化升级，同时对兼并重组煤矿企业加快安全改造。

3. 缺少对私有产权的保护

煤炭资源整合的经济补偿问题是关键的问题，这同时是个涉及私有产权保护的巨额利益博弈问题。我国《宪法》在对公民私有财产保护中强调不受侵犯，对社会主义市场经济的重要组成部分也给予了明确定义，个体经济、私营经济等非公有制经济在法律规定范围内开展的活动是活跃和促进经济的重要单元，以个体经济、私营经济为代表的非公有制经济国家保护其合法权利和利益。在社会主义初级阶段，《物权法》明确规定要坚持公有制为主体、多种所有制经济共同发展的经济制度，国家通过鼓励、支持和引导等方式支持非公有制经济的发展，任何单位和个人不得侵犯国家、集体、私人的物权和其他权利人的物权。因此我国宪法和法律的基本原则和重要内容始终是保护私有产权，尊重私有产权的法律效力和处分权能实现的原则和内容，也要尊重私权主体的意志自由。对于被兼并重组企业的补偿标准，体现国家矿产资源所有者利益的矿业权价款征收标准，目前由政府行政管理部门以行政指令或计划的方式确定。鉴于资源整合涉及诸多经济个体，对这些个体的私有权属依法保护是推动煤炭资源整合顺利进行的重大问题，在通过政策性整合并运用行政方式调节相关利益的过程中，应妥善处置中小企业主的利益诉求和整合目标发生的矛盾或冲突。

以收购中小煤矿在整合过程中如何作价为例，通常考量以下几块构成：已缴纳的采矿权价款、矿井历史投入的建设投资和运营期间形成的债权债务。在整个收购中如何确认资源价款存在较大的争议，按照山西省政府颁布的《关于煤矿企业兼并重组所涉及资源采矿权价款处置办法》和《山西省煤炭资源整合和有偿使用办法》的规定实行了两类不同补偿：①如果被兼并重组煤矿在《使用办法》实施前按规定缴纳了价款，可将资源价款转作资本金入股或由国土资源部门按照原价款金额给予全额经济补偿。②按资源价款标准的一半进行经济补偿或按照这个价格进行折价入股，如果中小煤矿企业已经缴纳了协议约定的价款，则由整合的主体企业退还剩余的资源价款。部分中小煤矿主始终认为政府制定的资源价款补偿标准过低，卖煤矿还不如卖煤炭。关于民间资本退出后的再投资方向问题在煤炭资源整合及企业转型过程中，山西省政府出台了《关于促进民间资本进入我省鼓励类投资领域的意见》引导民营资本积极投入相关领域促进经济发展，同时针对山西民间资本投资遇到的准入障碍和土地、环评、资金、信息等问题予以解决。

　　4. 对被整合地方利益的保障

　　煤炭资源整合必然牵动方方面面的利益关系，是一个社会系统工程，这当中不仅涉及整合主体利益，还普遍涉及乡镇集体、村委利益以及群众个人利益问题。例如，乡村两级政府村民特别关注煤矿被整合以后，原来煤矿对当地农村的多种社会责任是否继续保持；县市政府会特别考虑原有煤矿的纳税主体是否还在保留，原有的产权收益在被整合主体收购后如何处理的问题；被整合煤矿的原有职工担心社会保障、工资待遇和就业问题是否稳定等。这些利益的处理直接关系到煤炭资源整合工作能否顺利长久地开展，同时还将影响到资源整合工作的实际效果，更加关系到资源整合地区的社会稳定和经济秩序。

　　煤炭资源整合体现了产业政策对煤炭资源的保护，政府对社会经济的宏观调控与管理反映为社会公共利益的实现程度，以社会为本位就要充分保护各种地方利益，又要着眼于可持续发展和经济社会整体的协调发展，从而维护能源经济安全和社会秩序的稳定。在整合中力求做到保障地方合理既得利益，使被兼并煤矿原有产权人、煤矿所在地个体群众、资源整合的主体和地方各级政府等均能满意。例如，被兼并地方煤矿原有的从业人员，能否顺利成为大型国有煤炭集团的企业职工，保持原有的待遇不变或有所提升；应承担的社会责任是否能够保持并使利益分配格局不变，国有企业的严格效益管理是否会影响煤炭工业对地方农业建设继续支持，如何实现中央和地方在被兼并企业当地设立公司纳税主体，从而使税费渠道产生的利益维持不变。

三、山西煤炭资源整合进程及典型地区情况

山西煤炭资源整合进展如表 3 - 2 所示。

表 3 - 2　山西煤炭资源整合进展[①]

	煤矿个数 （个）	小煤矿产能 （亿吨）	总产能 （亿吨）	国有重点 矿井产量 占比（%）	国有地方 矿井年产量 占比（%）	乡镇煤 矿年产量 占比（%）
2009 年底	1500	0.58（含地方煤矿）	2.04	60.78	28.93	10.29
2008 年底	2598	2.89（含地方煤矿）	6.56	50.46	27.59	21.95
2007 年底	2810	1.61	6.30	49.76	24.72	25.52
2006 年底	2891	1.80	5.80	48.71	21.34	29.95
2005 年底	3365	2.80（含地方煤矿）	5.54	46.75	20.40	32.85
2004 年底	4598			38.95	24.75	36.30

整合第一步：2004 年，山西煤炭资源整合和有偿使用制度的改革一直备受关注，先是在临汾市试点，后来推广到全省。2004 年，山西临汾市启动矿权改革，允许私人采矿者按储量一次性买断采矿权，但本次改革没有达到设定的预期效果，对煤矿安全投入的后备不足，导致安全形势仍然失控。

整合第二步：2005 年，山西省人民政府出台了《山西煤炭资源整合和有偿使用实施方案》。同年 8 月，为了解决煤矿企业存在的诸多问题，按照国务院要求，山西拉开了煤炭资源整合有偿使用工作的大幕。本次改革整合试点"国进民退"的趋势初显。由于当时煤炭市场的行情高涨，本次资源整合受到各方利益集团的博弈，最终无疾而终。2006 年，正式颁布了《山西省煤炭资源整合和有偿使用办法》，加快了煤炭资源整合步伐。2008 年 8 月，通过了《关于加快推进煤矿企业兼并重组的实施意见》、《关于煤矿企业兼并重组整合所涉及资源采矿权价款处置办法的通知》等一系列规定。此番煤炭资源整合，以提高产业集中度为落脚点，以循环经济为目标，推进山西煤炭经济的转型升级。

---

① 张建平、马司玺：《山西煤炭资源整合若干问题的探讨》，《中国高新技术企业》2010 年第 12 期。

整合第三步：2009 年，山西大力开展了有史以来规模最大的"煤炭资源整合"行动，全省推进强制整合。同年 5 月 8 日，《山西煤炭产业调整和振兴计划》及《关于进一步加快推进煤矿企业兼并重组整合有关问题的通知》相继强力推出。省政府授权省内七大国有煤矿集团主导重组中小煤矿（主要是民营），被重组企业只能选择出售或参股，并被事先"指定主体、指定区域、指定方式、规定时间"①。

图 3 -4 和图 3 -5 分别为 2012 年新建煤炭产能各省占比和各类煤占比。

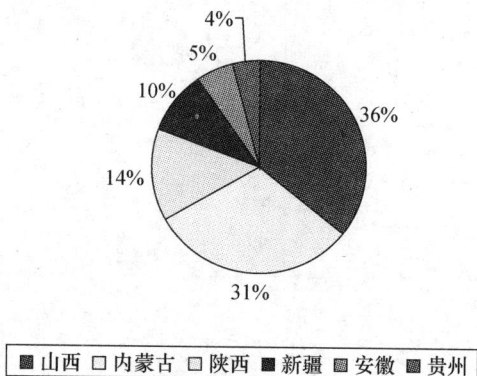

图 3 -4　2012 年新建煤炭产能各省份占比

资料来源：国家统计局 2012 年统计年鉴。

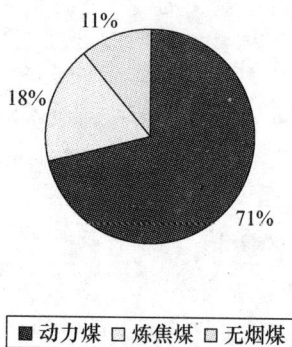

图 3 -5　2012 年新建煤炭产能各类煤占比

资料来源：国家统计局 2012 年统计年鉴。

_____

① 秋风：《山西煤炭行业不公平的国有化》，《中国新闻周刊》2009 年第 10 期。

　　以山西长治市整合重组为例，煤炭资源整合前共有煤矿292座，资源量41.2亿吨，产能8185万吨，平均单井规模28万吨，采煤机械化程度为52%，煤矿职工总人数为4.88万人，其中大专以上学历仅占2%，文盲和小学文化程度的职工占63%。整合重组前，国有及国有控股煤矿资源量为31.1亿吨，占长治市总量的76%，产能4710万吨，占总产能的58%；整合重组后，国有控股煤矿资源量为49.1亿吨，占长治市政府总数的70%，产能5010万吨，占总产能的51%。资源占有量和产能分别下降6个和7个百分点。整合重组前，民营企业煤矿资源量为9.9亿吨，占长治市政府总量的24%，产能3475万吨，占总产能的42%；整合重组后，民营企业煤矿资源量为20.5亿吨，占长治市总量的30%，产能4875万吨，占总产能的49%。通过整合重组，长治市民营煤矿资源的控制量和产能分别提高6个和7个百分点。

第四章 山西煤炭资源整合中的法治困境：问题与争议

煤炭资源整合过程是一个经济过程，其中涉及诸多的法律问题，包括从政府宏观调控战略的制定到具体行政行为的实施，从企业间并购重组合同的签订到规范商业组织形式的建立，从国有资产的维护到私有产权的保护，从社会整体利益的保护到地方群体利益的考虑。煤炭资源整合过程中出现了不同的声音，牵涉到了不同的利益主体，产生这一现象的主要原因是没有明确配套的法律法规作为整合的根据。但矿产资源管理的紧迫性、现实性要求山西省必须进行煤炭资源整合，为此关注山西煤炭资源整合过程中出现的问题并对其进行法律分析，找出问题的法律依据及对策至关重要，有助于解决整合过程中的困惑。

矿产资源由于属国家所有，因此对其转让有严格的规定，在矿业权出让一级市场由于权利人获得资源的前提是缴纳采矿权价款，因此其获得的是资源所有权基础上的矿产品出让权利，煤炭资源整合就是通过矿业权（多数表现为采矿权）价值最大化，使煤炭资源配置体现出最优化。

第一节 煤炭资源整合规范体系不健全

目前，煤炭企业重组依据《关于企业兼并的暂行办法》、《国有资产评估管理办法》以及《公司法》，但相关法规由于年代久远，规定并不一致，使得煤炭资产价值无法体现公允性、严肃性。当前煤炭资源整合的经济行为无法通过现有煤炭法律法规体系予以规范指导，上位法和下位法缺少逻辑关系，使单纯依靠政府政策干预丧失了制度层面的保障，互相冲突且不能支持。作为煤炭法体系框架的组成单元，缺乏对整个煤炭法体系相关立法的总体设计、规划和安排，出现了大量产业政策以行政手段替代法规调整，管理手段具有短期临时性，其后果表现为煤炭法规体系内部系统性、条理性差①。产生上述现象的根源就在于宏观的煤炭资源配置权被削弱，国家煤炭资源配置失控，地方政府有很大的煤炭资源配置权力。由此导致开采秩序混乱、小煤矿泛滥、资源安全无保障和煤炭生产能力大幅度提升和失控问题，国家煤炭资源资产大量流失。加之近几年我国煤炭资源配置在一定程度上缺乏反垄断监督体制和机制，存在着国有煤矿企业对煤炭资源垄断的严重不平衡状况，国有整合大型企业作为主体通过各种出让和协议方式获得大面积资源，采矿生产能力和技改规模大幅提升。

尽管经过30多年的法制建设，中国已经形成了矿业管制法律体系。但是，现行的矿业管制主要法律之间存在不协调，影响了管制效果。目前，适用矿业管制的法律法规有《宪法》、《物权法》、《矿产资源法》、《煤炭法》、《土地管理法》、《森林法》、《水法》、《海洋法》、《环境保护法》、《矿山安全法》、《环境影响评价法》、《固体废弃物污染环境防治法》以及配套的一系列法规和规范性文件。但是，这些法律在实施过程中存在不协调，甚至出现冲突，主要表现在以下几个方面：

一、煤炭资源整合配套机制缺失

煤炭资源整合是一项复杂的系统工程，而政策制定存在不完善之处，带来了一些负面效应，涵盖的内容涉及诸多方面。

1. 产业政策多且法律尚待完善

（1）缺乏例外性规定，整合标准过于统一。由于山西煤炭资源赋存面积大，但是煤炭地质状况和开采条件各不相同，政府在制定开采标准上采用统一模式虽然管理实施便捷但存在例外规定情形，这在一定程度上忽视了重点产煤县与资源匮乏地区的不同状况，没有结合煤炭资源的分布规律和有针对性地从整体上资源整合，这种结果造成了各地政府资源整合实际操作中的困难和经济发展的限制，妨碍了资源的合理利用。

（2）煤矿关闭补偿政策不到位。县级人民政府并未对分配比例、补偿

---

① 叶荣泗、吴钟瑚：《中国能源法律体系研究》，中国电力出版社2006年版，第70页。

标准等详细规定，没有详尽地指导当地政府就补偿费用落实投放进行指导，多数政府对依据省市县分配所得的采矿权价款用于环境生态补偿治理，但缺少考核机制和评价体系，致使有些被关闭的合法小煤矿不能对职工进行妥善安置，且不能及时得到补偿金，客观上增加了社会的不稳定，体现了关闭煤矿退出机制的不健全。

（3）主管部门之间缺乏沟通协调。在煤炭资源整合过程中往往涉及多重管理部门，但在具体管理过程中不能人尽其责。以国土资源部门为代表的矿业权属调整不能与负责煤矿技改、安全工作、证照办理的相关部门统筹协调，使得审批程序复杂，出现企业疲于应付的现象。实践中存在政出多门，给企业的正常生产经营带来了许多障碍。

2. 煤炭资源整合评价机制不成熟

在山西煤炭矿业权的改革中，以政府定价代替市场机制调节相关利益关系，既难以完全反映资源的稀缺性，又不能真实体现市场供求关系。虽然矿业权价款体现了国家矿产资源所有者权益，但依旧是政府部门行政定价的结果，在一定程度上抛弃了资源固有的价值。

（1）资源储量的评价认定存在较大偏差。煤矿企业赋存资源的情况必须通过钻孔采样对井下煤炭资源核查并在计算的基础上查明储量，而资源储量是资源整合和采矿权价款收取的基本依据。在煤炭资源整合改革的第一阶段，收取价款的依据是在政府部门委托的评估机构测算下确定的，这个过程中煤炭企业往往为了达到少缴价款目的而提供缩减的地质资料。在煤炭资源整合的第二阶段，因整合后煤炭企业形成新的煤炭资源分布，需要评估机构有针对性地对原有储量情况进行核查，同时对新增煤层和扩界资源再进行核定，从而使煤炭资源情况发生变化。

（2）资源价款标准的确定排除了市场竞价的合理性，完全由政府按照煤炭的种类统一确定。这种资源价款的确定标准不能体现市场价值，使煤炭的开采成本和售价发生巨大差异，进而出现矿产资源暴利根源，煤炭资源的"级差地租"不能得到市场的合理体现。政府事先并未就行政定价采取公开的测算评价，也未按照《矿产资源法》规定进行必要的"招、拍、挂"程序，只是简单地通过协议方式在时间上保证进度，但必然会造成国有资产的大量流失。实践证明，采矿权通过招标拍卖竞价，其成交价往往要比底价或起拍价高出几倍或几十倍。

（3）成熟的矿业权中介市场按照市场机制进行矿业权改革必须依赖于

完备的市场，从山西矿业权现有的评估业务情况看，其他有形业务市场等还没有开展起来，如煤炭经纪、交易服务等，矿业权市场中介不能完整地提供所需要的相关服务。由于对煤炭采矿权评估理论和评估方法缺乏深入系统的研究，在已经开展较长时间业务的评估领域，涉及的资源价款评估程序仍然存在不规范、不合理的情形，部分评估报告的质量受到质疑并缺乏有效监督，在一定程度上影响了矿业权市场的发展。

3. 煤炭整合法律依据缺失

目前，矿产资源开发行业管制的专业性法律是《矿产资源法》和《煤炭法》，而一个行业有两部法律本身就不协调。尽管煤炭行业有其特点，但我国的《煤炭法》是一部煤矿行业管制的法律，其只调节煤矿行业。《矿产资源法》是矿产资源规划、勘查、开采和保护的法律，但不是调整整个矿业活动的法律。《矿产资源法》制定于1986年，修改于1996年，但是，当时矿业管制体制仍是多头管理时期，统一的行业管制尚未形成，地勘单位与主管部门之间仍是上下级的行政隶属关系，矿山企业还不是独立的经营实体。因此，《矿产资源法》的修订带有很强的计划经济痕迹，没有考虑到矿山企业成为独立的经济实体和地勘单位企业化管理以后矿业行业如何管制。

现行《矿产资源法》共四十九条，集确认、保护矿产资源产权和有关矿产资源的行政与管理于一体，但该部法律偏重于对矿产资源产权进行保护，而矿业管理法律规定体现得较少：①没有明确具体的矿产资源规划制度、储量管理、矿山规划审定、矿工安全健康和矿山监督检查，对于违反法律规定的处罚制裁也没有明文规定。②有关环境保护的内容过于原则，其第三十二条规定，"开采矿产资源必须遵守有关环境保护的规定，防止环境污染"。③有关地质保护的规定缺乏相邻法律关系没有体现。矿业资源的法律管制从基本层面对资源进行权益保障和规范，而有关探采的相应法律条文缺失使其存在无法可依的窘况①。因此，从行业管制的角度来看，需要有一部对矿产资源开发行业进行统一管制的《矿业法》。

《矿产资源法》的配套法规仅规定，对矿业违法活动的行政处罚由市、县人民政府行使，市、县人民政府的地矿管理部门究竟如何进行监督则无明确规定，这是目前管理部门面临的共同局面。这种执法主体、执法地位

---

① 康纪田：《让矿业法独立于资法的法治价值》，《资源环境与工程》2006年第6期。

和执法限度的不明确，造成有关矿管部门执法时"理不直，气不壮"。此外，现行的法规中对矿产品购销环节的监管规定不明确，矿产资源的买卖对矿产资源的开采和利用有直接关系，这种市场交易行为与矿业行政管理部门存在天然的联系却无法律的规定。作为重要的能源资源，矿产资源的法律规定未能就规划、开发和利用进行有效规制，导致管理部门对违法行为和资源破坏行为无法处置。实践中，矿产品的黑市交易猖獗，已成为无证开采屡禁不止的主要根源。

二、矿业用地与矿业权的矛盾

传统的矿业用地采取无偿划拨方式，涉及集体土地的，则先征为国有再划拨。但在目前国有土地使用权全面有偿出让、征用集体土地限制严格的情况下，原有模式不再适合，矿地使用权与矿业权的冲突日益增多。矿产资源勘探和开采需要占用土地，在法律上涉及矿业权人、土地（林地）所有者之间的关系，适用法律有《宪法》、《矿产资源法》、《土地管理法》和《森林法》等基本法律。我国《宪法》规定全民所有的自然资源都属于国家所有，具体表现为矿藏、水流、森林、山岭、草原、荒地、滩涂等，但森林和山岭、草原、荒地、滩涂属于集体所有的除外。在《矿产资源法》中也有具体的规定，矿产资源由国务院及其所属机构行使国家对矿产资源的所有权，地表或者地下的矿产资源不因其所依附的土地的状况而改变国家所有权。当前，村矿矛盾（矿山企业与当地老百姓之间的矛盾）突出，由于农民与生俱来对土地的依赖，而矿产开发对土地必然的占用和破坏，加上矿地补偿机制不健全、资金不到位和执行措施不力等问题，以及相关法律法规未做出明确规定造成的制度缺失，村矿纠纷与日俱增。甚至经常有地勘单位在执行勘查任务或者矿山企业在采矿过程中，当地村民因为土地使用权问题或补偿问题，进入作业区阻拦探矿或采矿。村矿矛盾源于矿业用地使用权与矿业权矛盾，其实质是利益之争，矛盾根源在于矿业用地使用权与调节矿业权的法律法规之间缺乏协调。

矿产开采活动主要体现在对矿区土地资源的破坏，改变土地的地貌景观，破坏旧有植被，使土地丧失原有用途，失去或基本失去利用价值，造成矿山环境的破坏。开采活动除了会改变地表水的流向和流量外，矿产开采对地表水和地下水的使用和污染也是一大问题，开采出来的尾矿、副矿和矿产废渣等对地表水和地下水往往都会造成严重的污染。因此矿产开采，必须对矿区用地进行复垦（或称矿地复垦），采矿造成的岩石、土壤裸露也可能加速侵蚀和沙化，使泥沙入河淤塞河道。

　　《矿产资源法》第二十一条规定：关闭矿山及有关安全隐患、采掘工程、土地复垦利用，必须提出矿山闭坑报告，并按规定报请审查批准。第三十二条规定：开采矿产资源，必须遵守有关环境保护的法律规定，防止污染环境。开采矿产资源，应防止在矿区范围内的耕地和林地等受到破坏，矿山企业应采取土地复垦和保护利用、恢复植被或者坑道回填等多种措施以节约用地。《矿产资源法实施细则》第十七条规定：探矿权人应当履行土地复垦和环境保护的规定，勘查作业完毕，及时封填探矿作业遗留的井、硐或者采取其他措施，消除安全隐患。第二十二条规定：探矿权人在勘查作业结束后应当采取措施，防止水土流失，保护生态环境。第三十一条规定：采矿权人应当履行水土保持、土地复垦和环境保护的法律、法规。第三十四条规定：关闭矿山报告批准后，矿山企业应当完成有关劳动安全、水土保持、土地复垦和环境保护工作，或者缴清土地复垦和环境保护的有关费用。

　　《土地管理法》第四十二条规定：因塌陷、压占、挖损等造成土地破坏，用地单位和个人没有条件复垦或者复垦不符合要求的，应当按照国家有关规定负责复垦；缴纳土地复垦费，复垦的土地应当优先用于农业。第七十五条规定：违反本法规定，拒不履行土地复垦义务的，由县级以上人民政府土地行政主管部门责令限期改正；逾期不改正的，责令缴纳复垦费，专项用于土地复垦，可以处以罚款。《土地管理法》第二十八条规定：建设项目施工和地质勘查需要临时占用耕地的，土地使用者应当自临时用地期满之日起一年内恢复种植条件。否则，根据该法第四十四条规定：逾期不恢复种植条件的，由县级以上人民政府土地行政主管部门责令限期改正，可以处耕地复垦费两倍以下的罚款。第四十一条规定：违反《土地管理法》第七十五条的规定，处以罚款的款额为土地复垦费的两倍以下。由国务院1988年11月8日发布、1989年1月1日起实施的《土地复垦规定》第十三条规定：土地复垦费用，应当根据土地被破坏程度、复垦标准和复垦工程量合理确定。

　　从上述《矿产资源法》、《矿产资源法实施细则》、《土地管理法》、《土地管理法实施细则》和《土地复垦规定》等法律法规对矿地复垦的规定可以看出：首先，法律法规之间缺乏协调，虽然许多原则性的问题并没有在这些法律中得到解决，而一些问题又屡屡重复，这些法律法规对矿地复垦进行了规定，但其规定都过于分散，又缺乏协调。其次，各地制定的关于矿地复垦的有关政策不同，在实践中同样引起了许多问题。例如，各地制定的矿地复垦费用在收费标准和方法上就存在很大差异，使各地企业因为矿地复垦所承担的费用不同，出现不公平竞争的情况，企业集中于费用较低的地方实施开采，加剧了特定地区的矿产资源破坏[1]。

三、煤炭资源产权虚置和矿业权异化

煤炭资源产权属于国家所有，由国务院代表国家行使国家所有权，煤炭开采的地域性使地方政府的监管成为现实，因此在一定范围内地方政府依法或受托对煤炭资源管理就表现为对所有权的处置和让予。但由于在国家资源所有权区域性上的交叉性，便产生了煤炭资源产权管理上的责任分工不明，特别表现为利益主体从中央到地方共同管制一个产权的现象，有关权利、义务和责任分管不严、流于形式。我国《物权法》第三编"用益物权"中将探矿权和采矿权分列，没有统称为矿业权，虽然规定了探矿权、采矿权在依法取得后受保护，但在实践中矿业权所包含的探矿权、采矿权具体权能有哪些还尚有争议，探矿权、采矿权的法律性质是否同属于财产权中的哪一种具体权利形态，却没有做出明确规定。《物权法》中对于矿业权所体现的法律关系以及包含的基本要素尚无更加具体明确的规定，以至于在主体、客体和内容上缺少稳定性和针对性。在国家所有权行使的过程中，由于经济发展过程中的全局利益和本地利益、区域利益和整体利益而产生的博弈使不同政府间存在管制上的内在矛盾[2]。目前国家所有权仅在经济层面体现丰富，突出表现为收取资源价款、资源税费、资源基金、环保费用，而有关统筹规划则明显滞后。代替国家行使所有权的是地方各级政府，甚至连乡政府都有处置权，由于煤炭资源开采权并非土地使用权，体现出用益物权，因此矿业权在煤矿排他性运用中仍然体现出法律依据的不足，煤矿企业通过有偿使用获得资源，在开采过程中同时上缴资源税费，

---

[1] 于左：《美国矿地复垦法律的经验及对中国的启示》，《煤炭经济研究》2005年第5期。
[2] 李显冬：《中国矿业立法研究》，中国人民公安大学出版社2006年版，第20页。

但这样的成本并不体现和调节市场状态下经营获取的利润，从而出现价格上的背离。只要获得《煤炭生产许可证》就有权开采，煤矿运营过程中先跨界掠夺式开采的情况经常发生，其他煤矿或个人涌入同一煤田争抢资源，各类小煤窑涌入一些国有大型煤矿的煤田上的情况尤为严重。

在煤炭资源整合过程中为实现生产要素的优化组合，两个或两个以上的企业根据契约关系进行权属合并，企业是具有法人资格的经济组织，兼并不同于行政性的企业合并，取得被兼并企业全部产权，通常以资产收购或承接债务的方式获得被兼并企业的全部资产（包含但不限于矿产资源），注销被兼并企业的法人资格。煤炭企业资源整合在本质上是通过兼并重组等多种方式实现产权归属的重新组合调整，这种调整的前提是在产权清晰、债权债务明晰的条件下开展的，资产的转让收购过程即是权属调整让渡过程。当然，资产清晰的核心为数量和质量的清晰，其中，在产权划分基础上，清晰地对资产进行界定，表现为质；在权属清晰的状态下，对资产进行数量统计，表现为量。目前，在资源整合过程中煤炭企业资产存量问题在较大程度上阻碍了企业发展，在实行的所有权和经营权"两权分离"过程中，实际上存在"多元化"所有制倾向，表现为中央地方和企业共同享有。自分税制改革以来，中央与地方按照划定的区域分割税种并实行了"分灶吃饭"，在法律规定的财税体制下地方政府的税源主要来源于企业所得税，在山西由于第二产业集中度较高则突出表现为煤炭企业为地方经济起到决定性作用。煤炭资源整合打破了地方政府财政来源的分配渠道，大型国有煤炭集团的进入又使得地方政府利益受到损害，因此虽然对兼并企业主体而言受益良多，但地方政府的财政空间被压缩，在一定程度上打消了其积极性，这与资产重组在不同所有制下、不同行业、不同地区之间的经济行为存在质的矛盾。

煤炭企业最重要的核心资产是矿业权，山西在 2005 年实行了资源有偿开采制度，因此资源价款的补偿就成为本次资源整合的一个重要问题。为了解决这一问题，山西省人民政府 2008 年 9 月转发了省国土资源厅《关于煤矿企业兼并重组所涉及资源采矿权价款处置办法的通知》（晋政办发［2008］83 号）。该文件对煤炭资源价款的缴纳主体、缴纳方式、已缴纳资源价款的退还及经济补偿标准、折股缴纳资源价款等相关问题规定了处置意见。关于资源价款的经济补偿问题，该办法确立了两种方式：一是直接转让采矿权时按原价款标准的 50% 给予经济补偿，被兼并重组煤矿如按照 187 号令规定的标准缴纳了价款，兼并重组企业应向其退还剩余资源量（不含未核定价款的资源量）的价款，或按照资源资本化的方式折价入股，作为其在兼并重组后新组建企业的股份。二是直接转让采矿权时，兼并重组企业应向其退还剩余资源量（不含未核定价款的资源量）的价款，被兼并重组煤矿按原价款标准的100%给予经济补偿或按照资源资本化的方式折价入股，依据187号令实施前按规定缴纳了价款，并作为其在兼并重组后新组建企业的股份。

但上述通知公布之后也引发了一些争议，部分反对意见认为：资源整合应是一种市场交易行为，政府不能强制定价，价格应当由价值和市场供求关系共同决定。要解决这种争议，首先应明确，本次资源整合的一个深层次原因是要解决山西煤炭行业发展中所存在的大量历史问题，如官商勾结、矿业权的非法转让、炒买炒卖等。因此在整合过程中需要保护的是合法合规的，没有非法承包和转包、越层越界开采等违法违规行为的采矿权人，对于这部分主体通过83号文确定的标准对其利益进行合法合理的补偿。对那些存在非法承包和转包的情形，而且产权状况不清的主体，没有合理理由对其在非法承包、转包过程中付出的代价进行补偿。因此关于资源价款的确定，应严格按照83号文确定的标准执行，如果双方不能就此达成一致，则只能考虑采用行政手段进行干预，包括不予核发相关证照，到期后取消或不予延期。

四、产能膨胀和综合利用问题

1. 产能膨胀的运营风险

在法律上，我国对煤炭企业的最低产量没有限制，对煤炭企业占有储量并无上限限制，这就导致很多国有企业大量占据（或规划）多达数百亿吨的优质储量资源，借产业政策之名整合、圈占。根据《煤炭工业"十一五"发展规划》在矿产资源秩序整顿中，鼓励国有企业对煤炭资源进行整合并提供诸多扶持政策，在为国有企业提供更多资源储量机会的同时，对原有的产业结构进行了重大调整。目前受政策影响，加之资本市场运营困难，有限的技改资金较多地向国有重点煤矿集中，民营煤矿很难取得资金，使我国煤炭行业资本市场的特点又在某种程度上放大了这种整合作用。

由于煤炭资源的可耗竭性、不可再生性及优质资源的稀缺性等，囤积煤炭储量和囤积土地危害类似，前者危害隐患是多方面的，更甚于后者：

国有煤炭企业进行资源垄断，显然对市场经济模式下多种所有制成分适度
共存有重大影响；民间资本投资是市场经济发展中的活跃因素，资源垄断
情形下阻碍和排挤了社会资本的进入，不但增加了国家负担还导致了浪费
资源，导致国有企业粗放经营，使政府的调控能力因为单一而大为减弱。
政府如果未加干预，使煤炭储量投放得太多，煤炭企业必然通过以产量带
销量从而导致需求过量，这就要求从一级市场的源头上进行适度调节，从
宏观上实现政府对于煤炭市场的适度调控能力。另外，以国有企业为代表
的资源整合，使矿业权大量地通过一级市场出让给企业，在一级市场缩小
的同时放大了二级市场交易规模，当前交易法规实施欠缺，成本和效益未
并轨的状况对矿业权市场构成隐患。煤炭资源整合后生产能力的扩大并不
一定能使生产能力有所提高，有些地方政府假借煤炭资源整合之名，为增
加生产能力将应该关闭的煤矿资源保留并入周边煤矿当中，将本应保护性
开采的资源随着生产能力提升更加扩大化，在没有合理布局和增加安全投
入的情况下，大肆扩充矿井能力，圈占国家资源，对煤炭资源进行破坏式
的开采，这种急功近利的行为对煤炭产业造成了重大损害。

山西整合煤矿各地区待释放产能估计如表 4 - 1 所示。

表 4 - 1　山西整合煤矿各地区待释放产能估计

地区	产能估计（万吨）	占比（%）	主要煤种
吕梁	6337	14.7	焦煤、气煤、肥煤、1/3 焦煤、瘦煤、贫瘦煤
临汾	6273	14.6	焦煤、1/3 焦煤、气煤、肥煤、瘦煤、贫煤
朔州	5693	13.2	气煤、弱粘结煤
晋城	5580	13.0	无烟煤
晋中	5566	12.9	焦煤、瘦煤、贫瘦煤、无烟煤
长治	4188	9.7	贫煤、贫瘦煤、瘦煤
忻州	3756	8.7	焦煤、1/3 焦煤
大同	1973	4.6	弱粘结煤
阳泉	1488	3.5	无烟煤
太原	1488	3.5	焦煤、肥煤、1/3 焦煤、气煤、瘦煤、贫瘦煤
运城	392	0.9	焦煤、瘦煤

资料来源：山西省煤炭协会预测数据。

2. 煤炭资源综合利用存在的问题

山西在煤炭资源综合利用方面虽然已经取得了长足发展，并产生了明显的资源综合利用效益，但由于需要综合利用的伴生资源数量巨大，因此依然存在资源综合利用率低、法律政策体系不完善、管理体制未理顺、规划统筹不到位、宏观调控不全面、扶持力度不强、融资渠道不畅以及技术支撑力不足等一系列问题亟待解决。

（1）煤炭资源综合利用水平不高，技术支撑不到位。山西目前的煤炭资源综合利用率较低，突出表现在矿山共伴生资源有用组分的综合利用指数低，还有大量煤矸石、煤层气、矿井水和其他伴生矿无效排放，污染环境。部分伴生矿如铝土矿的综合利用率低。煤矸石综合利用总量远远落后于排放量的增长，综合利用环节技术装备落后，企业规模小，综合利用产品品种单一，附加值低，市场竞争能力弱。更为突出的是，开展煤炭资源综合利用的煤矿数量不多，尤其是同时开展煤炭共伴生资源开采加工利用的煤矿企业数量不多，大多限于国有重点煤矿，大量企业还没有经营资源综合利用的积极性。

技术支撑能力还不能满足对煤炭共伴生资源综合开发利用的需要。目前，煤层气开采依然面临技术困难。我国虽然基本掌握煤层气开发的主要工程技术，但在煤层气开发中的大量具体困难还有待适用技术的进一步开发，煤层气开采、储运、应用各个环节还有大量问题需要技术支撑。

（2）法律体系不完善，还存在立法盲区。目前，在煤炭资源综合利用方面的法律、法规还存在不少问题，在一定程度上制约了煤炭资源综合利用的进一步发展：①政策法规散乱，未形成体系。我国有关资源综合利用的政策法规多分散于国务院各部门单独或联合颁发的规章或规范性文件中。由于多头管理，政策与法规之间缺乏统一性、协调性，在一定程度上制约了煤炭资源综合利用的发展。②有关资源综合利用的立法水平和层次较低。我国资源综合利用方面现有的政策法规性文件多以"通知"、"意见"、"要点"、"办法"等形式下达，立法位阶低，在一定程度上影响了资源综合利用立法的权威性、稳定性和强制性。③我国尚未形成资源综合利用方面的完整法律体系。④资源综合利用方面的综合性基本法缺失，资源综合利用主要方面单行法（如煤层气法、煤矸石综合利用法等）未出台，资源综合利用方面的各类质量技术标准尚不完善，针对具体问题制定的法规规章较分散，未形成完整体系。单行政策法规难以规范资源综合利用过程中的各种问题，也难以协调各方面的关系。

立法盲区使得资源综合利用在某些方面举步维艰，突出体现在煤层气开发利用领域中。在煤层气成为一种潜力巨大的清洁能源并成为开发热点的同时，因资源禀赋导致的煤炭资源和煤层气资源的矿业权交叉、冲突问题日益凸显。为了解决这一尖锐的矛盾，国家在 2006 年出台了国办［2006］47 号文件，明确提出要坚持采煤采气一体化，妥善解决矿业权交叉问题。其中，对新设探矿权规定较为具体，但是对已经产生的采气与采煤纠纷的矿业权并没有出台解决措施，成为法律、政策措施都没有触及的立法盲区，山西对煤炭资源的勘探（尤其对大煤田）大都已经精查过，现在是要补充勘探煤层气资源而不是对气和煤一起来重新勘察①，而对这部分已经精查过的煤田如何解决采煤、采气一体化，仍缺乏行之有效的措施。另外，现有法律、法规尚未明确煤层气加气站的审批部门和程序，许多加气站无法办理相关手续。在国家（或至少是省级）统一的质量技术标准没有出台，运、储、加等方面没有统一科学安全标准的情况下，对这些易燃、易爆气体没有完善的监管体系，如发生重大事故反而有碍于新燃料的技术推广和市场开发。因此，在煤层气推广利用方面，一直因为上述立法盲区而无法取得进一步的发展。此外，资源综合利用方面的单行性法规多，而具有可操作性的法规少；一些法规已经陈旧，计划经济时代的管理色彩浓重，亟待重新修订、修改。

（3）相关法规制度落实不到位。在煤炭资源综合利用方面，法规制度落实不到位的情况较多。如《山西省贯彻国务院关于进一步开展资源综合利用的意见的实施方案》② 中要求建立健全资源综合利用基本资料统计制

---

① 煤层气是指赋存在煤层中以甲烷为主要成分、以吸附在煤基质颗粒表面为主、部分游离于煤孔隙中或溶解于煤层水中的烃类气体，是煤的伴生矿产资源，属非常规天然气，是近年来在国际上崛起的洁净、优质能源和化工原料。

② 根据国发［1996］36 号《国务院批转国家经贸委等部门关于进一步开展资源综合利用意见的通知》，开展资源综合利用是我国一项重大的技术经济政策，也是国民经济和社会发展中一项长远的战略方针，对于节约资源，改善环境，提高经济效益，促进经济增长方式由粗放型向集约型转变，实现资源优化配置和可持续发展都具有重要的意义。各地区、各部门要高度重视，坚持"因地制宜、鼓励利用、多种途径、讲求实效、重点突破、逐步推广"的方针，遵循资源综合利用与企业发展相结合、与污染防治相结合，经济效益与环境效益、社会效益相统一的原则，积极推动资源节约和综合利用工作，努力提高资源的综合利用水平，促进国民经济和社会事业健康发展。

度，但该制度目前尚未健全，相关基础数据和资料的统计工作开展不力。再如，山西出台的《关于在全省城镇分步实施禁止生产使用实心黏土砖的通知》中明确规定禁止生产和使用黏土砖。但是，这一规定基本上没有严格执行，黏土砖仍旧有很广阔的生存空间，挤占煤矸石和粉煤灰制砖企业的市场，影响综合利用企业的发展。

（4）煤炭资源综合利用行政管理体制不顺，监管缺失。煤炭资源综合利用的管理体制不顺，缺乏有力的主管部门，相关部门之间沟通不足、协调性差，缺乏资源综合利用的统一管理。在山西资源综合利用中，专门领导小组负责对省政府煤炭产业综合利用情况进行指导，它的职责是监督国家政策的资源综合利用的实施、有关职能部门对相关政策的落实，并制定全省措施；就开发资源规划对全省综合利用和协调；对新技术、新方法和资源释放的综合利用新设备的开发与推广；限期淘汰浪费资源、污染环境的落后生产工艺和设备；定期通报全省资源综合利用。省资源综合利用领导组办公室设在省经贸委，负责日常工作。但这一机构并不是山西煤炭资源综合利用的有力主管部门，现有的管理体制无法为煤炭资源综合利用提供强有力的行政支撑力。资源综合利用主管部门的权力实际上已经被分解到其他部门，部门职能被架空。同时，由于是同一级别的部门，资源综合利用部门也无法要求其他部门配合或是服从其安排，统一开展资源综合利用的管理工作。资源综合利用行政管理体制亟待理顺。此外，资源综合利用方面没有形成完善的监督机制，对煤炭资源综合利用的监管缺失。

（5）资源综合利用投入冷热不均，资金渠道不畅。资源综合利用的政府专项资金不到位；企业提存的资源综合利用专项资金对其来说是杯水车薪，无法帮助其开展综合利用项目；社会资金也因缺乏积极政策和途径而无法投入资源综合利用项目中来，导致了传统煤炭资源综合利用方面的总投入较低。对于经济效益显著的综合利用项目，如新兴的煤炭资源综合利用产业——煤层气产业则发展过热。由于促进煤层气产业发展利好政策的出台，各类资金大量涌入这一行业，使之成为目前发展最为强劲的煤炭资源综合利用产业。环保效益突出、经济效益平平，甚至市场竞争力较弱的项目，如矸石加工利用项目，在缺少优惠资金投入和政策扶持的条件下，则难以快速发展。

五、煤炭资源整合缺乏流转及退出机制

在煤炭资源整合的行政模式推动下，市场的资源配置功能完全忽视，《矿产资源法》等法规中对矿业权出让市场的具体方式存在不完善的规定，导致了国家的矿产资源财产权益不能得到完整的实现，降低了资源开发利用的效率，在煤炭资源整合过程中依法规定的"招、拍、挂"流转矿业权方式基本没有得到运用，而委托出让、协议出让的方式普遍存在，使得流转机制和退出机制没有形成制度模式。《矿产资源勘查区块登记管理办法》以及《矿产资源开采登记管理办法》虽然在一定程度上规定了矿业权可以有偿方式取得，但由于两个办法都是计划经济的产物，并没有体现市场经济资源配置特性，因此没有具体的实施程序性规定。2003 年国土资源部虽然进一步明确了"两权"招标、拍卖、挂牌的程序，矿业权二级市场的流转仍存在法律阻碍，颁布了《探矿权采矿权招标拍卖挂牌管理办法试行》，但全国大范围的矿业权一级出让市场还未形成。修改后的《矿产资源法》在一定范围内对矿业权流转进行了规定，但就其盈利性进行了限制，从而使矿业权二级流转市场受到了制约，没有将其放在市场经济环境中进行考量。《民法通则》的规定使矿业权民事立法严重阻碍了矿业权的流转，特别是针对国家所有的矿藏不得买卖、出租、抵押或者以其他形式非法转让，而在法律规定中没有适合的机制使其形成良性流转。其后，在《矿业权出让转让管理暂行规定》中允许矿业权人可出租、抵押矿业权，虽然这时将矿产资源的资本化价值释放出来，但抵押担保、作价出资和矿权流转尚处于萌芽状态，各层面法律规定的冲突制约了机制的实现。自《探矿权采矿权招标拍卖挂牌管理办法试行》出台后，使得很多"新设矿权"和"已设矿权"同时进入"招、拍、挂"程序，进入招标拍卖程序的前提条件规定为"新设探矿权"，而何谓新设探矿权在该办法里没有定义，造成不少权属纠纷。

《国务院办公厅转发国土资源部等部门对矿产资源开发进行整合意见的通知》（国办发〔2006〕108 号）中规定，"被列为整合对象但不同意按照实施方案参加的矿山企业，有关主管部门在证照到期后不再为其办理延续和换证等手续，当地政府负责依法进行收回"。《关于进一步推进矿产资源开发整合工作的通知》（国土资发〔2009〕141）号）中规定，"将矿区内矿业权依法收回，统一规划后按规定权限以招标、拍卖、挂牌方式重新向符合整合主体标准要求的企业出让矿业权"。由于矿业权是一种经过行政许可的私有财产权，其本身就代表了国家对矿业权主体开采、利用资源的合法性认定，应当受到法律的保护。如果要"收回"矿业权，就必须符合法律的特别规定，否则即为违法。所以，煤炭资源整合过程中的矿业权"收回"行为值得我们反思。

1. 矿业权收回与征收

在我国民事法律关系中，物权的收回现象主要表现在"海域使用权的收回与建设用地使用权的收回上"①。针对海域使用权与建设用地使用权收回的性质，学界多数学者认为这种收回行为属于"征收"的范畴②。以此为依据，应当在法律的保护模式上给予矿业权与海域使用权同样的待遇——基于公共利益对矿业权提前收回的行为应归于征收的范畴。具体理由如下：首先，权利性质相同。矿业权与海域使用权、建设用地使用权同属于依据国家对国有财产的所有权派生出来的物权。其次，权利标的相似。矿业权、海域使用权、建设用地使用权的客体为不动产或与不动产有密切联系的自然资源。再次，权利人获取权利都付出了一定的代价。建设用地使用权人获取权利应缴纳土地出让金，海域使用权人须缴纳海域出让金，矿业权人要缴纳探矿权使用费与资源价款。最后，在权利标的价值上，矿产资源的价值并不低于土地和海域，对我国的社会主义经济建设具有同样的作用。因此，如果煤炭资源整合过程中的收回行为符合征收的特征，就必须有法律依据，并给予矿业权人合理的补偿。

---

① 《海域使用管理法》第三十条规定，"因公共利益或者国家安全的需要，原批准用海的人民政府可以依法收回海域使用权"，"依照前款规定在海域使用权期满前提前收回海域使用权的，对海域使用权人应当给予相应的补偿"。《土地管理法》第五十八条规定："有下列情形之一的，由有关人民政府土地行政主管部门报经原批准用地的人民政府或者有批准权的人民政府批准，可以收回国有土地使用权：（一）为公共利益需要使用土地的……"《物权法》第一百四十八条规定，"建设用地使用权期间届满前，因公共利益需要提前收回该土地的，应当依照本法第四十二条的规定对该土地上的房屋及其他不动产给予补偿，并退还相应的出让金"。

② 梁慧星研究员认为："所谓征收，是指政府以行政命令的方式取得自然人和法人的财产权的行为。在中国，征收的对象常常包括所有权和所有权以外的其他物权（如土地使用权）。"（参见《中国物权法草案建议稿——条文说明理由与参考立法例》，社会科学文献出版社 2000 年版，第192 页）。房绍坤教授认为："我国现行法规定的海域使用权提前收回和土地使用权提前收回，以及其他经许可而取得的物权（主要是指自然资源使用权）的提前收回，都属于征收的范畴。"（参见房绍坤、王洪平：《公益征收法研究》，中国人民大学出版社 2011 年版，第 73 页）。

2. 整合行政文件中收回行为的性质界定

我国的矿业立法对矿业权采取的是权证合一的管理模式，将矿业权和行政许可合并对待，如果矿业权证失去了行政许可的效力，则矿业权人就会在失去勘查、开采矿产资源的准入资格的同时一并失去矿业权人对矿产资源进行开采并受益的财产性权利。目前的相关矿业法律法规没有对矿业权证续期规定明确的审批标准，因此矿业权证能否续期完全取决于行政机关的行政审批程序，行政机关有权自由裁量是否给予延期。具体到矿业权整合而言，国务院的行政命令在效力上能够达到要求矿业权证审批机关取消继续给予矿业权行政许可的作用。因此，在这种权证合一的模式下，按照行政命令在矿业权到期时拒绝给予延期，只构成一种合法的行政管理行为，不属于征收的范畴。当然，如果《关于进一步推进矿产资源开发整合工作的通知》（国土资发〔2009〕141号）中规定的"将矿区内矿业权依法收回"是矿业权证到期之前的收回，就属于征收的范畴，应该给予补偿。

六、政府强制整合缺乏市场有效运营

强制整合主要指政府强行要求整合主体与被整合一方按照行政命令的要求签署整合协议。主要体现在三个方面：一是政府要求整合主体与被整合一方限期达成协议[①]；二是政府代替整合主体与被整合一方确定整合方式、操作程序和评估资产；三是通过使用行政权力迫使被整合一方就范，如地方在整合过程中多对被整合一方实施先关闭矿井再整合的方式。此类行为导致整合协议完全失去了当事人意思表示一致的前提，属于行政权对私权的非法干涉。从制度层面来说，出现这样的问题也集中反映了矿产资源管理法律法规亟待解决的立法层面的矛盾。一方面，关于矿山企业开发的准入标准没有建立，近年来标准持续处于变化状态。《矿产资源法》规定矿山企业的设立，其资质条件应满足国家规定，但具体内容是什么，产能标准、开采规模到底有哪些等一直缺乏明确的规定。企业的市场准入完全取决于行政机关的行政命令而不是法律法规。另一方面，目前我国矿业法

---

① 如陕西省《关于矿产资源整合工作实施阶段有关事宜的通知》（陕矿整规办发〔2007〕37号）中规定，"拟整合的矿山企业要按照陕政发〔2006〕39号文件和'总体方案'等有关要求，自愿协商……成立新的采矿权主体。协商一致的……向工商部门申请办理预留名称手续。协商不一致的，县（区、市）整规办或县（区、市）政府要出面协调督导，限期达成协议"。

律制度中矿业权的财产权属性与行政许可纠缠不清导致一系列权利冲突。在矿业权整合过程中的一个突出矛盾就是如果矿业权人因市场准入标准发生变化导致丧失市场准入资格时，就一并丧失了对矿产资源收益、使用的物权。这种制度上的缺陷，在煤炭资源整合中因为行政权力的推动被急剧放大。

煤炭资源整合方式一刀切，没有充分考虑各地的煤炭开采条件与资源赋存状况。一方面，中小煤矿花钱购买采矿设备处于空闲状态，因为不适合大规模机械化开采对煤炭企业造成极大的浪费，资源回收率没有增加。例如，山西的一些县市由于浅埋煤层开采倾角大，广泛分布着易采的露头煤。地方政府为了完成上级部署的整合资源方案，未经研究过度依赖行政手段，在实施计划过程中一些煤矿存在"假整合"的现象，导致煤炭主体企业和被整合企业缺少主动性，虽然一些小型煤矿整合在一起，但从技术上来看形成规划性开采的基础并不存在，改造和提升资源利用的目标很难实现，导致不同的权利主体冲突现象频发。目前，山西煤炭矿业权改革由政府行政部门的运用行政或计划手段推进，矿产资源通过矿业权价款反映国家所有者权益，通过行政手段来代替市场机制调节相关者利益。矿业权的价款价格不能反映煤炭资源的稀缺性，这种机制的确定不合理且不能反映资源的价值。另一方面，由于煤矿的真实储量只有通过验证和勘探程序才能识别确认，无法使煤炭矿业权的价格缴纳与煤炭资源存储保持一致，在实践中资源价款的缴纳显然不能完全保证煤矿拥有资源储备具有一致性，政府的量化监督也非易事。再一方面，政府往往没有自己的采矿权价值主张，但采矿权的价格由政府确定，其程序为通过评估机构参考采矿权价格确认采矿权价值。部分政府机构并没有考量资源价款和评估价值之间的关系，甚至没有审查评估价值，致使国家利益不能客观被反映。

七、煤矿产权关系调整漠视群众利益问题

1. 煤炭企业矿群关系存在的问题

（1）煤矿企业兼并重组整合前原有的补偿办法和补偿机制已名存实亡。20世纪80年代"有水快流"时期，煤区矿群关系是以"工农关系"形式处理的。省属大型国有煤矿对煤区所在乡村的地质灾害等影响群众生产、生活问题，除采取货币补偿的办法外，大多数是省属大型国有煤矿，将国

家划给其开采煤田的边角煤炭资源划给乡村办小矿，以"实物补偿"的办法解决。如山西长治市郊区，兼并重组前的 26 个煤矿，有 25 个煤矿就是从省属矿务局煤田的边角划分出来开办的，是对乡村进行的"实物补偿"。但是在这次兼并重组中，25 个煤矿关闭整合了 23 个，仅剩的 2 个煤矿难以支撑起煤区群众生产、生活发展的需要。实际上，煤矿企业兼并重组后，"实物补偿"已名存实亡，政府将原有煤炭资源收回后又重新进行了配置，煤区群众利益问题处于悬空状态。

（2）煤矿企业兼并重组中资产性收购和补偿款大多数由实际投资者所得。乡村中小煤矿只能由集体举办，这是《矿产资源法》的原则，但是由于乡村在资金方面的实际困难，大多数乡村在获得开采资格后无力办矿，均以承包、租赁的方式转让给个人开采，自然人成为乡村中小煤矿的实际投资人，这种现象虽然违法但却是现实。2006 年在实行矿产资源有偿使用的煤炭资源整合时，大部分乡村中小煤矿的实际投资人已履行手续成为合法的办矿股东，以煤矿企业兼并重组为第二阶段的煤炭资源整合过程中，省政府鼓励被兼并整合的中小乡村煤矿折价入股，折价入股无疑对建立煤区矿群和谐关系的长效机制是一种很好的办法，但是基于乡村中小煤矿产权的实际变化和新煤矿主体发展的需要，在煤矿兼并重组中乡村煤矿折价入股率不足 5%，大多数采用的是资产性收购或政策性补偿的办法，收购和补偿的价款大多数流入实际投资者手中，乡村群众实际获得很少。

（3）在煤矿企业兼并重组中的相关群众利益协议大多解决的是眼前问题。在煤矿企业兼并重组中，兼并重组整合主体为了兼并重组的需要，虽然大部分承继了整合之前被整合煤矿与煤区政府、村委会签订的相关群众利益协议，但是这些协议普遍不能适应今后的煤炭现代化大生产和构建和谐矿群关系长效机制的需要，基本解决的是矿区群众的眼前利益。对于矿区群众今后的长远利益、滚动利益，煤矿企业应如何解决在协议中很少涉及。

在煤矿企业兼并重组中，兼并重组整合主体以资金方式支付给村委级的相关群众利益资金，大多数为一次性补偿资金，由于村委会要根据《村民委员会组织法》由村民集体决定如何使用，为了体现民意实现"公平"，大多数村庄除留少数公积金外，大部分采取的是按人头平均分配的办法分给村民，很少用于项目建设。即使有的村是以项目方式解决相关群众利益的，其项目大多数是保障生活类，很少考虑现代农业生产类和为煤矿服务的第三产业类，难以长期保障煤区相关群众的利益。

2. 关闭煤矿对群众的利益保障产生重大影响

此次煤矿被整合关闭以及 2008 年政策性关闭的煤矿数量众多，其中绝大多数涉及县乡村工业反哺农业、新农村建设和群众性的公益事业以及地质灾害治理问题。对这些问题如处理不当，会引起群体性事件。在处理过程中有两点需要引起重视：

（1）关于称谓和性质问题。各地关于这部分相关群众利益问题的称谓不统一，有的称为"企业的社会责任"，有的称为"企业责任"等。但这些称谓不能反映此项工作的性质，而且容易与"企业办社会"、"增加企业负担"等相混淆。长治市对此项工作采用了"相关群众利益"的称谓，既反映了这一工作的性质，又为今后不会因政策的变化而改变奠定基础。

（2）关于地方政府的角色问题。严格地讲，被整合关闭或政策关闭相关煤矿涉及的相关群众利益问题应由新组建的公司或保留的公司承继。但是，新公司一般不愿意与村镇群众接触，村镇群众信任政府又不愿意与新公司打交道，因此有的地方政府采取了打包后"一揽子"处理的方式，即地方政府代表村镇群众与新公司签署相关协议，使政府在协议中成为"相关利益"代理人。

第二节　煤炭资源整合规范执行不力

煤炭资源整合作为一种企业并购改制，是煤炭产业结构调整的重点与难点。企业并购面临的法律后果是企业法人的终止、变更和重新设立。也正因此，企业并购是一项复杂的系统工程，每一个环节都存在法律风险[1]。煤炭资源整合一方面能优化矿产资源开发的产业结构，另一方面也能让有足够实力的矿山企业获取更多的资源，提高矿山企业的国际竞争力，保护国家的资源安全。但是，在实践中，针对煤炭资源整合的负面声音也很多，主要包括以下几点。

---

① 杨枉：《整合印象》，《山西日报》2009 年 12 月 21 日第 A01 版。

一、煤矿企业被整合关闭后的经济补偿问题

影响煤矿企业兼并重组整合关闭工作进度的最大障碍和难度最大的工作，就是对被兼并方资源、资产的补偿问题。以山西长治市为例，2009年9月20日为妥善解决煤矿企业兼并重组整合关闭工作的资源、资产补偿等问题，长治市人民政府根据山西有关政策参照其他相关地市的做法，制定了《关于煤矿兼并重组整合主体企业进驻接管被整合煤矿工作的指导意见》"长政发［2009］52号"，该指导意见的特点在于：一是为保证煤矿企业兼并重组整合关闭工作的顺利进行，采用"接管补偿相结合"原则，就是将煤矿企业兼并重组整合关闭工作的资源、资产补偿等问题与整合主体企业进驻接管被整合煤矿工作结合在一起；二是强调"政府指导"的原则，"补偿"问题涉及双方的根本经济利益，是本次煤矿企业兼并重组整合中最复杂、最敏感的问题，"补偿"与"接管"问题大部分又是企业自主权范围的事宜，政府不能强行干预，但是煤矿企业兼并重组整合关闭工作的方案与进度又是政府的职责，公平与效率统一较为困难。

1. 山西有关被整合关闭矿井经济补偿的主要规定及解析

（1）相关政策规定。

1）关闭企业资产补偿。从产能和评估两个方面对被整合关闭矿井进行资产补偿，其主要内容为：①产能补偿。根据生产矿井、建设矿井和有关"十关闭"矿井等不同类型，对被整合关闭矿井按照原有每吨产能补偿一定资金的办法对关闭企业原有投入资产进行补偿。补偿的产能认定按照生产矿井和晋政办发［2008］60号文件第十条规定的关闭矿井按照生产许可证载明的能力进行补偿；建设矿井按照批准的产能进行补偿，批而未建的按照批准前的产能进行补偿。补偿的基本标准是：原则上生产矿井每吨产能补偿100元，建设矿井每吨产能补偿200元，晋政办发［2008］60号文件第十条规定的关闭矿井每吨产能补偿50元。各县市区根据各自实际情况可以适当上下浮动20%。②评估补偿。由主体企业与被整合关闭煤矿按照被整合关闭煤矿的资产评估价协商进行补偿。对晋政办发［2008］60号文件第十条规定的关闭矿井原则上不进行资产评估，按产能进行补偿。

2）资源价款补偿。按照晋政办发［2008］83号文件的规定，各级资源价款补偿资金要在9月30日支付到位；省级退还价款先由市财政垫付，国

土部门配合落实。山西已完成了县级及以下煤矿的煤炭资源有偿使用工作，矿业权价款中央留成返还部分没有落实的原因是国有煤炭企业难以缴纳资源价款，省市级国有煤矿企业的煤炭资源有偿使用工作目前仍未实质开展，经过资源整合后省市国有煤炭企业对资源占有量大，按规定需要缴纳的采矿权价款金额比例高，由于多数煤矿在技改期，从而国有煤矿企业资金负担极重，一时难以缴清采矿权价款而暂未实行有偿使用。根据国务院《关于同意在山西开展煤炭工业可持续发展政策措施试点意见的批复》（国函〔2006〕52号）的规定，"对于山西省批复之前已无偿取得矿业权的资源，无论其属于国有还是非国有煤矿，对于应缴纳的矿业权价款中应上缴国家的部分可专项用于支持山西煤炭工业发展"，对国有煤炭企业未缴或欠缴资源价款，山西至今尚没有得到中央返还的矿产权价款，无形中对市场经济的运行造成了影响。

3）其他利益关系平衡。对被整合关闭煤矿的资产评估必须公平公正、合法有效；主体企业控股后，要适当考虑被整合企业的利益，保障被整合煤矿企业的合法权益。对被整合矿井的资产和资源进行补偿等需要大量资金。整合主体企业要尽早制定资金筹措和使用计划，广开渠道，多方筹集资金。金融机构要积极支持配合煤矿兼并重组工作，尽早组织资金，增加信贷投放，提高服务质量，满足全市煤矿企业兼并重组的资金需求。确定补偿的基本标准，原则上生产矿井每吨产能补偿100元，建设矿井每吨产能补偿200元，晋政办发〔2008〕60号文件第十条规定的关闭矿井每吨产能补偿50元，各县市区根据各自实际情况可以适当上下浮动20%。

（2）煤炭资源整合经济补偿的解析。

1）资源价款的经济补偿。被兼并重组煤矿企业按照《山西省煤炭资源整合和有偿使用办法》（省政府令第187号）的规定缴纳价款，严格按照山西省人民政府办公厅转发的《国土资源厅关于煤矿企业兼并重组所涉及资源采矿权价款处置办法的通知》（晋政办发〔2008〕83号）文件规定执行。即将采矿权进行整合时按照已经缴纳的资源价款总额减半进行补偿，或者根据资源价款对应的价值进行作价入股，该股份可作为出资与整合主体共同设立合资企业，资源整合主体企业对剩余资源量（不含未核定价款的资源量）对应的价款应予退还。如果被资源整合和兼并重组的煤矿企业按照省政府规定的时间缴纳了全部价款，在兼并重组过程中应按原价款标准给予全部的经济补偿，或者根据资源价款对应的价值进行作价入股，该股份可作为出资与整合主体共同设立合资企业。

　　煤炭资源整合经国土资源部、财政部的同意，按照采矿权依法有偿流转的原则在煤炭资源整合和煤矿兼并重组中，区别不同情况按原价款标准分别给予50%或100%的经济补偿，同时要求兼并企业应向被兼并煤矿退还剩余资源量的采矿权价款。山西向原采矿权人支付1.5～2倍的"增值价款"，全面实施采矿权有偿出让、征收采矿权价款也不超过3年，在一定程度上切实保护了原采矿权人的合法合理利益，充分考虑了煤炭采矿权流转市场在此期间的实际增值、采矿权人应享受的合理溢价因素。对于煤炭资源领域长期存在的违法违规经营、非法交易、地下协议和不正当利益当然不能给予相应的补偿，法律和政策都不能保护。山西的规定有效地制止了被兼并重组煤矿"漫天要价"情况的出现，维护了整合工作的有序进行。如在整合中有与经济补偿相关的不明确事项仍然按照省级文件规定执行，确保了省级文件的全面贯彻落实。在严格遵守省级政府政策性文件的基础上，长治市政府结合自己的实际情况进行了因地制宜的规定，完全符合市级政府依法办事的要求，但为了推进整合工作，对如何解决实际中面临的急迫的经济补偿问题又在适法的基础上进行了创新性规定。

　　2）对资产补偿提供了两种具体的解决办法。一种是按产能进行补偿，另一种是按评估进行补偿。产能补偿是山西比较特殊的资产补偿办法，产能补偿充分考虑了建矿的成本，具有客观上的合理性，保护了各方主体的利益，容易为各方主体接受。产能补偿又根据不同矿井确定不同的标准，主要区分三种类型的矿井，即生产矿井、建设矿井和关闭矿井。按评估补偿是指兼并重组整合关闭矿的整合主体企业和被整合矿双方共同聘请政府指定范围内的具有资质的评估机构，对被兼并整合的煤矿进行资产评估，确定评估值，对在评估值基础上的合理溢价进行的补偿，在评估值基础上溢价一般不超过30%。在国有企业兼并重组其他经济类型的煤矿企业时，必须采取评估的办法，这是防止国有资产流失的有效办法。这两种有关资产补偿标准的办法相结合，既遵守了严格的国家规定，又保持了灵活性，这一规定也充分体现了经济政策性规定的特有属性，为整合双方提供了比较完善的经济补偿政策性依据。这种做法既体现了政府的积极作为能力，又完全符合既定的"政府主导、市场运作、企业主体、法律推进"的兼并重组整合关闭工作的工作方针。实现了政府对兼并重组整合关闭工作的指导、主导，但不直接干预的要求，具体选择何种方式由兼并重组双方自主进行。

3）资源价款补偿规定了具体办法。根据山西省政府第187号令第十七条规定："采矿权价款收取标准见附录，采矿权价款由县级人民政府国土资源部门负责收取，省人民政府可以根据市场情况调整采矿权价款收取标准。"第十八条规定："县级人民政府国土资源部门收取的采矿权价款，按照省、市、县3：2：5的比例分配；资源整合过程中通过公开竞价出让采矿权收取的采矿权价款，按照省、市、县2：3：5的比例分配。县级人民政府国土资源部门收取的采矿权价款应当上缴同级财政专户，并由县级人民政府财政部门按照前款比例分别上缴省、设区的市财政专户。"对于各级补偿资金实行逐级退还，按照先行垫付模式开展工作。因此，资源价款补偿资金应由县、市、省按不同层级的原有比例退还，这样的规定有利于保障资源价款补偿资金的及时到位，保证了经济补偿工作的顺利进行，这样的规定既具体明确，又具有现实的可操作性。

2. 与经济补偿相关法律问题的分析

（1）由经济补偿的给付对象而引发的纠纷及解决办法。在资源整合过程中产生的纠纷主要是受补偿的给付对象存在问题。例如，原本是补偿给村或乡集体的款项，却支付给了承包人或实际控制人，忽略了工商部门登记确权的开办煤矿的村乡产权人。整合煤矿未通过权利人同意而由实际控制人签订协议并接受因转让行为而支付的转让价款，导致债权人追偿村委出资人的大量诉讼纠纷，引发了更为严重的社会问题。这就有赖于详细的调查，尤其是对被整合煤矿的情况、签约一方的主体资格进行核实，才能有效避免这种纠纷的发生。一旦侵权行为发生之后，村或乡集体应该拿起法律武器积极维护自己的利益，将情况向整合部门反映，阻止违法行为的继续发生，以引起相关主体方考虑村或乡集体利益的问题，采取协商的办法解决因为历史原因形成的相关复杂问题。

（2）经济补偿具体方式上存在的问题及解决办法。在实践中，在经济补偿的具体方式上存在的问题，主要有两种现象：一种是在资产转让协议中约定，按照每吨煤补偿几元的方式对被整合煤矿进行补偿，这种补偿方式简称为"吨煤价款补偿法"，实践中有约定每吨煤5元或其他价格的，这种方式是严重违法的。因为按照山西的规定，只能按照剩余储量所缴纳的采矿权价款进行补偿，超出的部分都是违法的。这种补偿方法的实质是倒卖矿产资源，是违法犯罪的行为，为我国法律所严禁，国家只允许煤炭一级市场探矿权、采矿权的有偿取得，没有开放二级市场，采矿权是不能自由定价进行交易的，采矿权价款必须按照国家政府规定的价格执行。

另一种是以补偿实物煤炭的办法对被整合煤矿进行补偿，简称"以煤抵款"的补偿方式，这样的补偿方法也是有问题的。首先，补偿煤炭在国有企业如何入账就成了问题，因为入账就要扣除生产和销售成本，而这种"以煤抵款"的补偿方式是直接以给付煤炭的方式对被整合煤矿的开办人进行补偿，其中的生产和销售成本没有计算。其次，补偿煤炭也面临着如何定价的问题，即确定什么样的交易价格，是按照交易时的市场价格来确定还是别的价格，如果是交易时的市场价格，价格本身是在不断变化的，存在上升或降低的可能，这样定价存在是否合理的问题。最后，补偿煤炭给被整合煤矿背后的投资者个人，其没有销售煤炭的资格，如何销售处理得到的煤炭是比较困难的。最好的解决办法是通过协商增加补偿的金额，而不应该采取补偿煤炭的方式。政府最后认可"以煤抵款"的方式，但必须是在煤矿转让价款确定后，按照交易当时的煤炭市场价格，然后折算成相应的煤炭吨数来进行抵款补偿，必须严格进行。然而上述问题其实尚未得到彻底解决，还是有一定问题的，必须慎重考虑、谨慎采纳。

实践中还有在资产转让协议中规定了补偿的办法，然后又签订了补充协议或再补充协议进行另外补偿的情况。这也存在一定的问题，既然要补偿，完全可以在主合同中进行约定，通过补充协议的方式补偿给个人补偿金额或补偿给其煤炭的方法也是有问题的，这样的补偿规避了补偿价格的确定性、补偿方式的合法性的问题。补偿价格必须确定，符合政府的规定，接受政府的监督，透明地进行。因此，在实践中应该避免这样的补偿方式。

（3）经济补偿与被兼并整合煤矿的债务清偿的相互关系问题及解决办法。并购重组主要采用两种方式，即被兼并煤矿企业资产整体转让或股权参与。整体转让，是原煤矿企业法人资格将不再存在，对于煤炭企业现有的债务进行合并，虽然债务由吸收主体合并，但处理不当也会导致较大的风险，主要是由于国有企业对原有煤矿的隐性债务和或有事项并不完全清晰，原有煤矿的不规范现状极易造成社会问题。根据最高人民法院2002年颁布的《关于审理与企业改制相关民事纠纷案件若干问题的规定》，企业在吸收合并时，被兼并的企业债务应由合并后的企业继续承接，并按照公告程序通知债权人。如果企业被吸收合并后，原有债权人就隐瞒遗漏的企业债务起诉原有兼并方，要以债权人在公告期内是否申报过该笔债权为审查内容，确定兼并方是否应承担民事责任。如果已完成申报的兼并方要承担赔偿责任并可向原企业资产管理人进行追偿，如在公告期内未申报过该笔债权则兼并方不承担民事责任，人民法院可告知债权人另行起诉被兼并企业原资产管理人（出资人）。如果采用新设合并方式设立企业，新设后的企业法人承担被兼并企业的债务，但在实践中由于被兼并企业存在多次转包、承包、分包、引资等情况，本次资源整合多为对煤炭资源矿业权进行调整，原有企业运营不规范体现在财务数据统计不完整或不符合财务制度，个别情况出现在企业被整合后未对债权债务情况进行清理，未办理清算注销事宜，使得依法追偿的主体仍存在于被兼并的企业之上，导致债权人的主张无法实现。从以上这些情况无一例外可以看出，在企业吸收合并、新设合并等情况下，兼并方都存在承担被兼并企业债务的可能。

实践证明，在资产收购的模式下，收购方专注于收购价款的大小、支付方式和新公司的设立问题，对债权债务处理所产生的法律风险更依赖于收购合同条款的约定，往往忽略合同的实际履行状况所带来的法律风险。当债权债务的清理完全依赖被兼并企业产权人（转让方）时，则法律风险的防范就成为最薄弱的环节。

1）县乡村所属煤矿，绝大多数在法律形式上属于乡镇集体所有，但实际投资人发生了较为复杂的变化，有的多次转包，法律关系混乱，加上财务和法律手续不全，债权债务真伪难辨，不排除虚假债务存在的可能，未来产权纷争在所难免。

2）对于一次性转让资产退出的乡村办煤矿，极易出现的问题是，所收到的转让价款未能合法合规地用于清理债务，处理注销法人事务，导致债权人追索之诉，直接殃及兼并重组后的煤矿企业。

如何在实践中有效防范给整合主体企业带来的债务风险，最有效的办法就是按照《公司法》第一百七十四条的相关规定，应由合并各方就公司的合并签订协议，并对资产负债情况和财产拥有情况开列清单。通知债权人在合并决议签署之日起 10 日内，债权人自接到通知书之日起 30 日内申报。公司同时应在 30 日内于报纸上发布公告，对未接到通知书的债务人在公告 45 日内，可以要求公司清偿债务或者提供相应的担保。根据前述最高院《关于审理与企业改制相关的民事纠纷案件若干问题的规定》第三十二条相关规定，企业进行吸收合并时应依法公告通知债权人，债权人应在公告期间进行积极申报，如债权人在公告期内申报过该笔债权而兼并方没有给予处理的则由兼并方承担民事责任后向原资产管理人（出资人）追偿。如债权人在公告期内未申报过该笔债权，则兼并方不承担民事责任。人民法院可告知债权人另行起诉被兼并企业原资产管理人（出资人）。规定进行资产收购的公告，让被整合煤矿的债权人按期申报债权，对转让提出异议，然后对该出现的债务达成三方解决协议，妥善解决该债务。对发生债务诉讼后，主体企业应积极应诉。在资产评估和审计中要求被整合煤矿按照公司法的要求提供资产负债表和财产清单，尤其是资产负债表，即使提供的是虚假的，也可以按照《刑法》规定的涉嫌妨害清算罪，追究其法律责任。

在实际的《资产转让协议》或《股权转让协议》中，主体企业采取分期付款的方式也是比较好的防范补偿资金不能确实用于清偿债务人债务的问题的方式，即在补偿价款支付方式中采取三期约定的方式，第一期先支付40%，第二期支付40%，最后预留20%在煤矿企业兼并重组结束后两年再支付给被兼并煤矿开办人，这三期具体支付的比例可以进行适当的调整。当然，如果被兼并重组的煤矿已经按照企业登记的规定完成了清算注销，彻底解决了债务风险，也可以直接将最后一期价款支付。在经济补偿价款的支付中，被整合煤矿所在地县乡政府承担着重要的作用，在被整合煤矿所在地县乡政府设立经济补偿价款专户，作为价款支付的中转，一方面便于当地政府处理所在地被整合煤矿的债务问题以免影响当地的和谐稳定，另一方面也有利于当地政府保护所在地被整合煤矿债权人利益，同时也有利于一些涉及被整合煤矿历史遗留问题的彻底根本解决。这种方式有利于对债权人利益的保护，是实际可以起到作用的对被整合煤矿进行彻底"清算"的方式，是被实践证明的行之有效的价款支付方式。

在已经通过诉讼途径，判决兼并重组主体企业承担被兼并整合煤矿的债务责任的，属于协助执行的、款项尚未付清的，要及时与被兼并方以及法院沟通。如款项已付清或不足以协助执行的应及时根据《合同法》第四十二条"故意隐瞒与订立合同有关的重要事实或者提供虚假情况"的规定和《刑法》第一百六十二条对债务人以妨害清算罪报案进行抗辩；属于诉讼保全的，要根据《民事诉讼法》（"若干意见"第一百零五条）"债务人的财产不能满足保全请求"的规定进行异议对抗；属于法院要求参加诉讼的，要积极应诉，防止承担连带责任。

3. 对经济补偿后从山西煤炭行业退出的民间资本的宏观调控问题

退路也是出路，为从煤炭行业退出资金寻找出路，引导好、指导好、支持好这些资金的运用，对民营经济转型发展及提档升级都是一个难得的机遇。对这些资金进行恰当的疏导、调控，使其继续为山西省的转型发展、跨越发展、绿色发展服务，是摆在各级政府面前的重要课题之一。面对这一问题，山西省人民政府先后制定下发了一系列政策文件，对参与兼并重组的企业范围、新增资源范围、地方合理利益保障、生态环境保护、采矿权价款处置、证照手续办理等方面做出了明确规定，出台了促进和引导民间投资的意见，为退出的民营资本开辟转型转产绿色通道。

山西把政府未来重点调控的 6500 亿元投资项目向民间开放，省政府为此专门出台了《关于促进民间资本进入我省鼓励类投资领域的意见》①。这九条意见在市场准入和土地、环评、资金、信息等方面对民间资本的进入提供了优惠政策：包括通过转让特许经营权或合作经营等多种经营方式，推行投资运营形式，引导民间资本全面进入基础设施和公共服务领域；实行优惠的土地和环境容量政策，对于重大转型、转产项目，区别情况采取保障用地、优先供地、划拨土地和集约用地四种办法，解决用地难问题，对转型发展的民营企业，排污量可实现"减量自用"；在财税政策上，各级政府财政性建设资金一律向民间投资开放，政府投资应采取贴息、参股、补助等多种形式对进入鼓励领域的民间投资予以支持，并严格落实民间投资的各项税费优惠政策；鼓励金融机构实行信贷方式创新，组建民间投资担保公司，鼓励和帮助民营企业参与资本市场。省政府还公布了《关于做大做强农产品加工龙头企业的意见》，提出凡是资源型企业转产和省外资本来山西投资农产品的加工项目，投资额在 5000 万元以上的，均享受省级龙头企业的政策待遇。这些政策性规定的出台无疑会引导山西民间资本的流

---

① 2009 年 7 月 13 日，山西省政府以晋政办发 98 号文件正式印发《关于促进民间资本进入我省鼓励类投资领域的意见》，在鼓励和引导山西省民间资本从煤焦领域向国家、省鼓励的投资领域转型方面将实施"一揽子"优惠政策。该意见共 9 条，主要包括五个方面的内容：一是开放投资领域。通过转让特许经营权或合作经营等多种方式，推行 PPP、BT、BOT、TOT 等投资运营形式，引导民间资本全面进入基础设施和公共服务领域。二是实行优惠的土地和环境容量政策。对于重大转型、转产项目，区别情况采取保障用地、优先供地、划拨土地和集约用地四种办法，解决用地难问题；对转型发展的民营企业，排污量可实行"减量自用"。三是实行财税扶持政策。各级政府财政性建设资金一律向民间投资开放，并严格落实民间投资的各项税费优惠政策。四是多种形式化解民营企业融资难题。鼓励金融机构实行信贷方式创新，尽快出台《山西省民间投资信贷担保体系工作方案》。五是全面提升政府服务水平。充实和及时更新招商项目库，完善投资信息发布机制，强化对审批程序的监督职能。

向，既能促进山西相关产业的发展，又能为民间资本找到出路，是双赢的做法。

二、整合兼并中主体资格的确定问题

1. 政策性确定整合兼并主体存在问题

（1）地方兼并主体多为虚设组合形成。根据山西有关规定，国有大型煤业集团和具备年产 300 万吨以上规模的地方骨干煤炭企业可以作为兼并主体企业，但山西部分地方并没有符合上述标准的煤炭企业。同时，由于地方利益保护政府要求，外地企业不能作为兼并主体整合本地煤炭资源，个别地方为了保护地方利益就产生了一种现象，如果地方政府投资设立的公司符合省政府文件确定的兼并主体的标准，投资设立公司作为兼并主体整合地方煤炭资源，这种类型的公司大多本身没有实际资产，是空壳公司，实践中的问题恰恰在于这种做法任由其他股东经营煤矿，或者政府不出资也不参与生产经营管理。这种做法不仅使煤炭资源整合"提高产业集中度、提升产业水平和落实安全生产，建设和改进新型能源和工业基地"的目标落空，而且在很大程度上对政府整合目标予以变形应付。针对这种情况，山西省人民政府办公厅《关于进一步做实做强煤炭主体企业有关事项的通知》（晋政办发［2010］5 号）通过行政手段要求各级政府确保整合工作规范运行对公司资质状况要落实，由于不符合规定的整合企业仍然是原有小煤矿的实际投资经营者，因此原有的运营模式并没有得到实质性的改变。由于山西煤炭资源整合的政策变化性大且存在不稳定性，促使投资人"只能"尽快地在少投入多产出的现状下从事运营活动，原有投资人也十分清楚自身的行为会面临处罚或整顿而更多地开采煤炭资源，从而产生出假整合、假主体、假投资的背离整合目标的状况。

（2）兼并主体必须是山西省煤矿企业兼并重组整合工作领导组批准的《重组整合方案》中确定的企业。在审查协议时，应注意协议双方必须为省领导组批准的《重组整合方案》中确定的兼并主体和被兼并主体。如果协议双方发生变化必须得到省领导组的批准。从法律规定看，必须是现存的公司才能作为兼并主体，因此未成立或即将要成立的企业不能作为兼并主体，个别协议将兼并重组后拟成立的公司作为协议一方，这种做法是不符合法律规定的。此外，县、乡、镇人民政府不能作为兼并主体。如个别协议签约方是企业，却由政府盖章，这不仅使协议主体发生了变化，而且会出现政府包办协议的弊端，不符合市场经济法治的基本原则，也违背了本次资源整合"市场运作"的基本要求。

（3）兼并重组煤矿变更投资主体的问题。在《山西省人民政府关于进一步加快推进煤矿企业兼并重组整合有关问题的通知》（晋政发［2009］1号）中，确定了七大省属煤炭生产经营企业为兼并重组主体。但在兼并重组过程中，七大企业集团为了提高管理效率，加强监管能力，向省煤矿企业兼并重组整合工作领导组提出变更兼并重组煤矿投资主体的请求。即将七大集团兼并整合煤矿企业的投资主体由集团公司变更为集团的二级子公司，并已经得到了省领导组的批准。这一变化必然会反映到兼并重组协议中，但会出现以下问题：

首先，二级主体的变更必须履行法定程序。变更二级主体的请求在得到省领导小组的同意后，应根据省国土资源厅和省工商局的要求，变更原工商名称预核准通知书中的投资主体，将投资主体变更为集团的二级子公司。程序上需要由原企业名称预核准通知书中的各方投资人提出放弃申请，请求放弃原有在省工商局办理的名称预核准通知书。同时由县或市的煤矿企业兼并重组整合工作领导组办公室出具股比发生变更的说明。最后由投资各方提出申请，请求省工商局重新办理企业名称预核准，在重新办理中将原投资人（集团公司）分别变更为对应的二级子公司。

其次，需要签订关于投资主体变更的三方协议书，由于原投资人（集团公司）已经与被兼并主体签订了一系列有关兼并重组的协议，因此，在投资主体由集团公司变更为二级子公司后，有必要由集团公司、二级子公司、被兼并主体三方签订关于主体变更的协议。在协议中应明确：集团公司在原兼并重组协议中的全部权利义务均转让给二级子公司；二级子公司将获得原协议中集团公司拥有的各种权利以及承担原协议中集团公司承担的各种义务和责任；对于这种主体变更和权利义务转移行为，无需被兼并主体同意。

（4）兼并主体绝对控股的问题。根据山西省政府晋政发［2008］23号、［2009］10号文件的要求，本次煤矿企业兼并重组的模式是"大型煤炭生产企业作为主体，兼并重组整合中小煤矿，控股办大矿，建立煤炭旗舰企业，实现规模经营"。之所以采用这样一种模式，是要以煤炭资源整合为契机，借助大型煤矿企业在理念、技术、管理、资金等方面的优势，着力提高煤炭产业的集中度、产业水平和安全生产水平，实现"优进劣退"，这是对中共十七大报告中"毫不动摇地巩固和发展公有制经济，毫不动摇地鼓励、支持、引导非公有制经济发展"要求的具体实践。因此，在对兼并重组协议进行审查时，必须落实中共十七大报告"两个毫不动摇"和省政府文件的精神，坚持兼并主体绝对控股否则就有可能损害兼并主体的利益，不能相对控股或参股而使兼并重组和资源整合的基本目标产生背离。兼并主体在新公司必须绝对控股，应重点对法人治理结构和股权配置方案进行审查，对煤矿企业兼并重组后新设公司的资金来源、资产状况、资源价值进行确认。值得注意的是，实践中存在这样一种情况：兼并主体为规避股东责任，按照政府要求而新设立的公司并不直接就绝对控股，新设公司的股权结构中兼并主体的参股数额相对较大，而兼并主体之外的其他股东参股数额虽然少于兼并主体而无法达到绝对控股的程度，但存在实际联合而使其地位发生变化处于相对控股的地位，根据公司章程的持股比例和表决程序，这样的结果会使兼并主体丧失在兼并重组后的新公司中的控股权利。这种法人治理结构使兼并主体处于两难的境地，但公司法治的精神是以当事人合意为基础的，这与省政府通过国有煤矿企业控制煤炭资源极其丰厚的利益产生了矛盾，为企业的发展带来了潜在的危险。

2. 被兼并主体存在问题

由于历史原因，山西许多煤矿的产权问题较为突出，虽然 2005～2006 年在实现"煤炭资源有偿使用"的过程中煤矿企业基本已实现了公司化，但是产权关系依然比较复杂。从实际工作来看，工商登记的实际投资人和产权主体不一致，仍有相当一部分的煤矿产权不清晰，非法承包、转包、转让的情形仍然十分突出。产权主体不清不仅会影响到协议的有效性，原有投资人和实际经营人在公司化过程中产生错位分离，实际经营人积极参与整合协议的签订、谈判和款项支付工作，而法定权利人则置身事外没有参与到整合工作中来，原有投资人和实际经营者通过签订无效的利益协议使新公司依然纠结于原有的复杂产权关系中影响了整合工作的顺利进行。为此，被整合主体的"权属确认、资产核查、债务清算"就成为兼并重组的首要问题，其中理顺产权关系是予以高度重视的问题之一。

（1）被兼并主体的主要产权形式。从实际情况来看，作为被兼并主体的煤矿企业，其产权形式主要有以下几种情况：①国有煤矿。实践中，主要是通过企业的营业执照、中介机构出具的验资报告，以及工商部门备案的企业工商档案来确定国有煤矿的主体资格。②集体煤矿。其中主要有两种类型：一种是乡镇集体所有制的煤矿，还有一种是村集体所有制的煤矿。实践中同样是通过验资报告、营业执照和工商登记档案来确定主体资格。这里需要注意的是，对集体煤矿进行兼并重组，无论是资产收购还是股权转让，都必须得到集体资产产权人的同意。例如，对村集体所有制的煤矿进行处置时，就必须经过村民大会表决通过的法定程序。③联营煤矿。这是指两个及两个以上的法人共同投资组成的煤矿企业，主要包括国有联营煤矿、集体联营煤矿、国有与集体联营煤矿和其他联营煤矿。认定联营煤矿主体资格的依据除验资报告、营业执照和工商登记档案外，还包括相关的联营协议。对联营协议的审查，不仅有助于明确被兼并方的主体资格，而且能够帮助兼并方了解联营双方的权利义务，以防给兼并重组工作及新公司的运作造成障碍。

（2）确定被兼并主体资格的主要问题。产权主体资格的混乱和复杂是一个比较严重的问题，目前在兼并重组协议的签订中部分兼并主体对被兼并方的主体资格问题缺乏足够的重视，实践中部分煤矿实际投资人（实际控制人）不一致使法律隐患风险加大，而企业工商登记文件记载的产权主体并不实际拥有合法的权利，从而使主体在运营中的法律效力存在重大瑕疵。这个问题和情况在乡镇煤矿和村集体煤矿中大量存在，工商部门记载的法律文件是经审核后对商事主体企业资格确认登记的重要文件具有排他的公示公信力，应以营业执照和工商登记档案的记载为准认定被兼并方产权主体资格的。在市场交易过程中，实际控制人通过与工商登记文件记载的产权主体对外开展经营活动，这里需要注意的是：

1）属于基建矿的被兼并主体资格问题。实践中存在的情况是，在2005年实施了资源有偿开采制度后部分企业未完成工商登记，有部分企业在本次资源整合开始时尚处于基建阶段，不具备法人资格。在上一次资源整合尚未彻底完成的情况下，2008年又开始了新一轮的资源整合，煤炭企业从整合到正式生产运营周期长、涉及环节多、办理证照需要循序渐进，特别是矿业权人在两次整合中发生变化的情况也较大，实践中可以凭借证据来确认产权主体的资格证明其合法有效性。例如，根据工商部门出具的登记信息，在煤炭企业原有改制过程中是否履行了必要的程序，改制方案是否经过批复，改制合法与否；认定产权明晰的村集体、乡镇政府和有关部门是否按照法律要求履行了评估和转让审批程序，改制煤矿在办理手续过程中是否提请村民大会进行表决通过等。应当在基础关系确认的情况下，综合相关证据证明煤矿企业产权主体的资格。

2）对待隐名股东间接控制的问题。在原有集体企业改制为有限责任公司后，为规避经营风险存在实际股东和登记股东不一致的情况，法律文件中的名义股东并未对公司实际投资，而名义股东和实际股东又存在利益上的不一致，这种隐名股东关系如果出现，则需要区别对待：

首先，我国民事法律依据公示公信原则保护登记股东利益，因此隐名股东的利益如何维护和实现是作为企业内部事务处理的，由两者共同协商处理解决，与兼并的主体没有法律关联性。在两者之间如果不存在任何能够证明他们之间关系的协议和其他证据，那么依据工商部门的登记记载情况来认定股东资格，其登记情况可以对抗任何第三人。

其次，按照最高人民法院"法释［2011］3号"《关于适用〈中华人民共和国公司法〉》若干问题（三）》的规定，如果双方对合同效力发生争议且没有发生合同无效的情况，隐名股东和名义股东之间约定由实际出资人出资并享有投资权益并订立了合同，以名义出资人为名义股东；那么"人民法院认定该合同有效的情况是，当隐名股东和登记股东由于是否真实投资而引发的财产权利归属发生争议情形。如果是隐名股东履行了实际出资义务并主张权利的情形，人民法院应当予以支持。对于登记的股东以在工商部门备案登记并且记载于股东名册的抗辩时对隐名股东进行否认的情形，人民法院不予支持"。以此说明，隐名股东可以出资协议和实际出资支付情况来主张权利。

3）"十关闭矿"的被兼并主体资格问题。"十关闭矿"是指根据山西省人民政府办公厅《关于在全省开展严厉打击非法开采煤炭专项行动的通知》（晋政办发［2008］60号）实施关闭的十类煤矿，包括：①非法采矿的；②已经吊销证照并确定关闭，但尚未按"六条标准"实施关闭的；③证照不全或过期、停产整顿未经复产验收擅自组织生产的；④超层越界开采、以掘代采的；⑤私自采购、储存和使用非法火工品的；⑥经停产整顿仍达不到安全生产条件的；⑦井下使用三轮车运输的；⑧非法用工，违法承包、转包、以包代管的；⑨用"验收面"应付检查或用"假密闭"逃避监管的；⑩国有重点煤矿井田范围内井田面积小于1平方公里、其他井田面积小于0.8平方公里的，或保有储量主要产煤县不足200万吨、非主要产煤县不足100万吨的（以资源整合储量备案结果为准）。实践中有部分兼并主体将

"十关闭矿"也作为被兼并主体，对其资产进行评估，与其签订兼并重组协议，这种做法是错误的。

"十关闭矿"涉及的十类煤矿中，①至⑨类属于非法违法开采煤炭实施关闭，第⑩类属于资源枯竭政策性关闭。按照晋政发［2008］23号文件的要求，因安全生产事故确定为关闭和资源枯竭、非法违法矿井不得作为基数进行兼并重组，其所剩资源可按《山西省煤炭资源整合和有偿使用办法》（省人民政府第187号令）有关新增资源的规定执行。所以"十关闭矿"不属于此次兼并重组范围，不具有被兼并主体的资格，对于这类矿不能签订兼并重组协议，只能对其剩余资源量进行核查并予以补偿。

总之，在对煤矿企业兼并重组协议进行审查时，基于山西煤矿企业长期存在的产权不清的痼疾，一定要高度重视对被兼并主体产权状况的审查，以防给兼并重组工作埋下隐患，损害兼并主体和新公司的利益，影响社会和谐稳定的大好局面。事实上，本次资源整合的一个重要目的也是为了能够彻底根除煤矿企业产权不清的问题，理顺产权关系，建立产权明晰的现代企业制度。因此，非常有必要对这一问题进行认真审查。

三、整合主体被动签订整合协议

虽然在矿业权整合过程中，实施整合必须以当事人之间的合意为前提，但被整合矿业权的所有人如果拒绝整合，其矿业权期限届满之后就无法再办理延期手续，这就使得被整合的一方处于交易的不利地位。相反，整合主体则从一开始就在交易谈判的过程中居于优势地位。因此，取得整合主体地位对于整合矿区的矿业权人来说至关重要。《国务院办公厅转发国土资源部等部门对矿产资源开发进行整合意见的通知》（国办发［2006］108号）中仅规定，"以规模大和技术、管理、装备水平高的矿山作为主体，整合其他矿山"，但并没有明确确定整合主体的具体标准和形式。《关于进一步推进矿产资源开发整合工作的通知》（国土资发［2009］141号）在此方面进行了细化，但还是将制定标准的权限交给了地方政府。这就导致政府拍板决定整合主体的情形成为确定整合主体的常态①，甚至引发了对"国进民退"的讨论。整合协议主要是指能够证明整合主体与被整合矿业权的拥

---

① 参见《山西省人民政府关于加快推进煤矿企业兼并重组的实施意见》（晋政发［2008］23号）。

有人之间就整合矿业权达成一致的协议。一般来讲，行政机关即使已经在整合实施方案中明确了拟设置矿业权方案，也仍将取得整合主体与被整合矿业权的拥有人之间的整合协议作为矿业权整合的先决条件。

1. 行政文件对整合协议的规定

《国务院办公厅转发国土资源部等部门对矿产资源开发进行整合意见的通知》（国办发〔2006〕108 号）中规定，"凡能够与大矿进行整合的，由大矿采取合理补偿、整体收购或联合经营等方式进行整合"，但该文件中没提出"整合协议"这一具体概念，对整合主体仅限定为"大矿"。之后，中央和地方层面的矿业权整合文件都一再明确和强调整合协议应在矿业权整合过程中作为一个独立的环节。例如，《关于进一步推进矿产资源开发整合工作的通知》（国土资发〔2009〕141 号）中规定，"参与整合的矿业企业在规定整合期限内未达成整合协议的，当地政府可以优先选择符合产业政策和布局规划的下游优势企业作为整合主体"。陕西《关于矿产资源整合工作实施阶段有关事宜的通知》（陕矿整规办发〔2007〕37 号）规定，"新的采矿权主体申请划定矿区范围，需提交原采矿权人之间签订的相关协议"。山西《关于规范煤矿企业兼并重组整合工作进度报表及推进汇报会汇报内容和格式的通知》（晋煤重组办发〔2010〕77 号）中规定，"正式协议签订是指签订了采矿权转让协议和资产转让协议或在协议中已明确了股权比例，对资源、资产处置形成了一致意见，按重组整合前矿井数统计"。在这里我们可以看到，整合协议受行政机关关注的内容就是对"资源、资产处置形成了一致意见"，即整合主体与被整合矿业权的拥有人之间就整合矿业权达成一致。

2. 整合协议的特征

从行政机关来看，其重视整合协议的原因是整合协议可以起到证明整合主体与被整合矿业权的拥有人之间已达成合意的作用。这样，一方面可以加快矿业权整合的进度，另一方面也证明了行政机关整合矿业权，重新颁发新矿业权证的正当性。概括地说，整合协议主要具有以下特征：

（1）协议主体的预先设定性。整合协议中的主体，一方为通过整合实施方案确定的整合主体，另一方为被整合矿业权的拥有人。无论是哪一方，都已由整合实施方案事先确定。

（2）整合模式的多样性。整合模式是整合主体与被整合矿业权的拥有人之间基于哪种方式达成一致。矿业权整合行政文件规定的整合模式主要有兼并、收购、参股、联营等多种方式①。虽然整合主体由整合实施方案事先预设，但在具体的整合协议的内容上，还是比较灵活的。因为行政机关主要关注的是整合主体与被整合矿业权的拥有人之间是否能达成一致，但就参与交易的当事人而言，在没有外力干涉的情况下自然会选择最有利于自身的条件进行磋商并签署协议。在实践中，主要还是采取整合主体收购被整合一方的股权，或者整合主体直接购买被整合一方拥有的矿业权或其他资产的模式来完成交易。这两种方式也能反映出整合主体相对于被整合一方的交易优势地位。

（3）整合后果的物权变动性。在整合协议双方当事人达成一致之后，行政机关依据整合协议，履行划定矿区范围、储量检测、审批开采方案设计等行政程序后②，向国土资源主管部门申请新的采矿权证，实现对矿业权的变动。

3. 整合协议的主要模式

（1）资产收购和股权收购。资产收购是指一家企业以有偿对价取得另外一家企业的全部或者部分资产的民事法律行为。在本次资源整合工作中，资产收购的方式主要有两种：①全部资产收购。即兼并方收购被兼并方的全部资产，被兼并方的煤矿企业清算注销。在此种模式下，原煤矿产权人应负责债权债务的清算、原煤矿的注销工作。②部分资产收购。由于本次兼并重组要求兼并主体控股，因此兼并主体收购部分资产必须实现控股的

---

① 《关于加强煤矿安全生产工作 规范煤炭资源整合的若干意见》（安监总煤矿〔2006〕48号）中规定，"鼓励大型煤矿企业采取兼并、收购等方式整合小煤矿"。《关于深化煤矿整顿关闭工作的指导意见》（安监总煤监〔2009〕157号）中规定，"支持整合（兼并、收购、控股）后的煤矿进行产业升级、技术改造"。《山西省煤炭资源整合和有偿使用办法》中规定，"煤炭资源整合可以采取收购、兼并、参股等方式"。《云南省人民政府关于进一步加强保护与合理开发磷矿资源的若干意见》（云政发〔2008〕169号）中规定，"以大企业、大集团为主导，以资源和资本为纽带，采取联合、兼并、收购、托管、股份制等多种形式，加快推进磷矿资源整合"。《山东省人民政府办公厅关于搞好矿产资源整合实施集约化开采的意见》（鲁政办发〔2006〕52号）中规定，"可通过投资入股、企业兼并、企业收购、联合重组等手段对矿山企业进行重新整合"。《河北省人民政府关于进一步加强矿产资源管理的若干意见》（冀政〔2008〕76号）中规定，"鼓励国有大中型企业（集团）通过联合重组、投资入股、兼并收购等市场手段整合其他矿山的资源"。《陕西省人民政府关于印发陕西省煤炭资源整合实施方案的通知》（陕政发〔2006〕26号）中规定，"鼓励大型煤炭企业采取兼并、收购、参股等方式整合小煤矿"。

② 各省具体办事程序并不完全相同，但在依据整合协议方能继续在行政审批流程上并没有什么区别。

目标。在实践中，兼并方收购煤矿的大部分资产，并将其投入新公司中，以实现对新公司的控股。被兼并方的产权人愿意在新公司入股，可将剩余的资产投入新公司，并将原煤矿企业清算注销。

股权收购是指兼并方对被兼并方股东股权的收购。在实践中，兼并方既可以收购被兼并方股东的全部股权，也可以收购部分股权达到控股地位，在后一种情况下被兼并方的股东可以参股到新公司。

（2）兼并重组模式不同带来的问题。在兼并重组过程中，不同的兼并模式对协议的签订有着不同的要求，对协议双方的权益影响也各不相同。根据实践工作的经验，主要有以下几个问题：

1）签约主体的确定。这里所说的确定签约主体主要是针对被兼并方而言。首先需要明确的是，资产收购协议的主体是作为买卖双方的两家企业，而不包括股东在内，客体是被兼并方的资产，因此签约时，被兼并方的签约主体是企业，而非股东或产权人个人。股权收购的客体是被兼并方股东的股权，因此签约时被兼并方的签约主体应为股东。实践中，兼并主体与谁签订协议曾经是一个比较突出的问题，集中表现在是与《重组整合方案》中确定的企业签还是与股东签。由于在这一问题上的认识混淆，部分协议的签约主体出现了问题。如在部分资产收购协议中，被兼并方的签约主体不是企业，而是股东，这里混淆了企业资产和股东资产的界限。这类协议的签约主体无疑是不适合的。

2）关于风险控制。在实践中由于认识上存在误区，部分兼并主体倾向于采用资产收购的方式完成兼并，原因是他们认为资产收购方式将债权债务处理作为被兼并方的义务，能够降低兼并主体的债务风险。因此，在兼并重组协议中通常会做出由被兼并方承担原企业债务的约定。但事实上，这种认识是不全面的，往往会埋下债务纠纷的隐患。有部分被兼并方的产权人拿到协议价款后，不去处理原企业的债务问题，致使原企业的债权人向兼并主体和新公司追偿而形成重大的风险，严重影响了兼并主体和新公司的权益和正常运行。

3）关于收购成本。资产收购和股权收购两种模式在收购成本上也存在较大的差异。在收购价款方面，股权收购进行的是企业净资产评估，现金成本较低。资产收购进行的是实物资产评估，价款金额较高。此外，由于资产收购涉及所收购资产权属的转移，因此程序较为复杂，所带来的成本也较高。

总之，兼并模式的选择是兼并重组工作中一个至关重要的问题，直接关系到交易成本的高低和协议双方的权益，兼并主体与被兼并主体应根据实际情况选择适合的兼并模式。

四、煤矿企业债权债务法律问题

煤炭资源整合的结果直接导致原公司的债权债务发生变化，当事人往往借并购之机，恶意逃废债务、侵害债权人合法权益的现象时有发生。《公司法》第一百七十四条规定，公司之间的合并应由各方签订合并协议，应当于 30 日内在报纸上公告，同时在合并决议起 10 日内通知债权人，编制资产负债表及财产清单。因此，无论采取何种形式并购，被并购企业的债务应全部由并购后的企业承担。法律规定合并前应当公告，债权人接到通知可以要求清偿债务或者提供相应的担保，只要债权合法且在诉讼时效内，债权人仍可以要求整合后的公司承担。

1. 通过企业兼并侵犯债权人利益的现象严重

现实中，通过企业兼并侵犯债权人利益的现象非常严重，甚至可以说，被兼并方实施企业兼并的目的之一就是为了逃避债务，是企业兼并的"应有之义"。中国人民银行的调查报告显示，一些地区和企业利用各种手段逃避债务的现象非常严重，而逃避债务的手段又以企业兼并为最。通过对各地煤矿法律尽职调查报告的审查和法院已发的协助执行通知的分析，基本可以得出以下结论：在以煤矿企业兼并重组为代表的煤炭资源整合中，许多煤矿已经资不抵债，特别是一些资料不全、账目不清、资产负债不明的小煤矿拖欠债务现象非常严重，更可怕的是被兼并煤矿极力隐瞒债务，或有负债情况极为普遍。现实中并购方式的选择偏差更让被兼并煤矿逃避债务的目的成为可能。从实践来看，各煤矿主要采用两种方式，即净资产收购和实物资产收购，前者是我们提倡的兼并方式，而后者作为兼并方式存在巨大隐患。这两种方式在债务承担方面的最大区别在于前者的债务由兼并主体承担，而后者的债务是由被兼并煤矿自己处理。现实中兼并主体和被兼并方往往都愿意选择实物资产收购方式，原因是这种方式简单易行，省去好多程序，兼并主体可以尽快实现兼并，而被兼并方则可以尽快拿到交易对价。采用实物资产收购方式的企业拿到收购资金后应当启动公司的清算程序，对公司的债务进行清偿，但是现实中被兼并煤矿的所有人或承包人拿到收购资金后往往"携款潜逃"，使公司清算程序迟迟不能进行，债权人的利益将受到损害。当债权人在实际债务人那里无法实现债权的时候，按照《公司法》的规定，债权人就会找到被兼并煤矿的继承公司实现自己的债权，而继承公司按照《公司法》规定负有替代偿还的义务，之后再向被兼并煤矿的股东追偿，由于被兼并煤矿的股东已经"携款潜逃"，最终受损失的是继承公司或兼并主体。

2. 企业兼并中的债权理论分析

（1）企业兼并中债的分类。煤炭资源整合中所涉及的企业债务可以分为两类，一类是内部债，另一类是外部债。内部债主要是指被兼并企业拖欠内部员工的工资、保险和其他费用。外部债又分为两种：一种是国家债，另一种是普通债。

1）内部债是指被兼并企业拖欠内部员工的工资、养老保险、医疗保险、报销费用等。这些费用和工资一般不被看作债的范畴，因为企业员工还属于公司的内部人员，是企业的一部分，而债一般认为是对外所应承担的偿还义务或享有的请求偿还的权利。但是本次煤矿企业兼并重组，被兼并煤矿最终要清算、要消灭，企业内部员工的利益在煤矿企业兼并重组中更应体现为一种与企业的合同关系，员工享有的权利应与企业严格分离。因此，被兼并企业所欠企业员工的工资和各种保险费用可以看作企业对员工所欠的债务。

2）国家债是指被兼并企业欠缴国家的各种税费。由于煤矿企业的特殊性质，国家债是煤矿企业所欠各种债当中最关键的一部分，整合过程中欠缴煤炭资源价款和各种税费的现象大量存在，且数额较大。实践中欠缴国家的各种税费不被看作企业对国家应承担的债务，也不具有担保等一般债务的特性，企业清算时也将偿还这部分税费前置于普通债务。但是从平衡公权与私权的角度出发，也可以将企业所欠国家的税费看作企业对国家应当承担的债务。

3）普通债即狭义的债，是指被兼并企业对外所欠银行、法人或个人的债，通常表现为金钱。普通债是煤矿企业兼并重组中的兼并主体最应当防范的一种债务，特别是对被兼并企业中的中小煤矿，它们往往没有健全的财务制度，甚至有些煤矿无账可查，企业对外究竟欠多少债务无人知晓，甚至连企业的实际经营者都不能准确统计，因此对于兼并主体来说，如何防范这部分债务就显得格外重要。

从山西省煤炭资源整合总体看，在此次煤矿企业兼并重组过程中，规范签约各方债权债务问题时，都包含了以上三方面的债，普通债体现在债权债务条款，国家债体现在煤炭资源价款的补偿和各种税费的缴纳问题，而内部债则体现在签约各方对于职工利益的妥善解决。通过全面地规范债权债务签约问题，保证在债权债务问题上不给兼并重组后的公司带来遗留问题。

（2）保护第三人债权应当适用的原则——公平兼效率。提高社会生产效率是公司产生的原因，传统的公司理念和《公司法》的设置都是以提高社会生产效率为追求目标的，因此《公司法》的设置以保护股东利益、鼓励社会成员创办公司为原则，在人们纷纷创办公司形成激烈竞争的环境下促进社会生产力的发展，其集中表现就是有限责任公司。在有限责任公司中，股东只需要以其投资为限承担责任，进入破产程序也以其公司现有资金为限偿还债务，实践中债权人的利益往往得不到保障，普通债权人在进入清算程序后一般最多能得到原先债权的10%。在经营过程中，股东所操纵的资金有一大部分是借贷而来，也就是说债权人不能通过自己的资金实施经营，而经营的风险却要由债权人来承担，公司股东会以自己的有限责任为"面纱"侵害债权人以及其他股东的利益。因此，如果仅以上述理念经营公司，债权人的利益将无法得到保证，《公司法》的设置也就失去了公平。于是现代各国对于《公司法》的制定和修改都围绕着如何保护债权人的利益、如何维护社会公平而进行，赋予债权人相应的知情权、异议权和撤销权，以对抗公司股东的有限责任，实现提高社会生产效率的同时兼顾社会公平。

结合煤炭资源整合工作，公平兼效率的原则更应当得到广泛的尊重。煤炭资源整合和兼并重组从《公司法》角度讲属于私权控制的范畴，是兼并主体煤矿与被兼并煤矿双方合意的结果，应当本着意思自治的原则进行，但是本次煤矿企业兼并重组工作并不是个别煤矿之间的兼并重组，而是山西政府的重大决策，是国民经济的重大战略调整，也是转型发展的必经之路。因此在实施煤矿企业兼并重组工作过程中，既要做到公平地维护股东和债权人的利益、股东之间的利益，平衡兼并主体与被兼并主体之间的关系、企业与职工的关系、企业追逐利益与社会责任的关系，同时也要强调企业兼并重组的快速便捷，节约兼并成本，强调维护山西全省经济乃至全国经济的发展利益。

（3）债的相对性与债务随资产转移理论。债的相对性是针对债的效力范围而言的，传统民法理论认为债普遍具有相对性，不具有对抗第三人的效力，债是特定主体之间根据合同的约定或法律的直接规定而建立的权利义务关系。债权人只能向特定的债务人行使债权，无权向第三人行使债权；债务人也只能向特定债权人承担债务。向第三人支付债权标的物不能使债务消灭，但是如果严格按照债的相对性处理债权债务关系，将会使债务人恶意利用债的相对性原理损害债权人的利益。例如，债务人将自己的优质资产转移给第三人或债务人被第三人兼并，债务人主体资格消灭，会使债务人偿债能力降低，甚至不具备偿债能力，如果按照债的相对性原理，债权人又只能向债务人行使债权，这样将会使债权无法实现。

债务随资产转移理论就是为了弥补债的相对性的弊端而产生的。我国确立债务随资产转移理论是在最高人民法院于2003年颁布的《最高人民法院关于审理与企业改制相关的民事纠纷案件若干问题的规定》（法释〔2003〕1号）中，该规定第六条和第七条都明确指出了新设公司的连带责任。第三十一条规定，"企业吸收合并后，被兼并企业的债务应当由兼并方承担"。第三十三条规定，"企业新设合并后，被兼并企业的债务由新设合并后的企业法人承担"。以上条文表明，企业兼并重组应当适用债务随资产转移理论，以保护债权人的利益。本次煤矿企业兼并重组，有些兼并主体为了提高兼并进度采取资产收购的方式对被兼并煤矿实施兼并，资产收购与企业合并的最大区别在于兼并过程不涉及被兼并方的债权债务问题，但这恰恰为兼并主体及新成立的公司埋下了隐患。资产收购的本意是将债权债务问题留给被兼并方处理，但兼并主体支付兼并对价之后，被兼并方不偿还债务时，根据债务随资产转移理论和我国的相关法律规定，债权人可以要求兼并主体或新成立的公司先行偿还，这意味着兼并主体支付兼并对价之后还要替债务人偿还债务。

3. 债务风险问题

按照国务院《关于加快推进煤矿企业兼并重组的若干意见》（国办发〔2010〕46号）的要求，煤矿企业的兼并重组要"维护企业和社会的和谐稳定，严格依照有关法律法规和政策规定妥善处置债权债务关系，落实清偿责任，确保债权人、投资者的合法权益"。可见，债权债务问题的处理不仅关系到协议双方的利益，同时也关系到社会和谐稳定的大局。实践中，采取相应的风险防范措施，绝大多数兼并重组协议都设置了债务风险防范条款，在兼并重组工作中必须高度重视债务风险问题，这些条款是否可以帮助兼并主体有效防范债务风险，达到预期的目标，由被兼并方承担相关的债务责任，需要结合实际情况进行具体分析。

实践中，兼并重组可能出现被兼并方法人资格继续存续或灭失两种截然不同的结果，不同情况下债务的承担主体和方式也会有很大区别。一般情况下，兼并重组后，如被兼并主体的法人资格消灭，其债权债务由新企业承继；如被兼并主体法人资格存续，其债权债务则根据资产负债分割情况由被兼并方和兼并方承担。如本文所述，本次兼并重组主要采取了两种方式：资产收购和股权收购，兼并重组模式的不同与债务风险的承担有着直接关系。鉴于这种情况，为了能够有效地防范兼并主体的债务风险，在对兼并重组协议的拟定和审查中，需要注意以下两方面的问题：

（1）在煤炭资源整合中应有关于公告事宜的条款。根据《最高人民法院关于审理与企业改制相关的民事纠纷案件若干问题的规定》（法释［2003］1号），企业兼并参照《公司法》的有关规定，公告通知了债权人。根据《公司法》第一百七十四条的规定，公司应就合并决议相关内容通知债权人，当债权人接到通知后30日内或者未接到通知的自报纸上公告45日内，有权要求公司提供相应的担保或偿还债务。公告是兼并主体有效预防承担被兼并方隐瞒逃避转嫁债务的法定手段，企业吸收合并后，债权人就被兼并企业原资产管理人（出资人）隐瞒或者遗漏的企业债务起诉兼并方的，如债权人在公告期内申报过该笔债权，兼并方在承担民事责任后，可再行向被兼并企业原资产管理人（出资人）追偿。如债权人在公告期内未申报过该笔债权，则兼并方不承担民事责任。人民法院可告知债权人另行起诉被兼并企业原资产管理人（出资人）。被兼并方的债权人在公告有效期内申报债权的，被兼并主体、兼并主体和债权人可依据兼并重组协议的约定，达成三方协议，及时处理被兼并主体的债务，防止兼并企业承担"替代偿还"的责任；被兼并方的债权人在公告有效期满之后提出的债权主张，兼并主体不负有"替代偿还"的责任。在兼并重组协议中应约定被兼并方进行公告的义务，至于由谁进行公告法律并未做出强制性规定，实践中部分兼并主体也可进行公告兼并重组工作。

（2）如前文所述，实践中一旦兼并主体向被兼并主体的债权人承担了清偿责任，再向被兼并主体追偿时，被兼并主体如果丧失了清偿能力，相关约定条款就无法实际得到兑现，兼并主体或新公司的利益就会受到很大的损害。很多合同都有"被兼并方的债务由其自行处理，与兼并方无关"的约定，虽为防范这种风险，但这一约定其实并不能为兼并主体起到"防火墙"的作用：第一，在兼并中可以以协议价款或新公司的股权（如果被兼并方或其股东、产权人在新公司入股）作为担保，但应设置被兼并方履行自身债务的担保条款。第二，根据《关于加快兼并重组整合煤矿企业注册登记若干问题的意见》（晋政办发［2010］60号），还可以在约定中要求被兼并主体尽快清算注销，解决债权债务问题①。

五、整合过程中的职工利益问题

职工安置问题关系到社会的安定团结和资源整合的进程，《民法通则》第四十四条第二款规定，"企业法人分立、合并，它的权利和义务由变更后的法人享有和承担"，这也是人民法院或仲裁机构在处理企业并购后因变更、解除或续签劳动合同引起争议的过程中所遵循的基本法律原则。整合过程中应当考虑被整合企业的劳动人事状况、相关法律法规以及当地政府的具体规定。明确并购方对目标企业的职工要承担什么义务，安置职工的费用支出是多少。既要防止安置费用过高给企业造成财务负担，又要防止安置费用过低激化劳资矛盾，造成群体性事件②。

1. 相关劳动合同的概括继承

在煤炭资源整合过程中，煤矿企业实施兼并重组后企业职工应当如何安置的问题应当说已经形成了统一认识，即采取吸收合并方式实施兼并的，由兼并方继承劳动合同关系；采取新设合并方式实施兼并的，由新成立的公司继承劳动合同关系。这样的做法是有充分法律依据的：首先，《民法通则》第四十四条规定，"企业法人分立、合并，它的权利和义务由变更后的法人享有和承担"。《公司法》第一百七十五条规定，"公司合并时，合并各方的债权、债务，应当由合并后存续的公司或者新设的公司承继"。其次，《劳动合同法》第三十四条规定，"用人单位发生合并或者分立等情况，原

① 该意见要求，资产收购中约定债权债务由被收购企业负责清理的，整合煤矿登记前须先办理被收购企业的清算注销或经营范围等相关登记事项的变更。该意见的这一要求，既说明了资产收购中被兼并方清算注销的重要性，也从侧面说明了这种对债务的约定其实是不能免除兼并主体和新公司的债务清偿责任的，所以才要求原煤矿企业清算注销。

② 曹志东：《煤炭资源整合中的法律风险防范与控制》，《中吕律师事务所所刊》2010年5月。

劳动合同继续有效,劳动合同由承继其权利义务的用人单位继续履行"。在这种情况下,原煤矿职工的安置问题就不只是各煤矿之间的事情,而是上升为一个社会问题,因此政府在此方面做出相应的引导性工作,防止大量煤矿工人下岗或下岗后再就业困难的情况。如《中共长治市委长治市人民政府关于加快推进全市煤矿企业兼并重组整合关闭工作的意见》(长发〔2009〕13号)明确规定,"兼并重组整合主体企业继续承担被兼并重组整合煤矿企业承担的社会义务,继续完成被整合煤矿企业现承担的新农村建设、地质灾害治理等工程,并承担今后若干年形成的地质灾害治理责任,负责妥善安置被兼并重组整合煤矿企业职工"。

2. 劳动合同继承的裁员问题

如果认为煤矿企业兼并完成之后,兼并主体或新成立的公司概括继承了被兼并煤矿的职工,职工安置问题就得到了解决,实践中并非如此。兼并重组的目的是为了提高效率,兼并重组后必然会产生大量的冗员,裁员也就不可避免。这里之所以称裁员而不是解除劳动合同,是因为裁员和解除劳动合同对于当事劳动者而言结果是一样的,但是两者从社会角度考虑存在一定的区别。解除劳动合同多是指企业与个别劳动者之间的关系,而裁员包括政治性裁员和经济性裁员,多是指企业大规模地与劳动者解除劳动合同,如果处理不当会引起社会动荡,特别是这次煤矿企业兼并重组,会产生大量被解除劳动合同的劳动者,如何解决被裁员劳动者的再就业问题,不仅是企业需要考虑的问题,同样也是政府需要干预的政治问题。

(1)在合同中约定概括性继承劳动合同。煤矿企业兼并双方应当在合同中约定由兼并重组后的公司概括继承被兼并煤矿职工的劳动合同,并且承诺尽量减少公司裁员;同时,在解除劳动合同之后在同等条件下优先录用被兼并煤矿的职工。此条款在合同中的约定是对兼并重组后的公司的约束,也是对被兼并煤矿职工的一个交代,对兼并重组工作的顺利进行具有重大的推动作用。

(2)明确裁员的前提条件和法律程序并严格按照程序执行。我国《劳动合同法》第四十一条规定,"有下列情形之一,需要裁减人员二十人以上或者裁减不足二十人但占企业职工总数百分之十以上的,用人单位提前30日向工会或者全体职工说明情况,听取工会或者职工的意见后,裁减人员方案经向劳动行政部门报告,可以裁减人员:①依照企业破产法规定进行重整的;②生产经营发生严重困难的;③企业转产、重大技术革新或者经营方式调整，经变更劳动合同后，仍需裁减人员的；④其他因劳动合同订立时所依据的客观经济情况发生重大变化，致使劳动合同无法履行的"。企业兼并重组应当属于"客观经济情况发生重大变化"。另外，根据我国《劳动合同法》和《企业经济性裁减人员规定》，在程序上应当履行听取工会或者全体职工意见、向劳动行政部门报告、留用和优先录用等相关程序。

（3）对原企业劳动者应当提供岗前培训机会。企业兼并使劳动者原有的工作环境和技术要求发生变化，为使所有被继承劳动合同关系的劳动者都能得到公平的上岗机会，兼并保留企业应当给这些劳动者统一的岗前培训机会然后进行考核，通过统一公平的考核程序选拔出合格的劳动者和不合格的劳动者，进而以此为标准进行公司裁员。这样做的目的是充分考虑多种因素的前提下使劳动者的选拔和裁减尽量做到公平、公开、公正。

（4）给予被裁员者一定的经济补偿。企业兼并所带来的企业裁员使一部分劳动者丧失了劳动机会，企业给予这部分劳动者一定的经济补偿是无可争辩的，但是经济补偿应当包括哪些方面、如何计算必须明确。企业裁员经济补偿应当包括三方面的内容：劳动贡献补偿、失业补偿和特殊补偿。劳动贡献补偿是对劳动者在劳动关系存续期间给企业所做出贡献的补偿，这种补偿类似于退休金，是对劳动者工作期间工作的肯定，以及对劳动者剩余价值的返还。此项补偿应当与劳动者的工龄和职位相联系。失业补偿是劳动者因劳动合同的解除而导致失去原劳动合同所约定的劳动机会的补偿。此项补偿应当与劳动合同剩余未履行期限相联系。特殊补偿是对劳动合同终止时有病伤未愈等特殊困难的劳动者所给予的经济补偿，除了劳动者因有过错行为而被辞退以外，在劳动合同终止时，应当支付这种补偿。

3. 职工的妥善安置

职工安置问题不仅关系到兼并主体和新公司的切身利益，而且与社会的稳定和谐息息相关，因此在兼并重组协议中设定职工安置条款是十分必要的。从我国目前关于企业兼并中职工安置问题的法律规定来看，兼并后的企业对原企业职工的安置有一定的法律义务。如《劳动合同法》第三十四条规定：用人单位如果发生合并或者分立等情况，原劳动合同继续有效，劳动合同由承继其权利和义务的用人单位继续履行。《关于企业兼并的暂行办法》规定：在目前社会保险制度还不健全的条件下，被兼并方企业的职工，包括固定工、合同工和离退休职工，原则上由兼并方企业接收，在确定资产转让价格时要考虑这一因素。《工伤保险条例》第四十三条也指出：

用人单位分立、合并、转让的，承继单位应当承担原用人单位的工伤保险责任；原用人单位已经参加工伤保险的，承继单位应当到当地经办机构办理工伤保险变更登记。

从以上法律法规的规定可以看出，对于签订了劳动合同的职工，兼并重组后原劳动合同继续有效，如果兼并主体或新公司想要解除劳动合同，可能就会涉及经济补偿的问题。如果原企业用工不规范，如在实践中，煤矿企业用工的流动性较大，很多企业并没有按照《劳动合同法》的规定与职工签订劳动合同，这样就会存在给予职工双倍工资、订立无固定期限劳动合同和受到劳动部门处罚等风险。此外，还包括工伤职工和欠缴社会保险费用等问题。这些劳动用工风险所带来的额外支出都有可能转嫁给兼并主体或新公司承担，如处理不好就会成为影响社会稳定、人民安全的隐患。这就需要兼并主体详细调查被兼并主体的劳动用工状况、可能存在的风险成本，并在兼并重组协议的相关条款中做出妥当的安排，尽可能地由被兼并方完成对本企业职工的安置。基于这样的考虑，在审查兼并重组协议中的职工安置条款时，一方面要明确兼并主体和新公司应承担的法定义务，另一方面也要防止被兼并方利用协议转嫁风险，可约定由被兼并方处理本企业的劳动用工问题，以防给兼并主体和新公司带来过多的负担。需要注意的是，无论做出何种安排，职工安置条款的内容一定要经被兼并企业职工代表大会审议通过。总之，职工安置问题是决定煤矿企业兼并重组工作成功与否的重要因素，若处理不当，极有可能引发严重的后果。因此，对兼并重组协议中职工安置条款的设置既要防止给企业造成财务负担，又要防止因安置不妥激化劳资矛盾，影响社会稳定。

六、煤炭资源整合对企业资产变动的影响

目前中小煤矿暴露的问题只是滥采滥挖、缺乏安全投入、低回采率、偷税漏税等经营过程中出现的问题。煤炭资源的整合意味着转让小煤矿的采矿权款项数额巨大，中小采矿权人对并购价格不满，或漫天要价，或做"钉子户"的事例也屡见报端。在资源整合过程中缺乏让小矿主们可信服的资产评估机构，影响到了整合的顺利进行，价格之争的背后，是双方不对等的地位。在市场经济条件下，并购应该是双方按照我国《公司法》及相关法律法规的规定通过合意达成共识，实现权利的共赢，而不应该是一方

利用垄断优势或政策优势获利。资产收购模式下，原股东（或实际控制人）主要以保留的实物资产，或者出售实物资产的货币收入，作为对新设公司的出资，与被整合煤矿企业的权益状况（特别是债权债务）并不存在直接关联。股权重组模式下，实施增资则脱离不了被整合煤矿企业的权益状况。

1. 股权重组模式下制约增资的因素

（1）被整合煤矿企业净资产的潜在损失事项。煤矿企业兼并重组整合中，资产评估及核准环节原本就百费周折①，无论是先收购51%以上的股权后再实施等比例增资，还是直接参照被整合煤矿企业的股东权益直接以现金方式增资实现控股51%以上，都与被整合煤矿企业原有权益状况存在关联②。尽管经核准确认甚至评估结果已经确定，主体企业和被整合煤矿企业原股东（或实际控制人）的博弈无处不在，主体企业基于国有资产监管方面的风险防范考虑，往往对被整合煤矿的资产现实减值、隐性债务承担等情形存有很大顾虑。例如，一个被整合煤矿存在一笔1700万元的连带保证担保，尽管尚未被法院判决承担保证责任，但因债务人已没有偿债能力，主体企业认为该项资产损失是"必然"的，进而要求在已经核准的净资产当中将该部分予以扣减，然后以剩余值作为基数对目标公司实施增资，却遭到了目标公司原股东的反对，从而造成兼并重组整合工作进度搁置受阻。

（2）重组合作方坚持股权比例之间与投资意愿或能力不足的矛盾。由于山西加大了煤矿企业治理的力度，原股东或实际经营控制人在产能提升、设备更新、矿井改扩建方面的投资规模普遍很大，在被整合煤矿原股东或实际控制人一般都要参与重组的股权重组模式下，主体企业往往从矿井实际经营角度考虑，并在参股51%范围内调整股权比例，也希望原股东或实际经营控制人能够参与重组后公司的经营。兼并重组资源整合价格上涨所带来利润的相当一部分投入煤矿形成了固定资产并加大投入，加之整合后煤矿的生产能力和生产规模均有了大幅度提升，随之而来的大规模投资往往导致股东能力不足而推进困难③。实践中无疑会增大企业重组的成本，主体企业往往只能先追求公司注册成立但又不能在股权持股比例上有所改变，

---

① 据了解，资产评估成为制约山西兼并重组整合整体进度的首要因素。在许多地方，资产评估过程中的利益博弈直至最终结果产生，往往耗时一年以上。

② 根据山西省煤炭企业兼并重组整合的政策要求，主体企业须实现对整合后煤矿企业的控股经营，实务操作中往往以持股51%以上作为兼并重组实施的目标。

③ 王丽霞、郝晓洁：《煤企股权重组模式下的增资问题解析》，《经济问题》2012年5月15日。

各方股东往往由于资本的拮据出现屡次增资的情形，参股企业如果增资不到位可能面临被主体企业稀释股权比例的情形。

（3）被整合煤矿企业产权存在复杂关系。在资源整合过程中，我们经常可以看到被整合煤矿存在承包、租赁和转承包的普遍情形。如一个被整合的煤矿企业是村办煤矿改制而来的，有村委会和一个自然人两个股东（其中自然人股东并未实际出过资），但存在两次转包情形。名义股东、实际控制人由于彼此之间的沟通不畅，在进行整合过程中要与原登记公示出资人达成一致约定，但如何协调他们的关系成为主体企业自身难以化解的问题，保持实际控制人在公司重组过程中作为股东，最后由企业和名义股东达成直接增资现金协议，主体企业不得不花费大量的精力对名义股东与实际股东的法律关系予以鉴别处理，并促使名义股东在股权转让后由实际股东进行变更登记。实际控制人对企业和名义股东有关增资协议和签订股权转让协议的实施进展也多有不顺利，使得煤炭资源整合的整体方案履行困难。

（4）采矿权价款补偿资金的处置。由于建设资金的筹措困难，需要采矿权价款补偿资金以增资方式再投入公司，通常主体企业采用增资的方式将支付给原出资人的补偿金投入目标公司。但在股权收购和直接增资下存在一些差别：主体企业按照股权收购的比例在股权收购模式下，该转让股东（若参与重组）可将该补偿资金直接用于出资，有关采矿权价款补偿资金可以直接核定。问题是，如不发生股权转让的企业是否可以将采矿权价格补偿基金支付企业原有的股东？从直接增加资本而没有股权转让的实践来看，根据山西省人民政府办公厅转发的《省国土资源厅关于煤矿企业兼并重组整合资源的采矿权价款的解决方案的通知》（晋政办发〔2008〕83号）规定来看，补偿基金是应被计算为煤矿企业"增值"的一部分，如被整合方认为增值部分属于公司，整合主体自然无法将增值部分资金用于直接向股东支付。在此基础上，原先设计的两次增资方案或由主体企业一次以现金方式增资到位，先由整合的企业通过整合股东利益采用煤炭资源价款以外的补偿价格实现资本增值，然后由获得补偿企业和整合主体实施同比增资。这种方法使得增加的注册资本数额有限，调整股东权益的矿业权补偿成本是一次性计入股东权益的，不能满足施工后期的投资需求。

上述因素往往存在于煤炭整合工作，使注册资本增加带有诸多的困难，而没有资金的保障，煤矿的基建技改工作就无法完成，导致项目建设难度增大。

2. 资源整合后新公司增资的实现方式

在当前煤矿企业兼并重组整合的实务操作过程中，对新公司的增资主要通过以下几种方式实现：

（1）股权收购后再等比例增资。煤炭资源整合从实现产权主体多元化角度，鼓励原产权人参与重组后新公司的经营管理，在实务操作中多以参股形式进行，原股东转让股权所得通常包括三部分：①根据晋政办发〔2008〕83号文核算出的剩余资源采矿权价款退还及补偿部分；②不含采矿权价款部分的净资产转让价款；③原产权人根据新设公司建设资金而确定增资的规模，以增资所得投入新公司中，此外还有一些涉及评估外资产的溢价补偿。

这种增资方式具体包括：第一，被整合煤矿企业股权结构比较清晰，实际控制人（隐名股东）和工商注册股东之间就增资事项达成一致意见，不存在例外情况；第二，能否增资的条件有赖于企业净资产评估结果与后期增资规模较为匹配，新公司涉及的股东无论是控股还是参股，其主观意愿和能力均有较为可靠的保障；第三，资源赋存条件和储量情况较好，参股股东和国有整合主体均持有乐观态度且对未来充满预期。具体操作过程中，个别企业签署《评估外资产补偿协议》或《补充协议》，在新公司三会召开时，完成增资所需的股东会决议签署《增资协议》、《股权转让协议》、《采矿权价款退还及补偿协议》。

（2）对目标公司直接增资以股东权益为基数。这种方式是在评估目标公司股权价值的基础上，由整合主体配置相应的增资资金而取得相应的股权，这与先受让股权再增资具有明显的区别，从方案设计和实际增资操作来看更加简单便捷，但在实务中有诸多应考虑的情形。首先，被整合煤矿的产权不清晰可能导致名义股东和实际控制人不一致的情形，致使国有整合主体担心支付错误而导致国有资产流失。例如，很多公司原先只有村集体一个出资人，煤矿企业是由村办集体矿改制过来的，但将一些个人（通常是企业管理者）登记为"挂名股东"是为了满足旧《公司法》需两名以上股东的法定要求而成立有限责任公司。此外，承包经营人实际上是近几年来煤矿投资的主要来源，此种类型的改制后煤矿往往存在着承包经营问题。在此次兼并重组中，如不能很好地处理名义上的企业产权主体和与之无关的实际控制人的权益，工作推进将十分困难。

国有投资是在被整合煤矿原有权益基础上新增进入的，若采用此种方式可以避开因前期受让51%以上股权时潜在的风险，如原由出资人产生财务或有事项不会影响整合主体进入的股权。但可能导致谈判成本的增大以及难度的加强，在此种方式操作中：①产权和控制权因素要进行详尽的尽职调查，特别是对被整合煤矿的历史情况；②对账面反映出的关联债务等情况全面厘清，特别是对实际控制人的投资情况；③对新公司章程、管理经营、权益分配等由股东达成一致意见，为股东依据持股比例参与经营创造条件。

这种模式下，企业的注册资本和股东认缴实缴资本可能存在较大差异，使企业的资本公积发生较大的变化。例如，整合主体企业为煤矿建设依据所需建设资金进行投入，但目标公司的注册资本因股权没有调整而未进行变化，在目标公司注册资本实收不足千万元的情况下，也许全部股东权益经评估达上亿元；存在将"资本公积"部分再行转增"注册资本"的情况是为适应公司成立后对外融资等发展需要。

（3）自然人股东与主体企业共同增资再组建持股公司。在煤炭资源整合中，城镇集体所有制煤矿是一种特殊的被整合企业。在重组的过程中大量存在通过股权信托而建立的员工持股基金会形式，诸多企业在改制过程中由于没有法律依据而无法确定权利归属状态。虽然员工持股基金会有利于提高企业的生产积极性、管理民主水平和保护职工经济利益，但同时也导致员工股份信托管理成本的增加、决策目标的低效率等诸多问题。国有整合主体在实践中往往通过产权界定方式明确职工信托基金的来源依然是属于国有资本，从而使职工返回持有的股份而提高公司治理的效率，在依法运营的过程中减少小股东的参与和弱势群体保护问题。但是，在煤炭资源整合中要求城镇集体经济的职工持股退出可能导致"歧视"风险存在，在实践中往往采取公司的原股东成立新公司，并以此作为股东和国有投资主体共同进入组建运营公司的模式。

集体煤矿由于规模和资源有限等原因，企业的资产质量差且债权债务负担重，因此新组建的持股公司增资能力不强，导致原股东可以获得的股权转让所得较少。因被整合煤矿为其他企业提供担保形成了或有负债，由于债务人已不具备偿还能力，国有重组主体认为担保责任承担已成定局，希望在交易中核减企业净资产；而原股东则认为，毕竟担保责任尚未明确，提前进行扣减难以接受。因此，在此种方式下进行新公司组建并完成增资，需要解决诸多问题。

七、产权混同及主体不确定的问题

由于山西煤炭企业经营的历史原因，虽然国有企业占主导地位，但是大量的煤炭企业是乡镇村委所有的集体企业，这些企业为应对煤炭资源整合多数在政府的推动下于 2007 年完成了公司化股份改制①。从形式上看，大多数是由长期投资经营煤矿的承包经营者通过受让村集体的出资，在缴纳资源价款的基础上以评估净资产方式收购原出资人的全部投入，并以受让的资产作为出资而设立有限责任公司，并通过有限责任公司方式取得煤矿采矿权。从转让的形式看，兼并重组工作中的被兼并方应当就是这些依照《公司法》等相关法律规定成立的煤炭生产企业，此类企业有完全的采矿权转让及资产出售的主体资格，这种受让采矿权购买资产的行为是符合法律规定的。对原来采矿权转让协议以及村镇资产转让进行审查，发现了一个普遍的问题，兼并主体企业可以对其进行整合补偿，取得相应产权。原来采矿权、资产的受让企业在受让这些产权时没有支付相应的对价，甚至有些地方虽然在企业工商注册登记时申报的方式是通过受让的净资产出资设立的，却不能提供资产转让协议的原件，查阅不到村民集体处置资产决议等资料，不能出示受让净资产支付转让价款的凭证②。这些煤矿为了完成改制任务注册登记而"写了"一系列的改制方案、批复，在办矿初期，缴纳采矿权使用价款均是由承包人付款承包给了自然人个体，并不是在真正意义上完成了改制。在形式发生改变后，每年向乡政府按照每吨煤数元的标准缴纳补偿费，实际仍需按照原签署的《煤矿采矿权转让协议》约定经营煤业。整合企业要进驻整合，当地乡村政府、村民认为这些煤矿是被承包的，这些企业生产经营时支付的费用是承包费，煤矿的产权仍然是乡村的，仅对现煤矿业主资产补偿是不够的，必须继续向乡村缴纳补偿费，或者在本次整合中支付一定的产权转让款项一次性结清，否则当地村民将干扰企业的正常生产③。

---

① 胡文国、吴栋、李乐夫：《我国煤炭行业管理体制研究》，《煤炭经济研究》2006 年。
② 李德全、翟新献：《小煤矿煤炭资源特征及其整合问题》，《能源技术与管理》2007 年。
③ 康保民、王治现：《资源整合小煤矿重组后存在的问题及其对策》，《中州煤炭》2007 年。

公司作为企业法人有独立的法人财产，煤矿企业拥有对该煤矿的产权。根据我国《公司法》规定享有法人财产权，有限责任公司的股东以其认缴的出资额为限以其全部财产对公司的债务承担责任，资产应当是独立的法人财产，也就是煤矿的采矿权，煤矿资产专属于煤矿企业。前述煤矿企业既然在工商部门注册为有限责任公司，依法享有占有、使用、收益与处分的权利。从这个意义上来说，煤矿企业有权转让煤矿产权，取得相应补偿价款，因为这些煤矿企业具备被整合的主体地位。但是，在研究这些煤矿企业与村镇签订的采矿权转让协议时，问题就显露出来了。这些煤矿企业和当地村镇煤矿签订的采矿权转让协议大多有几种情形：因为没有对采矿权、煤矿资产价款转让的约定，即采矿权转让价款应支付多少钱，煤矿生产企业在煤价上涨后吨煤支付价上调多少，每生产一吨煤要支付村镇集体多少钱，煤矿企业还要支付村民补贴，村镇文化、教育、公益事业等摊派；采矿权没有价款支付，约定沿用煤矿企业改制以前承包协议的约定，每年煤矿生产企业给村民每人多少钱，多少采暖用煤；煤矿企业并未出资购买村镇集体煤矿的采矿权和资产设备，新煤矿企业的股东也就是原来村委会的组成人员，直接换成有限责任公司的名称和相关许可，煤矿企业继续给村民支付各种福利、承担采暖和修缮道路等义务。甚至有些地方还存在资产转让后，煤矿企业到了一定的时间集体要收回原村镇煤矿资产、煤矿生产企业新投资增加的设备资产等约定。

从以上这些协议约定的情形可以看出，煤矿企业是通过合法的方式取得了采矿权和煤矿的全部资产，虽然都是有限责任公司，但是实际运营中并没有脱离承包的痕迹，并没有进行清晰的产权界定，或者说当时改制是为完成上级要求的改制任务而进行了形式上的改变。煤矿企业产权受到较大限制的同时，采矿权转让协议中附加条件，以及并未一次性结清煤矿产权的对价，并在不断的滚动和转让发展中加剧了产权主体和产权混同的不确定性。

第三节　煤炭资源整合纠纷解决机制不完善

煤炭资源整合具有利益主体多，矛盾纠纷多，法律关系多，涉及法律、法规、司法解释及产业政策多的"四多"特点。山西省此次煤炭资源整合，由政府主导，整合主体由政府指定，整合区域由政府指定，整合公式由政府指定，整合程序由政府指定，带有一定的行政强制性，产生了一定的冲突和矛盾。人民法院是社会公平与正义的最后一道防线，在当前法律知识基本普及、法律观念逐步增强的情形下，产生的诸多民事、行政纠纷，必然会诉讼到人民法院，进入司法程序。当前已形成并已进入司法程序和可能形成进入司法程序的民事纠纷和行政纠纷主要归结为以下几个方面。

一、被整合主体原有债务纠纷

煤炭资源整合中，被整合主体原有的债务，根据不同的划分标准，可以划分为不同的种类。按照被拖欠主体的不同，可以分为拖欠国家债务、拖欠职工债务和拖欠外部债务。拖欠国家债务主要是指被整合主体拖欠国家的各类税费。实践中被整合主体欠缴国家煤炭资源价款和各种税费的情形非常普遍，且数额巨大。拖欠职工债务主要是指被整合主体拖欠职工的工资、医疗保险、养老保险等费用。拖欠外部债务是指被整合主体拖欠银行、其他企业、乡村集体或个人的债务。

按照被整合主体财务账目上的记载是否明确，又可将被整合主体原有债务划分为显性之债和隐性之债。显性之债是指被整合主体财务账目上明确记载的债务；隐性之债是指被整合主体财务账目上未记载但实际存在的债务。事实上，一些被整合的中小煤矿财务制度很不健全，有些煤矿根本没有账目，隐性债务大量存在。除了因财务制度不健全形成的隐性之债之外，被整合主体因对外提供担保、被整合主体发生侵权也可形成隐性债务，如采煤过程中造成地基下陷引起他人房屋坍塌，这些债务在账面上一般也不会体现。以上种种被整合主体的债务，如果在煤炭资源整合过程中处理不好，很容易产生纠纷，进入司法程序，尤其是被整合主体的对外债务和隐性债务。在本次煤炭资源整合过程中，对于整合主体来说，均想积极彻底查清并解决这些遗留债务，顺利完成整合工作，以免留下隐患。为此，也都积极主动地采取了很多措施，如针对性地对被整合主体进行整合前的债权债务调查核实工作，发布公告要求债权人申报债权等。但是，由于公告只是法律拟制送达程序，并不一定所有的债权人都能看到公告，都能得知被整合主体即将被整合的信息。而且，有的被整合主体存在恶意逃债行为，恶意隐瞒债务，或在获得整合补偿应向债权人清偿时不向债权人清偿，而携款逃走，使债权人无法得到清偿。

被整合煤矿以货币形式取得补偿时，对个人所得税如何缴纳意见不一致，影响资金补偿到位。省政府晋政办发〔2009〕171号文明确，"对个人将非货币性资产进行评估后投资于企业，其评估增值取得的所得在投资取得企业股权时，暂不征收个人所得税"，而未对采用其他整合形式取得的补偿款个人所得税如何缴纳进行明确。绝大部分原被整合煤矿在签订交易协议时，未能考虑补偿款个人所得税问题，被整合煤矿认为所得补偿款为净得，认为所得税应由主体企业或双方负担；而主体企业认为个人所得税应由补偿款所得方缴纳，在全额支付被整合煤矿补偿款之前，要求被整合煤矿出具完税证明，重组整合双方意见不一，税务清缴工作无法完成，影响后期的工商营业执照登记等相关工作。例如，临汾市129个整合包，截至2013年被整合煤矿的税务清缴工作全部完成的只有57个包。

二、整合主体提前介入，最终未整合该煤矿而引发的纠纷

此次煤炭资源整合是"政府主导"，整合区域也是由政府指定，所以一些整合主体提前介入，但最终有的未整合而是被其他整合主体整合，由此而产生纠纷。此类纠纷主要体现为以下几种类型：第一种是整合主体受让目标煤矿的部分股权，股权转让后，转让款未能全额支付，整合主体因未能整合到该煤矿，不再支付剩余股权转让款，目标煤矿请求支付剩余股权转让款。第二种是整合主体受让目标煤矿的全部股权，即整体受让了目标煤矿，但未能支付全额转让款，整合主体未能整合到该煤矿，不再支付剩余转让款，目标煤矿请求支付剩余转让款。第三种是整合主体入股目标煤矿，在未能整合到该煤矿后，整合主体请求撤回股份并分红。第四种是整合主体购买目标煤矿的全部股权，在未能整合到该煤矿后，主张煤矿转让无效，请求返还转让款。第五种是整合主体受让目标煤矿部分股权，在未能整合到该煤矿后，请求确认股权转让无效，返还转让款。如赵某诉某煤运公司股权转让合同纠纷一案，2008年赵某与某煤运公司签订股权转让协议，约定将自己拥有100%股权的某煤运公司的80%股权以1.28亿元转让给某煤运公司，煤运公司支付了首笔转让款5000万元后接管了煤矿。到

2009 年该煤矿被另一公司整合，该煤运公司拒付剩余转让款，于是赵某诉讼请求支付剩余转让款。

主体企业与被重组整合矿原有经营者在公司运行中意见不统一，影响公司法人治理结构完善和现代企业制度正常运行。目前，重组整合后的煤矿企业大部分建立了公司法人治理结构，但由于公司运作以及股东之间都处于一个磨合期，还存在一些问题：一是被重组整合煤矿原经营者作为小股东，权益没有得到充分保障；二是被重组整合煤矿原经营者对现代公司管理制度不适应、不习惯，不积极履行股东相应义务，影响公司的正常运作；三是由于受融资渠道限制等因素影响，原煤矿经营者资金受限，后续投资无法继续跟进，又不愿意被稀释股权，双方形成新的矛盾；四是重组整合企业的股东多，难以协调，影响"三会"制度的有效运转，这些均影响公司法人治理结构的完善，影响矿井的正常改造建设进度，影响现代企业制度正常运行。

重组整合煤矿企业制度未建立或不健全，《公司章程》执行不到位，影响现代企业的发展。现代企业制度的建立健全和执行是现代企业发展的关键，也是企业发展的不竭源泉和动力。重组整合煤矿企业大部分建立了企业法人制度，但大部分未建立企业自负盈亏制度、出资者有限责任制度、科学的领导体制与组织管理制度。有的虽然建立了，但却执行不到位：一是企业自负盈亏制度和出资者有限责任制度不完善，企业没有应对市场变化的能力，在市场面临萎缩或困境时，不是运用制度来应对平衡，只是领导层"拍板"，要不就等待观望，或减产限能，疲于应付，没有真正发挥制度的约束作用；二是科学的领导体制和组织管理制度未建立健全，《公司章程》中对公司、股东、董事、监事、高级管理人员明确了权利和义务，但没有相应的制度约束，在执行过程中，往往是控股方的"一言堂"，没有突出"三会"的强制性和效力，影响企业的发展壮大。

三、前次整合后马上被后次整合引发的纠纷

有的煤矿在 2006 年整合时，由于年产达到了 30 万吨以上，还可以作为整合主体整合其他煤矿。但到 2008 年整合时，又被大的煤矿集团整合了。从整合主体到被整合主体时间很短，第一次整合工作还没有完全结束，如整合补偿款还未完全支付，自己就被整合了，致使第一次被整合的煤矿的

转让款或补偿款无法实现。如张某诉任某整合补偿款一案：2007 年任某的煤矿根据政府安排整合了张某的煤矿，任某欠张某 900 万元补偿款。之后张某煤矿关闭，2009 年任某的煤矿又被某煤业公司整合，任某的煤矿也被关闭。张某于是诉任某请求支付转让款。

被重组整合煤矿企业注销工作慢，影响到重组整合新公司的工商营业执照登记注册。目前，全省重组整合保留矿井中还有 150 多户未领取工商营业执照，影响煤矿企业正常运行及融资等后续工作，主要原因是被整合煤矿企业注销慢影响了新公司的注册。按照工商登记的有关规定，对于重组整合新设立公司对被重组整合矿井进行实物资产收购的，在重组整合新公司设立前必须先行完成被重组整合矿井的注销工作，且注销企业登记只能由原企业法人提出申请并签字后方可完成注销。但由于"十关闭"矿井涉及的资源资产补偿意见不统一，被重组整合煤矿企业税务清缴、债务清理工作复杂，原被重组整合煤矿不积极配合，造成注销原企业困难，新的煤矿企业无法注册，正常运行受到制约。如山西煤炭集团有限公司在全省重组整合保留的 163 座矿井中，仅 69 座办理了营业执照，其余 94 座未办理的主要原因是受被重组整合矿井清算注销工作慢的影响。

煤矿劳动用工管理需进一步加强。煤矿重组整合后，全省矿井数量大幅减少，用工数量也随之减少，重组整合后的矿井机械化、信息化程度大大提升，对工人的素质要求提高，既存在被整合煤矿原有职工妥善安置的问题，也存在新录用工人的规范管理问题。兼并重组煤矿企业要从维护职工合法权益和社会稳定出发，优先录用被兼并企业分流人员。对与被整合煤矿企业签订了劳动合同且在合同期内的职工或在被整合煤矿企业工作满一年以上的职工，新成立的煤矿企业原则上应全部留用。煤矿要加强规范劳动用工管理，实现煤矿用工合同签订率、用工备案率、从业人员培训率、参加社会保险率、从业人员年检率"五个百分之百"。要按照国家及省有关规定，为煤矿从业人员按规定交纳各种社会保险。此外，全面推行工资集体协商制度，企业职工工资增幅不低于企业经济效益增幅，确实保障职工的合法权益。

四、被整合主体隐名股东问题引发的纠纷

所谓隐名股东，是针对显名股东而言的。显名股东就是指在公司工商

登记和股东名册中明确记载的股东；隐名股东是指公司的出资人实际对公司进行了出资，但名字并未在工商注册登记和公司股东名册等法律文件中出现。隐名股东可分为三种情况：第一种情况是该股东虽为隐名股东，未在工商登记等法律文件中出现，但该股东身份是受公司和公司的显名股东认可的。第二种情况是公司和公司的股东对该隐名股东身份不认可，该隐名股东在公司的出资权利由公司的某一显名股东行使。实际出资人不用自己的名字而是借用别人的名字在工商登记注册和公司股东名册中登记，公司和公司的其他股东对此也并不知情。这就是所谓的挂名股东。第三种情况是隐名投资者借助公司的合法股东进行间接投资，但在公司的法律文件中并未登记，其他股东对此也不知情。

对于第一种情况，由于公司和公司的显名股东认可，该隐名股东的权益比较容易实现，在煤炭资源整合中诸如补偿款的分配等权益比较容易得到解决。对于第二种情况和第三种情况的隐名股东，由于公司和公司的股东不认可，其权益较难得到保护，在煤炭资源整合中权益也最容易被侵害。在实践中可能演变为纠纷诉讼到人民法院的几种情形：第一种情形是名义股东将股权转让，实际的出资人即隐名股东并不知情，待股权转让后，隐名股东诉讼主张名义股东无处分权，股权转让无效；第二种情形是整合主体在资源整合中对被整合主体进行补偿，由于隐名股东并不在法律文件中体现，得不到补偿而提起诉讼主张分配补偿款；第三种情形是整合主体兼并被整合主体后，被整合主体在新设的主体中占有股份，该隐名股东无法取得在新公司中的股份而提起诉讼；第四种情形是隐名股东和名义股东产生矛盾，隐名股东起诉请求确认股东身份；第五种情形是隐名股东起诉请求获得分红。

五、被整合主体原被承包或租赁而引发的确认补偿主体的纠纷

在山西煤炭资源无偿划拨的时代，很多煤炭资源被无偿划拨给乡、镇、村等集体所有，由于无力开采，便以承包或租赁的方式转由他人开采生产。煤炭资源整合开始后，一些被承包、被租赁的煤矿被列为整合对象。一般的承包、租赁煤矿，采矿权许可证办的都是煤矿的名称，煤矿资源整合补偿款的归属问题，就成了纠纷的根源。乡（镇）、村集体认为煤矿的所有权

是自己的，补偿款理应归自己所有；而煤矿的承包、租赁人认为煤矿多年来都是自己投资、建设、生产，乡（镇）、村集体未进行任何投入，煤矿产权应归自己所有，当然补偿款也应归自己所有。此类纠纷有乡（镇）、村集体诉承包人或租赁人的，有村民诉承包人或租赁人的，有承包人或租赁人诉乡（镇）、村集体的，有乡（镇）、村集体诉整合主体的，还有村民诉村集体组织的……种类很多但核心都是确定被补偿主体，争夺补偿款。

此外，还存在煤矿与当地村民相邻关系的纠纷，如煤矿开采破坏了周边环境引发的村民或村集体诉讼索赔的纠纷；煤矿用地纠纷，如被整合煤矿原未办理征地出让手续，而是租赁乡、村集体土地，原欠缴租赁费产生的纠纷，以及煤矿被整合后土地关系未理顺而产生的租赁费纠纷；被整合主体原用工纠纷；被整合主体实际为个人或集体但登记为国有性质而引发的补偿纠纷；因补偿款数额而引发的纠纷以及因办理采矿许可证和营业执照而产生的行政纠纷等。

六、煤矿企业安全和社会责任承担问题

1. 安全责任承担问题

煤炭资源整合与兼并重组的一个重要目标是通过支持大型煤矿企业整合改造小矿，对整合后的煤矿进行产业升级、技术改造，以提高煤矿的安全水平，降低事故的发生率。为此，在《山西省人民政府关于进一步加快推进煤矿企业兼并重组整合有关问题的通知》（晋政发〔2009〕10 号）中重点强调了强化煤矿安全生产工作的重要性，指出"各地、各有关部门、各煤炭企业要高度重视做好兼并重组整合期间的安全生产工作"。2009 年 8 月 19 日，国家安全监管总局等十四部委联合下发了《关于深化煤矿整顿关闭工作的指导意见》（安监总煤监〔2009〕157 号），对煤矿的兼并重组工作提出了具体而明确的意见，其中一个重要要求就是进一步保障煤矿的安全生产。由此可见，提高煤炭业的安全生产水平和煤矿的安全保障程度应是贯穿兼并重组工作始终的一条主线。

在不同兼并重组模式下，安全生产责任整合双方有明确的划分，"被收购或控股的小煤矿由大型煤矿企业兼并、原企业法人注销、并入大型煤矿企业的，由大型煤矿企业承担安全生产主体责任；保留原企业法人或新设立企业法人的，由原企业法人或新设立的企业法人承担安全生产主体责任，

大型煤矿企业承担安全生产管理责任。大型煤矿企业通过托管、租赁、帮扶等方式管理的小煤矿，由原企业承担安全生产主体责任，安全指标按原企业类型统计考核。大型煤矿企业整合改造的小煤矿，其安全监管责任按照'分级负责、属地监管'的原则执行"。按照这一文件精神，山西省煤炭工业厅《关于重组整合煤矿过渡期生产及相关工作的安排意见》（晋煤行发〔2009〕234号）进一步落实了煤矿企业安全生产主体责任和管理责任，指出"被大型煤矿企业兼并重组控股的中小煤矿，企业法人注销的，安全生产主体责任由兼并重组主体企业法人履行；保留原企业法人或新设立企业法人的，安全生产主体责任由原企业法人或新设立企业法人履行，主体企业承担安全生产管理责任"。但存在的问题是：

（1）在兼并重组中安全生产责任的交接如何划分。国务院《关于加快推进煤矿企业兼并重组的若干意见》（国办发〔2010〕46号）中对落实安全生产责任做出了明确的要求，"兼并重组主体企业要切实担负起被兼并煤矿企业的安全生产主体责任"，"被兼并煤矿企业要加强资产和生产管理权移交前的安全管理，严格落实责任，加强安全巡查"。所以，兼并重组过程中的安全生产责任应以资产和生产管理权的交接为限，交接前由被兼并主体负责，交接后由兼并主体承担责任。需要强调的是，安全生产责任的转移条件是资产和生产管理权的交接完成，两者缺一不可。实践中个别煤矿从形式上对资产进行了交接，但由于种种原因，被兼并方仍掌握着煤矿的生产经营权，这就使煤矿有可能在原矿主的控制下进行违规的煤炭生产，一旦发生事故，就会给兼并主体带来巨大的责任风险。因此，必须在协议中对被兼并煤矿资产和生产管理权的交接做出明确约定，并设置相关的制约条款，如以协议价款的支付作为限制条件。

（2）在兼并重组协议中要实现安全生产责任的无缝隙对接。煤炭资源整合工作的复杂性决定了兼并重组工作不可能一蹴而就，必然要经历较长的时间。在这一过程中，为防止出现安全监管的真空期，必须在协议中明确安全生产责任的无缝隙对接这一要求，作为兼并主体来说，一经接管煤矿，应立即派人员进驻被整合矿井，全部承担安全管理责任。对于这一问题，政府文件也做出了明确的要求，按照《山西省人民政府批转＜省煤矿企业兼并重组整合工作领导组办公室关于加强兼并重组整合矿井安全工作通知＞的通知》（晋政发〔2010〕21号）文件的要求，要认真落实各级人民政府煤矿安全监管的主体责任，各市、县人民政府要加强生产、建设各类矿井的安全监管，特别是要切实加强尚未移交接管到位的重组整合矿井的安全监管，不得出现监管空当和缺位。在签订协议的过程中，要把政策精神变为协议双方的约定，成为当事人的意志，避免当事人之间的协议过多地受政府的干预。

2. 社会责任承担问题

山西是煤炭资源大省，很多地方的经济发展和人民生活都对煤炭产业有着强烈的依赖性，在实践中为当地新农村建设地方煤矿、改善村民的生活条件和公益事业发展做出了巨大贡献，承担了大量的社会责任。这次煤炭资源整合工作势必会对各方利益进行重新分配，不可避免地会影响到乡村和村民的利益，如果不能对这一问题做出妥善安排，势必会影响到兼并重组工作的顺利进行和地方社会秩序的稳定。基于这种情况，《山西省人民政府关于加快推进煤矿企业兼并重组的实施意见》（晋政发〔2008〕23 号）做出了明确要求，"兼并重组煤矿企业要继续按照工业反哺农业的方针，支持当地新农村建设和公益性事业，承担相应的社会责任，使县、乡、村原有的既得合法利益得到保证"。按照这一文件精神，在实践操作中，兼并重组各方当事人在协议中均对社会责任问题做出了约定，继续履行原煤矿与当地村民或政府达成的关于社会责任的协议。在执行过程中存在的问题如下：

（1）关于社会责任的履行情况。

1）煤炭企业履行社会责任存在问题。中国煤炭工业协会发布的数据显示：近几年，许多煤炭企业社会责任报告纷纷发布，但是发布相关报告的企业中前 100 强主动承担社会责任的仅达到 1/4，社会责任观念并未在行业中达成共识。很多企业对承担社会责任存在误解，认为是政府在给企业摊派责任、强加负担，对企业社会责任依然比较排斥。但由于当前的经济发展仍旧处于社会转型期，简单地将企业社会责任与"企业办社会"等同必定会损害企业的自主经营和经济效益。煤炭企业履行社会责任两极分化比较严重：一方面，大型国企履行了过重的社会责任，给现代企业制度的建立带来了很大的阻力，阻碍了企业的发展，影响企业追求经济效益的最大化；另一方面，国家资源环境和矿工的生命安全都遭到了严重威胁，社会上到处是对其的质疑和谴责，原因是应履行的社会责任而没有履行。

《中国能源报》根据中国煤炭工业协会发布的《2010 中国煤炭企业 100强分析报告》，选取了社会贡献、安全生产和科研投入三部分相关数据进行比较：关于企业社会贡献总额与平均资产总额的比率排名，2010年全国煤炭企业100强中排名靠后的企业社会贡献率较高，最高的10家企业均排在100强的后50位；关于安全生产投入比率，排序前10的企业中没有行业10强，其中6家均来自后50强（见表4-2）；关于研发费用在营业收入上的占比，排名前10的企业绝大部分来自100强的后50名①。由此得出：企业承担的社会责任与其规模成反比，当前我国煤炭领域履行社会责任存在很大的差异。有战略眼光的企业认识到，企业社会责任和自身经济目标实现的同一性，加大了履行社会责任的力度；而许多老牌企业依然是墨守成规，对企业社会责任的认同度不高。

表4-2　2010年百强煤炭企业社会责任比较②

名次	2010 年排名	企业名称	安全投入比率（%）
1	67	乌兰煤炭集团	11.17
2	56	国投新集	10.58
3	96	山西义棠煤业公司	10.23
4	78	山西汾河焦煤公司	10.22
5	77	窑街煤电集团	9.51
6	45	吉煤集团	8.87
7	37	阜矿集团	8.39
名次	2010 年排名	企业名称	安全投入比率（%）
8	61	西蒙集团	8.12
9	15	淮南矿业集团	7.72
10	30	铁煤集团	6.37

资料来源：中国煤炭工业协会。

2）兼并重组协议中的社会责任条款应是对原有社会责任协议的承接，内容上不应有大的变化；对于到期的协议，可与地方进行协商，续签协议。但由于原来企业对社会承担义务支付不多，加之煤炭行业近年来效益可观，

① 胡珺：《我国煤炭企业社会责任增强》，《中国能源报》2011年2月28日第15版。
② 按照企业社会贡献总额与平均资产总额的比率排名，2010年全国煤炭企业100强社会贡献率比上年下降2.88个百分点，中国煤炭工业协会认为，这主要和100强企业资产快速扩张有关。总体来看，排名靠后的企业社会贡献率较高，最高的10家企业均排在100强的后50位。

因此在重新签订协议过程中，以地方政府为代表的利益群体中，对未来收益的期待提出较高的要求，影响了兼并重组工作的进度。在煤炭资源整合之前，各地煤矿无论大小一般都承担了相应的社会责任，其中包括所在乡村的新农村建设、矿区搬迁、地质灾害治理、村民福利和冬季用煤等。但是在煤炭资源整合期间，社会责任主体发生了变化，于是社会责任由谁承担、如何承担就成为政府和矿区村民关心的问题①。

对于此问题的解决，《山西省人民政府关于加快推进煤矿企业兼并重组的实施意见》（晋政发〔2008〕23 号）做出了明确规定，"兼并重组煤矿企业……要继续按照工业反哺农业的方针，支持当地新农村建设和公益性事业，承担相应的社会责任，使县、乡、村原有的既得合法利益得到保证"。《中共长治市委长治市人民政府关于加快推进全市煤矿企业兼并重组整合关闭工作的意见》（长发〔2009〕13 号）也做出了明确规定，"兼并重组整合主体企业继续承担被兼并整合煤矿企业承担的社会义务，继续完成被整合煤矿企业现承担的新农村建设、地质灾害治理等工程，并承担今后若干年形成的地质灾害治理责任，负责妥善安置被兼并重组整合煤矿企业职工"。通过对以上文件的分析可以看出，以上文件主要是针对在煤矿企业兼并重组期间，对于被兼并煤矿企业与当地村民签订的现有社会责任进行继续履行，但是对于履行完该协议之后当地村民的相关利益如何保障并没有规定。

（2）建立落实社会责任的长效机制。在对社会责任条款的审查过程中，通过了解相关情况，可以发现利用承接原有协议约定的方式来解决煤矿所在地的社会责任承担问题只是一时的权宜之计，这些协议基本属于解决眼前利益的办法，普遍不能适应煤炭现代化大生产的需要，并不能为当地群众提供长期的利益保障。同时，按照国务院《关于加快推进煤矿企业兼并重组的若干意见》（国办发〔2010〕46 号）的要求，应"加快分离企业办社会职能。各产煤省（区、市）人民政府要进一步落实分离企业办社会职能相关政策，加大工作力度，积极筹措资金，加快分离煤矿企业办社会职能，力争在 2012 年底前完成分离国有煤矿企业办社会职能工作"。国有大型煤矿企业以及混合所有制企业中的国有股东，对地方履行社会责任的资金帮助，可以按照《山西省人民政府关于加快推进煤矿企业兼并重组的实

---

① 2009 年，神华集团、中煤集团等 25 家大型煤炭企业发布了社会责任报告，神华宝日希勒能源等 20 家煤炭企业通过了行业信用等级评价。资料来自 2011 年 2 月 28 日《中国能源报》。

施意见》（晋政发〔2008〕23号）的要求处理，即由省人民政府参照《国务院关于试行国有资本经营预算的意见》（国发〔2007〕26号）的有关规定①，对兼并重组企业从国有资本经营预算中拿出部分资金用于支持当地经济发展。这既为企业承担社会责任提供了资金保障，又在一定程度上减轻了企业的财务压力。

因此，从长远规划来看，对地方社会责任问题的解决，必须在总结经验的基础上，充分发挥各级政府的主导作用，将社会责任问题的解决纳入法制化轨道，及时制定地方法规，对各方主体的职权职责、权利义务加以确定，对其中的职权、权利加以保护，明确不履行职责、义务的法律责任，建立明确的可操作性强的落实社会责任的长效机制。这不仅是建立现代企业制度的必然要求，也是落实科学发展观、保护人民群众根本利益的必然选择。

七、受到审批程序和资金不足等因素影响的建设问题

由于受到环评、土地、电网建设以及建设资金不足等因素的影响，矿井建设进度较慢：一是应加快环评报告审批进度。各煤矿企业要提前开展水土保持、环境监测等前期工作，为环评报告的审批做好准备；省环保部门要加快审批150万吨/年以下的煤矿环评报告；对150万吨/年及以上的矿井，建议由省环保部门主动与环保部联系沟通，进一步简化审批程序，帮助煤矿企业尽快完成环评报告的审批工作。二是加快办理改造建设矿井用地手续。国土部门应对全省建设改造矿井用地情况进行全面调研，落实解决好矿井建设项目用地，建设用地指标应适当向重组建设改造矿井倾斜，关闭矿井复垦后置换的用地指标应全部用到煤矿建设改造项目；发展改革部门要按照国家发展改革委等四委局《关于进一步加强煤矿建设项目安全管理的通知》（发改能源〔2010〕709号）和省政府办公厅《兼并重组煤矿升级改造立项问题专题会议纪要》的精神，抓紧完成重组整合煤矿的立项审批工作。三是应加快电网改造。电力部门应根据各市用电负荷、用电地点分布的申请，科学规划，加紧改造建设供电网络，按照煤矿企业供电标准建设变配电站，为全省煤矿企业提供充实可靠的电源，切实推动煤矿双

① 参见《国务院关于试行国有资本经营预算的意见》（国发〔2007〕26号）。

回路供电建设完善工作，确保煤矿有序、合理、安全、可靠的用电。四是应加大资金投入力度。煤矿主体企业要进一步拓宽融资渠道，集中资金加大投入，确保建设资金及时到位；金融机构应加大对重组整合建设改造矿井的贷款支持力度，推进煤矿建设步伐，促进投资，为全省经济稳定增长再做贡献。

第五章　山西煤炭资源整合法治困境解决：理念与路径

第一节　法治困境解决的基本理念

一、中西方煤炭资源产权理论

产权是构成社会经济制度的基础性元素，是市场交易及有序运行的基本前提。产权的界定、结构和安排不仅直接决定了一个国家的社会经济制度的结构和性质，而且影响着该国资源配置及制度运行的成本和效率。产权理论有两种，即西方现代产权理论和马克思主义产权理论。阿尔钦认为，"在本质上，经济学是对稀缺资源产权的研究……一个社会中的稀缺资源的配置就是对使用资源权利的安排……经济学的问题，或价格如何决定的问题，实质上是产权应如何界定与交换以及应采取怎样的形式的问题"。另有学者在综合了西方学者对产权的定义后认为，"产权不是人与物之间的关系，而是指由于物的存在和使用而引起的人们相互之间认可的行为关系。产权安排确定了每个人相应于物时的行为规范，每个人都必须遵守他与其他人之间的相互关系，或承担不遵守这种关系的成本"。因此，对于通行的产权制度可以描述为：产权本质上是一种法权关系，是生产关系的法律表现，所有权不过是所有制的法律表现①。

---

① 科斯、阿尔钦、诺思等：《财产权利与制度变迁——产权学派与新制度学派译文集》，上海三联书店 2003 年版，第 63 页。

从内容上看，不论是马克思主义的产权理论还是现代西方产权理论，产权包括所有权、占有权、支配权、使用权、转让权和收益权。在新制度经济学家的眼里，所有权、占有权、处置权、使用权和收益权是由法律来界定的，不存在谁从属于谁的问题，但在马克思主义经济学中，产权概念从属于生产资料所有制理论，产权首先是所有制关系中对生产资料的排他性支配、占有的权益关系。生产资料所有制或简称所有制，是指在生产过程中，由生产资料（生产的客观条件）所有权归属所决定的人们之间的社会关系①。国家凭借矿产资源所有者身份而获得的矿产资源收益包括三部分：第一，矿产资源补偿费。矿产资源补偿费是国家凭借矿产资源所有权人身份，向开采、使用不可再生耗竭性资源的使用者征收的耗竭补偿。由于矿产资源是不可再生的耗竭性资源，采矿权人在开采了矿产资源以后，这部分矿产资源的价值就转移到矿产品中去了，所以采矿权人要对矿产资源所有权人进行补偿，以实现矿产资源的价值。对中外合作开采陆上和海上石油资源的征收矿区使用费，不再征收矿产资源补偿费。两者属同一性质。第二，探矿权和采矿权使用费。这两种使用费是国家凭借矿权所有者身份，向使用者征收的权利金。探矿权人在领取勘查许可证时，必须向国家缴纳探矿权相关的使用费用；采矿权人在领取采矿许可证时，也须在缴纳探矿权使用费基础上向国家缴纳规定的采矿权使用费。第三，矿业权资源价款。矿业权资源价款是国家凭借矿权所有者身份，依法定程序将矿权授予或让渡给矿业权人所收取的价款，体现的是矿权形成过程中国家投入的经济权益。申请已经探明的矿产地的探矿权和采矿权的，由未来探矿权人或采矿权人缴纳经评估确认的探矿权或采矿权价款。探矿权或采矿权价款的缴纳，是探矿权对申请国家出资探明矿产地探矿权或采矿权的一种经济回报。

矿产资源产权是指国家对其所有领土和管辖的海域范围内的矿产资源都享有主权权力，国家是中国全部矿产资源的唯一所有权主体。我国《宪法》规定，矿藏、草原、荒地、滩涂等自然资源为国家全民所有，禁止任何组织或者个人对国家保障自然资源用任何手段侵占或者进行破坏。《矿产资源法》第三条规定，"矿产资源属于国家所有，由国务院行使国家对矿产资源的所有权。地表或者地下的矿产资源的国家所有权，不因其所依附的

---

① 程恩富：《产权制度——马克思与西方学者若干理论比较》，《社会科学》1998 年第 2 期。

土地的所有权或者使用权的不同而改变"。无论土地归谁所有、归谁使用，依附于土地的，即地上与地下的矿产资源都属于国家所有，土地的所有权人、使用权人无权勘查、开采矿产资源，也无权租予他人勘查、开采。也就是说，集体土地下的矿产资源归国家所有，国有土地因出让、承包或转包，土地的占有权、使用权和处置权同国有土地所有权发生了分离，但其下的矿产资源仍然归国家所有。

矿业权是探矿权和采矿权的合称，是矿产资源使用权。《矿产资源勘查区块登记管理办法》第四条规定：探矿权审批权限由部、省两级地质矿产主管部门分别作为矿产资源勘查审批登记的管理机关，并明确规定了部、省两级审批登记的权限范围。第三条规定了按矿床储量规模的大、中、小型和重要矿区、矿种来划分国务院、省（自治区、直辖市）、市和县级以上地方人民政府地质矿产主管部门审批和颁发采矿许可证的权限。根据《矿产资源法》第五条的有关规定，国家实行有偿制度对探矿权或采矿权征收价款。《矿产资源法》第六条规定：探矿权人在完成规定的最低勘查投入后，经依法批准，可以将探矿权转让他人。已取得采矿权的矿山企业，因企业合并、分立，与他人合资、合作经营，或者因企业资产出售以及有其他变更企业资产产权的情形而需要变更采矿权主体的，经依法批准可以将采矿权转让他人采矿。除此之外，探矿权、采矿权不得转让。矿产资源收益权是矿产资源所有权的体现，是指国家基于使用矿产资源而取得收益的权利。国家一般不直接占有、使用矿产资源，而是通过国土资源管理部门授权其他民事主体占有和使用，这些民事主体通过占有、使用矿产资源而取得收益，因此必须向矿产资源所有权人的国家缴纳一部分收益。

二、生态保护与资源开发兼顾

在"环境无价，资源低价"思想的影响下，长期以来矿山企业对环境资源价值漠视的结果是以牺牲矿区居民的利益作为代价而后逐步转嫁给社会，其创造出来的价值注定是有缺陷的，因而在此基础上的可持续发展也是难以为继的，这显然是不公平的。如果放任这种现状继续发展，经济社会的发展成果是无法惠及全体社会公民的，为了防止环境冲突愈演愈烈而可能导致的污染破坏，那么需要通过法律制度构建有利于环境的公平生态补偿机制，从而促进社会公平的实现。

近年来，我国十分重视建立和完善针对矿山环境治理和资源综合利用的法规，已经公布实施了《环境保护法》、《土地管理法》、《矿产资源法》和《土地复垦规定》相关法律规定，并配套颁布了《矿产资源法实施细则》、《矿产资源保护条例》、《矿山环境保护条例》，在矿产资源综合利用过程中实行矿山环境恢复保证金制度和矿山环境影响评估制度，设立了以土地规划、影响评价、环境保护的"三同时"制度，在颁发探矿和采矿许可证的同时规定了土地复垦、生态治理等法律制度。全国矿产资源丰富的省份也在立法中对矿山环境保护制定了细则，但由于在矿产资源开发中环境保护问题长期存在，国家大多依靠政策调整而忽视了在资源开发领域中的法律调整，特别是关于生态补偿问题均没有涉及，同时也一直未能建立真正的矿产资源生态补偿的长效机制。山西作为全国产煤大省，为全国经济发展发挥了积极作用、做出了巨大贡献，但同时也付出了巨大代价，破坏了环境，过度开发了资源。为此，建立山西煤炭资源生态补偿机制并使之法律化迫在眉睫。

1. 煤炭资源开发利用的关键是生态价值补偿

煤炭资源开发导致污染，破坏自然生态环境的矿区（矿业城市），继而其环境生态功能急剧下降，因此亟须对其恢复、校正、治理工作给予相应的资金补偿。所谓生态价值补偿机制，即指对煤炭资源开发利用中被破坏的生态予以价值补偿，包括对矿区居民、矿业城市能够提供的有关财力上的扶助、实物上的支持、政策上的配套、发展上的规划、税收上的优惠等一系列活动。

（1）煤炭资源开发利用中经济补偿不同于生态补偿。一方面，对煤炭资源开发进行经济补偿，实际上旨在强调通过市场价值规律的作用而对赋存的煤炭资源体现的价值差异进行适度补偿，主要表现为国家所有权人行使所有权能，通过对矿业权的主体（获得探矿权勘探资质和采矿权开采资质的权利人）收取的经济补偿性质的费用，收取的费用用于弥补国家损失，从而体现对资源耗竭经济价值的补偿。另一方面，对煤炭资源等开发进行生态补偿，则表现为生态损失和治理方面的相关补偿，是对环境破坏和污染、土地复垦和绿化给予的恢复性补偿，这种生态性补偿不必然体现煤炭资源的市场化价值，而重点考量在恢复生态治理结构方面的实际应发生支出，在进行环境有效评估的基础上实现资源型经济转型所需的有效路径。

在煤炭资源开发过程中，有关生态性质的补偿根本区别于经济性质的补偿：①从补偿涉及的责任主体来看，生态补偿表现为勘探、开采、利用煤炭资源等多个环节关联的主体，范围较广；经济补偿则主要特指具体实施煤炭开采的责任主体，即获得采矿权的权力主体。②从补偿涉及的客体对象来看，生态补偿是对因煤炭资源勘采行为导致生态功能破坏背景下进行的弥补性活动，也是对矿业环境生态恢复治理支出的填补性活动；经济补偿则着眼于对消耗的国家煤炭资源给权利人以利益损失补偿性活动。③从补偿涉及的具体方式来看，生态补偿的方式多样，表现为以经济性的补偿为主，以技术改造投入、环境综合治理和财税优惠政策等为补充；经济补偿突出表现为经济性直接的支付。④从补偿涉及的功能目的来看，生态补偿侧重对煤炭资源开采形成的环境破坏以及生态恢复治理，是实现可持续发展的重要环节；经济性补偿则体现国家所有者对煤炭资源处置后的权益表现。

（2）煤炭资源开发利用应以"生态"为补偿对象。矿产资源生态补偿即特指在矿产资源开发过程中对造成的生态破坏进行赔偿和对生态环境进行治理恢复的制度，完善健全的矿产资源生态补偿制度能够有效减少和遏制矿产资源开发利用过程中对环境的破坏。我国矿产资源生态补偿虽已开展多年却进展缓慢，目前现有的《矿产资源法》中对矿产资源保护设置了相关制度，如补偿开采矿产资源费用、环境税收保护制度、矿业权获得的使用费用、矿产资源的有偿使用资源价款费用等，这些制度的设定和费用缴纳对煤炭资源依据不同的破坏程度进行经济调节，从而体现资源的经济属性和价值。此外，也有体现国家因投资勘探后出让矿产资源而形成的资本化关系，体现出煤炭资源不可再生性枯竭的经济补偿特点，但始终未表现出明确的生态环境补偿恢复的法律强制性保护。在我国现有法制背景下，征收的煤炭资源勘采中的有关税和费，其核心价值体现为经济补偿性，并没有反映出生态环境保护的合理补偿特点，因此带有较强的功利性。煤炭资源开发中的补偿和保护，应逐渐实现经济补偿到生态补偿的转变，并在法律制度构建上倡导保护开采、生态安全、社会功能性。

2. 建立煤炭资源生态补偿机制的核心问题

对因煤炭资源生态破坏引发的生态补偿要在"谁破坏谁补偿、谁污染谁保护、谁开采谁治理、谁利用谁恢复"的基本规则下开展进行。一方面以保护生态和防止污染为主要内容，在科学充分制定综合性保护、环境综合治理规划的基础上，针对生产矿井、整合矿井和关闭矿井进行生态保护工作，加大对土地破坏性勘采后地形地貌的复垦治理。针对生态环境治理中的内容，加大在"采空区、棚户区、沉陷区"的资金投放和环境治理恢复保证金的使用，同时针对煤炭资源矿区治理中可持续发展问题予以明示的政策性因素，适度进行因地制宜的战略调整。另一方面，需要通过国家财政转移支付来对煤炭生产引发的环境问题进行补偿，研究制定资金提取的来源和经济发展的匹配问题，在共同但有区别的原则下对经济落后地区实施经济补偿并引导多元化发展，对经济发达地区实施更加严格的环境保护生态经济补偿措施。

（1）煤炭资源开发中生态补偿的主体。因主体行为大多发生在煤炭资源开发领域内，因此在这个领域应多为市场补偿，但具体到煤炭资源开发领域的生态补偿，可能还涉及第三方主体即政府生态补偿的实施。通常情况下，对于煤炭企业因开采行为对环境资源带来的损害要由企业依法进行有效治理和深度恢复，如有关"土地复垦和闭坑计划"的实施，但如果煤炭企业在依法向政府缴纳一定的生态补偿金后，也可以选择由政府组织进行环境的治理活动。由于在发展过程中，已有开采活动对环境的影响和破坏程度较为深远，使得当地没有经济来源促使应有的经济补偿落实到位。因此，政府成为有效实施生态补偿活动的唯一主体，政府作为经济管理者具有天然的生态保护义务，可以结合地区发展的整体规划和环境保护的目标为生态活动整合各种有效资源，可以就生态补偿的整体目标、补偿的金额、补偿的形式、补偿的方式、治理的标准制定地区性的目标政策和行动计划，并组织有效的实施和规范的监督。在煤炭资源开发过程中，当地政府对煤炭开发企业和矿业地区收取资源开发生态补偿费用，实现矿业规划开发后的综合生态治理具有重要的生态效益。对于接受生态治理的地区而言，政府亦应加强自身对生态补偿恢复治理的行动监管，同时对当地生态环境恢复接受企业和居民的监督，以使两者的关系以生态治理为纽带相互作用。

（2）煤炭资源开采中生态补偿的范围。为了确保符合公共利益的生态补偿机制能够充分得以实现，从而确认政府对煤炭资源开采中生态补偿义务的有效落实，需要在法律规范角度划分补偿的范围：

1）对生态环境破坏后的补偿。长期以来，山西为全国的能源供应和经济发展以牺牲自身环境为代价，受益地区获得的资源供应并没有承担因环境开采破坏而增加的额外负担，现行法律制度对环境保护背景下的补偿费用的定价及机制长期处于较低水平，煤炭资源开采过程中生产企业缴纳的补偿费用占有较低比例，实际无法支撑因开采技术升级而带来的更大范围、更深程度的破坏。煤炭资源被开采后产生的生态环境影响在现有体制下无法得到对等的补偿，从而出现了"资源价格较低、产品价格较高、环境成本较弱"的局面。因煤炭资源开采的环境成本和代价转嫁给了社会，政府因此也成为生态环境破坏的不利保护者，与此同时，煤炭资源的开发生产者获取了较高的级差利益。在此情况下，煤炭开发过程中产生的负外部性导致经济发展出现失衡，资源型经济的发展步入单一运营模式，给社会整体利益带来不公平性。从社会公平和正义角度看，通过对生态补偿提供救济从而对遭受破坏的环境适度恢复和重建，进而改善生产和生活环境。

2）对影响发展环境的补偿。由于对煤炭资源的开采会使所在地人居环境和发展空间受到较大影响，使该地域范围内的居民成为了环境破坏和生态污染的直接受害者，极大地压缩了生存空间和生存质量，在能源的使用和资源的耗费上面临单一的补偿性效应，为此还需承受因搬迁关闭、恢复生态和资源转移支付的负面影响。从法律制度所保护的公民基本民事权利角度看，生命、健康、身体权是生存发展的基础，同样作为开采区域内其他民事主体而言也面临发展过程中的环境影响阻碍。地区发展中全体成员有共同的环境权利，不能片面地以部分主体的利益获得而损害其他主体固有权益。为此，需要对环境发展过程中生态环境破坏进行补偿，而其来源为相关受益地区和煤炭资源受益相关主体，补偿的方式可采用经济补偿、实物补偿、技术补偿和税收补偿（减免和转移支付）等多种方式。

（3）煤炭资源生态补偿的资金和标准。

1）有关生态补偿的资金来源和使用路径。在西方发达国家，通常使用矿山环境恢复治理保证金制度来对煤炭资源开发领域收取生态恢复补偿所需的费用。为保证该项制度的顺利进行，可通过交易的方式在补偿和受偿主体之间进行。煤炭开采企业在获得采矿权前，应向政府主管部门就煤炭资源的开采运营计划报送初步设计、对煤矿开采中地质破坏环境和土地植被复垦计划有效设计，缴纳相应费用，为获得煤炭资源开采的有偿对价、支付煤炭资源环境恢复治理保证资金等。为获得企业计划和实施上的一致性效果，环境恢复治理保证金发挥着用来督促企业环境行动实现的作用，当出现行动计划不一致时，政府部门可运用经济杠杆调节企业行为，并就环境恢复治理保证金进行依法依规扣减，同时将扣减资金用于组织企业未尽环保责任部分的生态恢复保障投入。

2）煤炭资源生态补偿的相关标准依据。通过生态补偿费用的收取，使用利益平衡机制协调开采企业和受益地区就煤炭资源开采形成的级差影响，体现环境保护的约束机制，补偿费用和环境恢复治理保证金的收取标准取决于环境损害影响评价。在制度的设计上需要体现预防、引导、约束、保障功能，即对标准的设计上应体现生态补偿的科学性，可采用补偿金额高于受损状况的分级模式。如果收取低于实际损失生态补偿金则生态保护功能不足以带来循环恶果，如果高于损害结果方可实现生态补偿的积极作用，进而使运营主体增强防治环境污染的责任。

综上所述，欲有效解决煤炭资源开发利用中不同主体经济利益与生态利益、生存利益与发展利益的冲突，平衡和协调各方利益，在法律上构建完善的煤炭资源生态补偿制度是关键。煤炭资源开发的生态补偿制度是一种不同于目前我国煤炭资源立法中已存在的若干煤炭资源补偿制度，国家将煤炭资源生态补偿的补偿主体（受偿主体）、补偿范围、补偿标准、补偿的资金来源及补偿的方式用立法的形式规定下来，通过法律措施对受损的矿区环境进行修复和治理，对受损的矿区居民进行补偿，促使矿业与环境、人与自然、经济与社会的关系得以协调，这必将有力地推动我国和谐社会的建设，实现社会公平，保障我国经济能够长期、稳定、可持续发展。

三、煤炭产业和市场主体兼顾

在煤炭资源整合过程中，鉴于我国的国有矿业企业分为中央和地方国企，这种国企之间的整合需重新设立矿业权，宜采用国有资产划转的方式。煤炭资源是国民经济发展的物质基础，适当上收管理权有利于煤炭资源开发秩序的规范，当然也要充分考虑到地方发展的利益[①]。地方国有矿山应当在有发展潜力的地方国企中择优选出优势企业，其他国企则应划转兼并至这些骨干企业，并将上收的矿业权合并重新分配给兼并后的企业。扩大企业生产规模，实现煤炭资源向优势企业聚集，提高煤炭资源整体开发水平。若本地没有央企，而地方国企又缺少有竞争力的扶植对象，可考虑对外招商引资，引进有信誉、有实力的大型企业集团对该矿区内所有采矿企业进行收购、合并，或者组建新企业，实现资源优化配置。

---

① 曹海霞、王宏英：《山西煤炭行业资源整合的实践与对策》，《中国煤炭》2008 第 4 期。

　　中共十八大报告明确提出，要加强煤炭资源勘查、保护、合理开发。这是党中央针对我国经济发展不断加快，煤炭资源的刚性需求不断加大，同时面临着生态环境制约压力不断加大的新形势，对煤炭资源保障能力及生态环境建设提出的新的明确要求，为今后进一步推进找矿突破战略行动及煤炭资源管理工作指明了方向。中共十七大报告中多处涉及矿业权制度改革，例如，要"建设生态文明，基本形成节约能源资源和保护生态环境的产业结构、增长方式、消费模式。循环经济形成较大规模，可再生能源比重显著上升"，"要加强能源资源节约和生态环境保护，增强可持续发展能力。坚持节约资源和保护环境的基本国策，关系人民群众切身利益和中华民族生产发展。必须把建设资源集约型、环境友好型社会放在工业化、现代化发展战略的突出位置，落实到每个单位、每个家庭。要完善有利于节约能源资源和保护生态环境的法律和政策，加快形成可持续发展体制机制。落实节能减排工作责任制。开发和推广集约、替代、循环利用和治理污染的先进适用技术，发展清洁能源和可再生能源，保护土地和水资源，建设科学合理的能源资源利用体系，提高能源资源利用效率等"①。从上述报告的这些表述中可知，对资源的集约利用、科学利用已经成为落实科学发展观的重要表现之一。

　　同时，中共中央《关于制定国民经济和社会发展第十二个五年规划的建议》指出，"加强资源节约和管理。落实节约优先战略，全面实行资源利用总量控制、供需双向调节、差别化管理。加强能源和矿产资源地质勘查、保护、合理开发，形成能源和矿产资源战略接续区，建立重要矿产资源储备体系"。对此，应遵循市场客观规律，充分尊重矿业权及其市场规范的公私双重属性和社会属性，健全和完善我国矿业权法律制度。

四、企业运营与社会责任兼顾

　　企业的社会责任在最初是一种道德责任，发展至今其性质已演变成为法律责任和道德责任两者并重兼而有之。可以预见，随着公司对社会整体影响的进一步加大，许多本来是道德上的社会责任将会上升为法律上的责

---

① 胡锦涛：《高举中国特色社会主义伟大旗帜　为夺取全面建设小康社会新胜利而奋斗——中国共产党第十七次全国代表大会上的报告》，人民出版社 2007 年版。

任，由法律对其加以规定。① 因此，要想使煤炭企业的社会责任能够履行到位，必须建立相应的法律保障和监督机制。

国家多年来通过立法来约束企业履行社会责任，也取得了有效的成绩。目前针对煤炭企业的社会责任立法几乎空白，使得用法律手段促使煤炭企业履行社会责任无法可依，特别是仅能参照原则性的规定。要使煤炭企业履行社会责任到位，需要从以下几个方面予以完善：

（1）建立适合我国国情的企业社会责任制度。当前我国的立法规定在《公司法》第五条第一款关于企业社会责任的原则性条款的引领下，已经初步构成企业社会责任法律规范体系的雏形。从表面看涉及面广，我国企业社会责任初步完成了在某些方面规范和指导企业社会责任的法律资源准备。但是由于现代企业社会责任概念是从国外直接引入，理论也大多来自国外相关法律规范体系内容，由于社会、政治和经济制度的差异造成的在融入我国当前国情的过程中难免会产生一些特殊问题，这不仅是法律制度差异的问题，同时在法律移植的过程中由于立法技术的不成熟，将西方的一些先进理论强加在我国法律中没有充分考虑到法律"水土不服"的问题，适用过程中往往缺乏可操作性，再好的法律也成了空中楼阁。

尽管目前"应当承担社会责任"的原则性在《公司法》总则中已经有了宣示，然而在许多相关的法律文本中并没有明确阐释企业社会责任的立法目的或做出类似的法律原则性宣示，关于企业社会责任如何界定、如何确保企业社会责任的实现缺乏实质性内容。虽然许多立法成果在实际运行中起到了保证和促进企业社会责任实现的效果，但是这些立法普遍目的较含糊、导向功能不强，随着法治理念的不断强化，不利于我国企业社会责任法律制度体系的构建。同时，由于立法目的不清晰，我国关于企业社会责任的众多立法由于缺乏明确的价值指向而显得散乱无章，这给在实践过程中法律规则的具体适用造成了严重的障碍。例如，由于法律制定和颁布的滞后性与执行力度的欠缺性，当前煤炭企业主要以法律为标准对生态环境和资源进行保护，但保护力度明显不足。因此在承认相关立法的形式和内容多样化的同时，必须明确企业社会责任的立法目的和法律原则，建立全面、协调、高效的企业社会责任法律制度体系。

（2）针对煤炭行业制定企业社会责任规范。最早提出企业社会责任完

---

① 张士元、刘丽：《论公司的社会责任》，《法商研究》2001 年第 6 期。

全基于一种道义，随着社会不断发展，其性质已演变成为法律责任和道德责任并重，许多本来是道德上的社会责任规定在相关法律文本当中逐渐上升为法律上的责任。正如美国法理学家博登海默所说："那些被视为是社会交往的基本而必要的道德正义原则，在一切社会中都被赋予了具有强大力量的强制性质，这些道德原则约束力的增强，是通过将它们转化为法律规则而实现的。"① 我国目前关于企业社会责任的规定分布在不同的法律中，突出问题是主要法律规定散乱、可操作性不强，因此须对原有的零散规则进行整合，使其更好地发挥作用，应进行系统化梳理，出台针对性较强的法律。企业社会责任中的法律责任也需要通过法律的形式固定下来。社会控制最好的手段是法律，一项好的制度如果要长久执行下去，必须用法律的形式将其固定下来。由于法律责任产生于行为主体对强行性法律规范规定义务的违反，因而企业社会责任的法律责任化只能通过立法的方式完成②。当前在不同法律中规定的企业社会责任的内容已经初具社会责任法律体系的雏形，需要加以完善和整合。

为了在追究企业责任时有法可依而不仅是依靠道德谴责来促使煤炭企业更好地履行社会责任，可考虑出台专门的《企业社会责任法》以规范企业履行社会责任的行为，以便最低限度地承担其应当履行的法律责任。许多政府指导性文件提出将一些成熟的实践经验以法规的形式表现出来，应当对煤炭企业社会责任问题进行规制整理进而上升为法律。煤炭工业协会也可针对煤炭企业的特殊性和其应履行的特殊社会责任，制定一部具有自律性的《煤炭企业社会责任规范指引》，督促其自觉履行社会责任。

（3）增强便于利益相关者诉讼相关法律规则。我国关于企业社会责任的立法由于技术的欠缺和理论界的争议普遍存在模糊性和粗放性的特征，实施起来难以达到预期效果，且这些法律规则普遍的可操作性不强。主要表现在：①当涉及实施层面时用词模棱两可，表述的内容缺乏可操作性，让执法者适用起来较难。②往往由于缺乏相应的制度支撑，含有引用其他社会规范的内容，受到被引用社会规范的制约而难于适用其中。③缺少与之相应的程序性规范，在涉及具体适用部分时，或者即便规定了相应的程

---

① ［美］博登海默：《法理学：法哲学与法律方法》，邓正来译，中国政法大学出版社1999年版，第370页。

② 蒋建湘：《企业社会责任的法律化》，《中国法学》2010年第5期。

序性规范，与之配套的制度又不能满足现实需要。因此，需要坚持依法规范立法活动以使企业社会责任能够得到很好的实现，需注重法律解释及配套制度的健全且通过立法修订加以完善，不断增强其可操作性和适用性。只有煤炭企业履行社会责任才能真正地有法可依，使企业社会责任的法律规则得到有效完善。

司法是社会保护的最后一道防线，当相关企业社会责任法律规则具有可操作性时，可以运用司法程序维权。当煤炭企业自身漠视社会责任的履行，政府机关又监管不力时，权益受到侵害的利益相关者必须拿出积极维权的勇气，用诉讼的手段来维护自己的权利。利益相关者个人的自我救济是对抗滥用权力最有效的手段，有利于实现强者与弱者间的利益平衡。只有关于煤炭企业社会责任的法律规则具有可操作性，法院在接到此类案件才能依法判决，做出公正的判决，给权益受到损害的群体树立起司法公正的信念。在判决下达后，如果煤炭企业依旧不履行社会责任，法院还可以在当事人申请后依据相关法律强制执行。

第二节　法治困境解决的主要路径

一、加强法律法规与制度建设

我国现有的《矿产资源法》并非确认和规范矿产资源产权的私法，目前将矿产资源产权保护的私法规范和矿产资源开发利用的公法规范融合在一起，没有单独的《能源法》，将资源法与矿业法的功能承载在一部法律中尚需时日。抓紧修订《煤炭法》及其配套法规以推进煤炭法规政策体系建设，可通过制定煤炭开发准入管理办法，规范专业人员配置，提高煤炭行业准入门槛[1]。修订当前急需的技术标准，重点修订煤炭产业政策，制定特殊和稀缺煤种保护性开发管理办法等，促进煤炭工业持续、稳定、协调发展，逐步完善与社会主义市场经济体制相适应的煤炭工业法规政策调控

---

[1] 曾绍金：《探矿权、采矿权市场建设理论与实践》，中国大地出版社 2010 年版，第 365 页。

体系。

矿产资源整合是当代新时期矿产资源开发与管理领域出现的新生事物，有一系列值得研究和探讨的问题，主要包括：一是为制定全国矿产资源整合总体方案奠定基础，概括出具有普遍性的矿产资源整合的基本原则，并据此设计出全国矿产资源整合的预期前景以及分步实施的可行性目标。二是认识矿产资源整合的重要性、必要性及其现实意义和历史意义。三是归纳出具有普遍适用性的政策建议，供政府部门制定相关政策时参考，对各地实施的政策措施进行法理性论证。完善煤炭法规、标准、政策体系的建设，要按照煤炭是我国重要的能源资源，由以行政手段为主的管理方式向依靠法规、标准、政策为主的管理方式转变。加快制定煤炭资源勘查、生产开发、稀缺煤种和重要煤种保护，特别是要加快修订和完善煤矿井下作业职工意外伤害保险和特殊保护、矿区保护等煤炭法律法规体系，努力形成自上而下、责任明确的行业管理体系，在资源勘探、开发、安全生产管理和矿山环境保护等方面形成符合市场经济条件的法规体系。保护煤炭行业的持续、健康和快速发展，加强对已有法律的宣传、贯彻、落实，形成有效促进煤炭资源开发与节约的法制保障，从而对推进山西煤炭资源整合进程具有重要的意义。

具体而言，要制定《国家资源综合利用基本法》、《矿山地质环境保护法》。资源的综合利用和矿山地质环境保护是一项涉及面广，但又有着独特对象、性质和内容的矿业开发领域，需有一部综合性的基本法作为资源综合利用和矿山环境保护方面的牵头法律。它可以确定资源综合利用和矿山环境保护的基本原则、管理范围、基本制度、主要措施等，把资源的综合利用和矿山环境保护的管理真正纳入法制化的轨道。同时，应配套出台关于《资源综合利用》和《矿山环境保护》的单行法规，建立地方或部门的配套法规或规章。资源的综合利用包括共伴生矿产资源、二次资源（矿山尾矿、固体废料等）、再生资源的综合利用，这三种资源的来源、种类、性质、利用对象、利用环节、利用途径、利用方法和管理措施等均有很大不同，为便于管理，必须针对每种资源每个方面的特点制定相应的单行法。

要尽快制定《土地复垦治理》的管理法规。以立法形式确定土地复垦、煤矿恢复治理标准、投资渠道等；对矿山地质环境保护的范围、管理体系、矿山企业及有关投资者对矿山二次投资以法律的形式规定各级政府、矿产主管部门、资源综合利用和土地复垦、地质环境保护诸方面的职责、权利和义务；确定矿山二次资源的综合利用和土地复垦、地质环境保护的技术政策、投资政策、税收政策、管理政策、奖惩政策和经济政策等。

二、煤炭矿业权的合理设置

无论采用何种模式进行整合，从优势矿山企业的选择，再到矿山企业的合并重组、资产划拨的基本时序来看，矿区的范围划定、矿业权的重新设置都是整个矿产资源开发整合的基础。资源的配置结果关系到矿山企业的组合方式，如果矿区划分不合理、矿业权设置不当，即便企业重组再好、矿山企业的数量再多，也将是无序的整合。所以，在紧密结合实际制定整合矿区矿业权设置的总体设置方案的基础上，实施资源开发整合要针对矿山分布和资源利用进行规模结构调整，拟设采矿权的数量以及最小开采规模，整合矿区内拟撤销的矿业权，明确整合后各矿山的矿区范围、资源储量、生产规模及初步经济技术评价等①。应以"完善规划、强化法制"为重点，根据形势对煤炭行业政策进行适当调整，完善矿业权改革，如山西规定不得参与整合的煤炭资源地区有：风景名胜、文物保护区重要水源地、城市规划区、交通枢纽区域。可通过制定煤炭产业法规鼓励发展煤炭资源综合利用事业结构，通过煤炭资源整合促进煤炭的市场化，并继续运用市场经济手段协调煤炭企业发展培养新的经济增长点。

三、推动和完善煤炭产业政策法治化进程

1. 推动产业政策的法治化进程

在市场经济条件下，政府干预经济的行为，直接应表现法律行为，其运作的手段为法律手段，这就是政府干预经济行为的法治化②。我国自20世纪80年代以来开始了经济体制的巨大变革，大量的经济政策出台，具体到经济法领域和私法领域中并未澄清界限，在一定程度上破坏了法律赋予社会主体对自己行为的预期，甚至破坏社会主体对法律效力的高度信赖。因为两者效力层次的模糊性导致在司法裁判领域中，在案件裁判中容易使

---

① 严红卫：《煤炭资源整合中一些问题的思考》，《中国矿业》2007 年第 12 期。
② 崔勤之：《论政府干预经济与宏观经济立法》，《法学杂志》2001 年第 3 期。

法官陷入两难境地。国家政策的变化或者政府行为在很大程度上导致企业经营范围的改变，企业的经营范围乃至经营模式的直接改变使我国经济体制动态化转型，其直接结果不仅是企业改制中法律形式的转变。在宏观上，一方面是改制后的限制经营或禁止经营，另一方面是经营范围的放开。在微观上，改制后则限制或者禁止经营，也使某一企业的经营范围乃至发展规模发生了变化。政策的多变性与法律的稳定性是一个两难的论题，从现实上说合理也应该合法，国家或政府根据一国经济运行规律制定适当的经济政策。从法理上说，如果法律朝令夕改，则不具备现代意义上良法的属性，丧失法律对于社会秩序的维护或创建缺少一定的稳定性。因此，法律规则在设置上为协调两者之间的关系应预先考虑国家政策的变化对企业经营行为的影响，或者以特别法代替一般法，或者以新法代替旧法，或者将政策提升为法律从而赋予政策以法律效力。在市场经济条件下，政府制定与实施产业政策并不是要取代或者排斥市场机制对经济活动的基础性调节作用，而是在充分尊重并利用市场机制的前提下，对市场缺陷进行必要补充。可以说，现代产业政策应该是普遍建立在市场经济的基础上的。

在强调依法治国、依法管理经济的背景下，产业政策如果仅以"纯粹"的政策形式存在是不够的，产业政策关系到全国各地区经济的布局，关系到整个经济发展的中长期目标、各产业间合理的发展比例和一定时期重点产业发展的途径和支撑方式，同时也关系到对国外先进技术的引进及振兴民族工业，它所涉及的关系往往具有长期性和广泛性的特点。因此，以对产业政策的制定和实施进行规范和提供制度保障，还需要有相应的法律调整，对产业政策进行法律调整的主要模式是将产业政策的主要方面进行法治化。

在分析日本等国家产业政策的经验时，我们可以看到日本产业政策的推行和产业结构的调整，确实是主要通过经济政策的法治化进行的，产业政策的法治化事实上作为重要方面。其具体可以参考的基本形式分为两类：一类是制定"一般法"，如通过修改反垄断法，放松对控股公司的限制，促进企业兼并和联合，实现经济规模，提高竞争力，这一点对我们的煤炭资源整合有着巨大的借鉴意义；另一类是制定"特别法"，例如，通过制定各种振兴法、产业结构改善法等，直接影响产业发展，这一点我们也完全可以尝试。日本根据法律的作用将有关产业政策分为三大类：第一类是振兴法，通过省制定并经国会对战略产业和新兴产业进行保护、扶持和促进；第二类是措施法，对衰退产业加以援助，制定萧条产业临时法律，以顺利压缩过剩设备和转移人员；第三类是结构法，对介于前两者之间的特定产业进行改善，完善结构调整。在经济恢复、高速增长、产业调整和结构转换时期，这些临时措施法的有效期一般为五年左右，日本通过制定和实施相应的法律来实现促进产业经济发展的目的，确定当时的产业政策重点。在制定和执行产业政策中，一些国家和地区也都重视对产业政策相关的法律进行及时调整，如韩国、我国台湾地区等。

产业政策主要体现为政府的干预或调控行为，是一种政府政策，直接表现为政府制定和执行产业政策的行为要依法进行，在此领域实行法治，受法律的约束，这也鲜明地体现了法治的民主实质和要求，因此意义重大。如果不以法治原则制约政府制定和执行产业政策的行为，那么这种产业政策很可能变成行政专权，增加其任意性，进而产生严重后果。因为"如果不对公共行政在为追求其目的而采取任何被政府官员认为是便利的手段方面的权力加以限制，那么这种做法便是同法律背道而驰的，因为这将沦为纯粹的权力统治"。所以，对政府制定和执行产业政策的行为进行法律控制是法治国家的必然要求。产业政策一旦上升为法律，就是国家意志、全民意志，而不再是政府意志。因此当政府的有关规定或行为与法律相抵触时，也必须以法律为准则，服从法律的要求。因此，对产业政策进行法律调整，不仅意味着规制被调控主体的行为，也意味着要规制调控主体的行为，并且后一方面或许占有更重要的地位。

2. 加快制定和完善产业政策法

最近20多年来，我国产业政策的数量和涉及领域甚至远远超过以产业政策著称的日本。我国改革开放以来的经济管理活动越来越重视利用产业政策，并且其法治化程度也在逐步提高，这对调整我国产业结构、提高产业组织素质和产业技术水平，从而促进经济增长方式的转变起到了多方面的积极作用。从法律视角来看，我国产业政策在制定和实施中还存在很多问题，主要表现为法治化程度不高，尽管并非所有产业政策都需要采取法律形式，事实上现有的很多产业政策并没有纳入严格的法律调整层面，但是一些基本重要领域的产业政策亟待上升到法律的高度，特别是由最高国家权力机关制定的"法律"。

我国重要的产业政策仅表现为政府或其职能部门的法规或规章，效力很低，有些只是"纯粹的"政策甚至都不具备规章的形式，产业政策都没有得到任何法律调整，而那些基本领域的产业政策如果仅以法规、规章的形式存在，也很难达到法律调整的效果，这些规范性文件明显缺少体现法律性质的责任制度和保障措施。从另一个层面看，政府本身制定和实施产业政策的行为如果不能受到相应的法律约束，也违背了产业政策法治化的基本要求，所以没有产业政策法的说法是有道理的。基于这种情况，产业政策法调整经济关系，这种经济关系是在产业政策制定和实施的过程中产生的。产业政策法本质上是产业政策的法律化，应归属于经济法的部门并成为其重要组成部分，产业政策法就是规范和保障产业政策的法，体现了产业政策与法之间的内在联系。整个经济法都可称之为经济政策法，经济法内的竞争法、消费者权益保护法、消费者政策法等基本组成部分在某种意义上亦可称为竞争政策法。政府利用各种职能机构从具体操作层面上，对政府干预产业发展行为进行规范和保障的实质，对产业发展或结构转换等进行干预的行为是产业政策的重要内容，可以通过产业政策法的提法来体现。因此，产业政策法不仅将产业政策上升为法律形式，也规范和保障制定和实施产业政策的行为本身。

政策是内容，法律是其形式，产业政策法实际上就是产业政策的法律化，是政策与法律交叉融合而形成的一种法律形态。产业政策法的制定、修改与国家的经济政策息息相关，产业政策法在实施过程中也常受到政策变化的影响，或者说当产业政策获得了法律的表现形式，如规范性和约束力，就有了法律的一般性质，因此产业政策法具有较大的变动性和灵活性，政策和法律合二为一。如日本产业政策法中所体现的产业政策都有一定期限，不同国家、不同时期的产业政策法在内容和侧重点上迥然相异，具有较明显的时限性和阶段性，法律在名称上就被冠以"临时措施法"，如《机械工业振兴临时措施》、《电子工业振兴临时措施法》等，有效期为5年或10年不等。

产业政策明显是综合的而不是单一的，产业政策法的内容具有综合性，这源于产业政策本身的综合性决定了以此为内容的产业政策法也必然具有综合性。产业政策法的调整方法多种多样，使得产业政策法的调整方法和实施手段同样具有综合性，包括奖励措施在内的传统的民事、行政和刑事法律责任手段。产业政策法的保障措施可分为三类，包括直接管制手段、间接诱导手段和信息指导手段。从立法价值来考量，产业政策法保护社会公共利益，而不是单纯的国家利益、政府利益或者完全的社会个体利益。产业政策法的调整内容包括对某些行业、企业进行规划、引导、扶持、保护和限制等，直接目的都是为了维护社会整体利益，而不是为了某些私人（企业）的个体利益，尽管在客观上它会间接对个体利益产生某种积极或消极的影响。产业政策法的社会本位性体现了经济法追求实质正义的基本价值。产业政策法的规范形式也具有综合性，表现为既包括实体规范，又包括程序规范，两方面结合构成完整的产业政策法律制度体系。社会公共利益也就是广大人民群众所享受的利益，虽然政府应当是社会公共利益的代表，但其自身也有独立的利益。政府在法定限度内追求预算约束的宽松、程序约束的简化和职务责任的减轻或模糊化，甚至是办公条件的提高等，都是司空见惯的现象。一般来说，政府在产业政策的制定与实施过程中代表社会的共同利益，但这并非在任何时候都能够自动实现，而需要产业政策法的规范和保障。

当然，产业政策能否收到这种效果以及在多大程度上体现还要取决于法律的规定是否完善，法律调整和法治化效果只是就其应然状态而言。我国在发展社会主义市场经济的过程中，法治原则应为所有部门法所贯彻，以市场经济为基础的产业政策及产业政策法将逐步得到发展和完善，其中包括产业政策法在内的经济法也毫不例外。总而言之，要特别注意对政府制定与实施产业政策的行为进行有效规范和切实保障，使产业政策法的完善着眼于将"纯粹的"政策上升为法律形式。

3. 煤炭资源整合对经济转型的财政体制影响

就目前而言，经济转型就是需要政府主动将其一部分职能交给市场去完成，原有的政府主导了几乎全部的经济行为模式已不再适用，有关财政、税收、管制等都在市场中对政府所制定的经济政策发挥影响，如果我们同意科斯定理（Coase Theorem）的逻辑①，即无论政府给定什么样的约束条件，私人交易者总会找到使资源价值最大化的途径，但由于是政府所制定的经济政策决定了这些约束条件，经济发展状况最终要用政府和其所制定

---

① 科斯定理是由罗纳德·科斯（Ronald Coase）提出的一种观点：只要财产权是明确的，并且交易成本为零或者很小，那么无论在开始时将财产权赋予谁，市场均衡的最终结果都是有效率的，可以实现资源配置的帕累托最优。当然，在现实世界中，科斯定理所要求的前提往往是不存在的，财产权的明确是很困难的，交易成本也不可能为零，有时甚至是比较大的。因此，依靠市场机制矫正外部性（指某个人或某个企业的经济活动对其他人或者其他企业造成了影响，但却没有为此付出代价或得到收益）是有一定困难的。但是，科斯定理毕竟提供了一种通过市场机制解决外部性问题的新的思路和方法，在这种理论的影响下，美国和一些国家先后实现了污染物排放权或排放指标的交易。

的经济政策来解释。所谓以政治过程的方式来理解经济政策显然是使经济发展又好又快，并以和谐的方式推进，如果我们用规范的观点来看待经济政策，则经济政策显然不一定是以符合所有经济个体的利益的方式制定的，经济政策的决定应该以政治过程的方式来理解。这意味着经济政策是具有利益冲突的各方借政府制定政策这个讨价还价的平台来谋取集团和个人的利益。

经济转型中财政分权由中央向地方层次的政府转移，就是经济运行的体制由计划转向市场，无论是市场转型还是财政分权都意味着政府将财政收入或支出的部分权力必须随之调整。尽管决定经济政策的逻辑没有变，但不同利益集团的博弈与均衡，包括中央政府和地方政府所面临的激励有所改变，政府在其中扮演了关键的角色，这体现了财税政策和经济转型的相互关系。转型和财政分权意味着不同利益群体之间利益关系的调整和重建，转型和财政分权体制下各地方政府之间和地方政府与各利益群体之间在政治和经济两个领域上相互作用的博弈。由计划经济向市场机制转型是中国改革的基本方向，财政分权是中国改革进程中重要的制度安排。主要表现为：

（1）转型条件下的财政分权制度安排不仅是中央和地方或地方与其管辖内的低层政府间公共事务及相应的财政收入或支出的制度性安排，更多地意味着国家垄断权威向下的转移以及随之而来的分权治理①。

（2）转型条件下的财政分权改革打破了政府既有的资源配置格局，有利于促进民主化进程和促进经济增长。如2013年以来受国内经济下行、煤炭需求不振、供应竞争加剧等因素影响，山西煤炭经济在总体平稳运行的同时，也面临着煤炭价格下跌、企业效益下滑等困难和问题。对此，山西省人民政府下发"晋政发〔2013〕26号"《关于印发进一步促进全省煤炭经济转变发展方式　实现可持续增长措施的通知》，妥善解决煤炭企业参与

---

① 林敏：《分权治理与地方政府责任研究述评》，《浙江社会科学》2011年第8期。地方政府责任和治理是世界各国政府分权改革中的一个基本问题。早期财政联邦制理论将分权引入政府公共支出的分析，维持市场的财政联邦制理论则考虑了政府组织结构与激励问题。不同的政治体制下地方政府责任机制和治理结构存在差异，发展中国家分权治理的实践表明，既定的不同政治体制下，公民参与是强化地方政府责任的一种重要机制，参与式预算就是其中"自下而上"的重要责任机制，对中国政治集权经济分权下地方政府治理具有一定的作用。

高速公路建设投入资金问题①。

（3）转型条件下的财政分权制度改革意味着收入差距的扩大与社会阶层的分化，对经济增长的促进作用和对民主化进程的促进作用都是有条件的，即自然环境的恶化等不利于构建中国经济社会和谐发展等现象的出现。

四、煤炭资源整合中对利益群体的保护

1. 原有债权的核定保护

（1）资格审查。资格审查是煤矿企业兼并重组双方签订协议前的重要环节，通常这项任务由各方委托律师对对方的背景、交易标的的合法性、交易模式和交易程序等问题进行调查了解，并最终以法律尽职调查报告的形式提供给委托方。尽职调查是煤矿企业各方进行谈判的重要依据，是签订合同的重要基础，通过尽职调查逐步改善交易信息不对称的状况，从而有效降低交易风险。本次煤矿企业兼并重组，被兼并煤矿多为生产能力小、经营不规范、财务不健全、负债不明确的小煤矿，对这样的煤矿实施兼并，法律尽职调查的作用更加重要，通过调查能够明确被兼并煤矿资产的物权属性以及对交易可能形成的法律障碍，明确是否存在重大合同、重大诉讼和行政处罚情况，明确保险缴纳情况和税费缴纳情况，最为重要的是要查明煤矿的负债多少、真假和性质（煤矿债务还是个人债务），以此确定兼并的可行性和兼并对价。

（2）公示义务。公示义务是指兼并实施前，兼并方有义务对兼并的具体情况向社会予以公告。因为企业兼并重组虽然是兼并双方的事情，但影响力却不限于兼并双方，至少与兼并双方的债权人具有重要的利益关系，公告义务是债权人享有知情权、异议权和撤销权等权利的前提条件。《最高人民法院关于审理与企业改制相关的民事纠纷案件若干问题的规定》第三十二条规定，"企业进行吸收合并时，参照公司法的有关规定，公告通知了债权人。企业吸收合并后，债权人就被兼并企业原资产管理人（出资人）隐瞒或者遗漏的企业债务起诉兼并方的，如债权人在公告期内申报过该笔债权，兼并方在承担民事责任后，可再行向被兼并企业原资产管理人（出

---

① 从 2013 年 8 月 1 日起至 2013 年 12 月 31 日止，暂停提取煤炭企业矿山环境恢复治理保证金和煤矿转产发展资金。已经提取的资金仍按现行规定管理，尽快组织制定新的提取和管理办法。

资人）追偿。如债权人在公告期内未申报过该笔债权，则兼并方不承担民事责任。人民法院可告知债权人另行起诉被兼并企业原资产管理人（出资人）"。这条规定意味着兼并主体企业在兼并重组之前做了公告的工作就可以对被兼并企业的债务不负连带责任。

2. 整合中的债权保护

（1）债权人的知情权。债权人的知情权是针对兼并重组中的公示义务而言的。企业兼并重组关系到企业债权人的切身利益，有可能给债权人的利益造成不利影响和实际损失，债权人有权利知晓企业兼并的内容和程序，以及相关文件的精神。债权人通过了解企业兼并的相关情况，可以选择有利于自己的防御方式和救济手段来防止自己的利益遭受损失。一般各国立法都要求兼并企业在法定期限内通过公告或通知的方式将兼并决议和方案通知债权人。如我国《公司法》第一百七十四条规定，"公司合并，应当由合并各方签订合并协议，并编制资产负债表及财产清单。公司应当自做出合并决议之日起10日内通知债权人，并于30日内在报纸上公告。债权人自接到通知书之日起30日内，未接到通知书的自公告之日起45日内，可以要求公司清偿债务或者提供相应的担保"。此条文的前两句是对债权人知情权的保障，而后一句则是对债权人异议权的保障。因此，债权人的知情权和异议权是相联系的。

（2）债权人的异议权。债权人的异议权其实质也是一种请求权，若异议权成立，则债权人有权要求兼并企业清偿债务或提供担保。但这里需要注意的是，债权分为三种，即上文提到的内部债、国家债和普通债，债权人的异议权只能针对普通债，对于内部债和国家债则并不适用。内部债和国家债的性质决定了此两种债必须得到充分的考虑，通常在兼并合同中应当予以解决。特别是本次煤矿企业兼并重组，长治市政府要求职工的利益和国家的利益应当得到充分的保护，兼并双方所签订的合同必须包含这两项内容。

（3）债权人的撤销权。债权人的撤销权是指债务人实施减少其财产的行为对债权人的利益形成威胁时，债权人可以请求法院撤销该行为的权利。这里需要强调的是为了保证交易安全，防止债权人滥用撤销权，法律要求债权人行使撤销权必须采取诉讼的形式。尤其是本次煤矿企业兼并重组，关系到山西经济转型发展，不仅是一种民事关系，更重要的是一种宏观经济调控关系，因此不能仅因为个别债权人的异议权和撤销权就耽误了整个转型发展进程，更主要的是要通过公告、通知和债务继承的方式保护债权人的利益。

3. 兼并保证金制度

保证金制度其实是关系到兼并重组合同约定的交易价款的支付方式问题，是为了防止兼并过程中可能出现的损害债权人利益的情况而约定的一种保障制度。一般交易各方约定预留 20% 的款项作为保证金，待合同约定的义务全部履行完毕后再行支付。但是如果以 20% 的交易款项作为保证金用来支付可能出现的债务是极有风险的，因为通过法律尽职调查报告和法院相关裁定可以基本判断，这次煤矿企业兼并重组有为数不少的煤矿企业的负债远远不止其资产的 20%，甚至有些已经资不抵债，债务问题还应当力求通过公告和通知的方式尽早暴露，以求尽早解决。

4. 地方利益保护

随着重组整合后煤矿数量的减少，地方利益保障工作有待进一步完善，地方利益保障问题成为各级地方政府和当地老百姓高度关注的问题。一方面，地方既得利益标准不一致，形式多样化，不仅企业执行难度大，也加重了企业负担，还担心费用支出违反公司财务制度及审计的相关规定。另一方面，一些主体企业履行社会义务的责任心不强，积极性不高。各煤矿企业要严格履行与所在地签订的相关"以煤补农"协议，积极支持当地新农村建设和公益性事业，承担相应的社会责任；各市、县人民政府要统筹考虑地方利益保障和企业可持续发展，综合考虑富煤区、少煤区和无煤区的地方利益保障问题，科学合理地确定煤矿企业应承担社会责任的指导性意见和实施办法，不断完善"以煤补农"、"以矿帮村"的长效机制，促进企地共赢、和谐发展；地方各级人民政府和煤矿企业要认真落实省政府下发的《山西省对低收入农户供应冬季取暖用煤管理办法》，按时保质保量为低收入农户供应冬季取暖用煤，使全省人民共享煤炭工业改革发展成果。

第三节　具体纠纷解决机制的完善

一、被整合主体原有债务纠纷的处理

对于显性之债、拖欠国家的债务、拖欠职工个人的债务，在煤炭资源整合过程中，整合主体和被整合主体一般都进行了处理。未处理的，双方一般也都进行了协商和约定，明确了对该债务的承担主体和承担方式，不易产生纠纷，产生了纠纷也较容易处理。对于一些隐性债务，由于煤炭资源整合时整合双方对该债务没有协商也没有约定，审判实践中较难处理。

1. 认定煤炭资源整合的法律关系

此次煤炭资源整合，对于煤炭资源来说，是整合；对于煤炭企业来说，则是兼并。山西此次煤炭资源整合的主要政策性文件——晋政发〔2008〕23 号《山西省人民政府关于加快推进煤炭企业兼并重组的实施意见》中，用的也是"兼并"一词。但"兼并"是一个经济概念，而不是一个法律概念。我国法律上并没有企业兼并的规定，法律上与此相类似的术语称为企业合并。企业合并一词作为法律文件最早出现在 1994 年的《公司法》第一百八十四条，规定了公司合并的两种方式，即吸收合并和新设合并。吸收合并是指一个公司吸收另一个公司，被吸收的公司消灭；新设合并是指两个以上公司合并设立一个新公司，合并各方解散。从法律后果上看，吸收合并中的被吸收公司要丧失法律人格，吸收公司不丧失法律人格；而新设合并中的两个或多个公司都将丧失法律人格。

2008 年 9 月 2 日，山西省人民政府发布的《山西省人民政府关于加快推进煤炭企业兼并重组的实施意见》第二部分"兼并重组工作的主要任务和要求"中规定，"以三个大型煤炭基地和十八个规划矿区为单元，以市、县（市、区）为单位，以资产为纽带，以资源为基础，通过企业并购、协议转让、联合重组、控股参股等多种方式，鼓励大型煤炭企业之间的联合重组，由大型煤炭生产企业兼并重组中小煤矿；鼓励由煤矿企业控股，以实现专业化管理、煤炭与相关产业一体化，并与电力、冶金、化工等与煤炭行业相关联的大型企业以入股的方式参与煤矿企业兼并重组"，"国有企业之间可兼并重组，股份制是煤矿企业兼并重组的主要方式，兼并重组企业应在被兼并企业注册地设立子公司，可采用资产划转的方式；非国有之间或非国有与国有之间煤矿企业的兼并重组，可采用资源、资产评估作价入股的方式"。首先，在该份文件和各级人民政府的文件中，所有的文件对煤矿企业之间经济活动的定性都是"兼并重组"，各级人民政府成立的此次煤炭资源整合的领导机构也都称为"兼并重组整合关闭工作领导组"。其中"兼并重组"是针对煤矿企业，"整合"是针对煤炭资源，而"关闭"则是针对被兼并企业的兼并结果。被兼并企业从公司法的角度讲只有一种结果，即企业主体消灭，丧失法律人格。其次，煤矿企业之间的兼并对象是由山西省煤矿企业兼并重组整合工作领导组办公室关于整合方案的批复予以确定的，在批复中确定了三方主体，即兼并主体、被兼并主体和兼并后新成立的公司，被兼并主体主要包括四种类型的煤矿，即保留矿、整合关闭矿、过渡矿和政策性关闭矿。后三者的实体都要消灭，保留矿的保留本质也并不是法律意义上的企业主体保留，而是作为煤矿的实体要保留，保留矿所代表的企业还是要消灭，要以新的企业名称取而代之。最后，在此次煤矿企业兼并重组中，基本上被兼并煤矿的经营活动只有煤炭生产，实施兼并重组之后被兼并煤矿的采矿权证也转让给了兼并主体或新成立的公司，被兼并煤矿也就不再有任何存在的必要和存在的意义。本次煤炭资源整合，被整合主体企业都应归于消灭。因此，从法律上看，此次煤矿企业兼并重组应当是指企业合并中的吸收合并①。

2. 确定承担责任的主体

本次煤炭资源整合中煤炭企业应采用吸收合并的法律形式，整合主体和被整合主体主要采用了以下几种兼并方式：

（1）控股兼并方式。即兼并方可能通过现金、股权或资产等财产或权益交换被兼并企业的股份，企业通过购买其他企业的股权从而拥有多数股权以控制被兼并企业。该种方式无论采取何种形式原有债务仍由其自行承担，被兼并企业的独立法人地位未受影响。

（2）资产收购兼并方式。资产收购一般只是影响出售方的资产形态（如从实物资产转化为现金），对出售方的独立法人资格并无影响，即兼并方出资购买被兼并方企业的资产，包括整体购买或部分收购，而被收购企业原有债务负担的主体不因此而变更。

（3）承担债务兼并方式。兼并方以承担被兼并企业债务为条件接收其全部或部分资产，前提是在被兼并企业资产与负债相等的情况下。此种方式都是在不改变被兼并企业主体地位的前提下，与前述资产收购兼并有类似之处，付出一定对价取得被兼并企业的资产。区别在于对价的支付方式，此种方式下兼并方承担被兼并方债务后，不再直接支付其他对价。

（4）吸收股份兼并方式。兼并方接收被兼并方的全部资产后，被兼并方实际上丧失了独立法人资格，被兼并企业的所有者将被兼并企业的净资产作为股金投入兼并方，成为兼并方的一个股东。结果与吸收合并相同，

---

① 王继军：《依法推进煤矿企业兼并重组整合的研究报告》，山西经济出版社2010年版，第22页。

兼并方承担被兼并企业的原有债务。

对于承担债务式兼并和吸收股份式兼并，兼并企业都要承担被兼并企业的债务。对于资产收购式兼并和控股式兼并，兼并企业是否需要对被兼并企业的债务承担责任，争议颇大。兼并企业认为被兼并企业原有的债务应由被兼并企业承担，被兼并企业则认为应由兼并企业承担，这就涉及对债的相对性和债务随资产转移理论的认识。

债的相对性是针对债的效力范围而言的，传统民法理论认为债具有相对性，债是特定主体之间根据合同的约定或法律的直接规定而确立的权利义务关系，不具有对抗第三人的效力，债权人只能向特定的债务人行使债权，无权向第三人行使债权；债务人也只能向特定债权人履行债务，向第三人履行债务不能使债务消灭。如果严格按照债的相对性来处理债权债务关系，将会使债务人恶意利用债的相对性原则来损害债权人的利益。例如，债务人将自己的优质资产转移给第三人会使债务人偿债能力降低，甚至不具备偿债能力，如果按照债的相对性原理，债权人只能向债务人行使债权，将会使债权无法实现。

债务随资产转移理论就是为了弥补债的相对性的弊端而产生的。我国确立债务随资产转移理论是在最高人民法院于2003年颁布的《最高人民法院关于审理与企业改制相关的民事纠纷案件若干问题的规定》（法释〔2003〕1号）中。该规定第六条规定，"企业以其部分财产和相应债务与他人组建新公司，对所转移的债务债权人认可的，由新组建的公司承担民事责任；对所转移的债务未通知债权人或者虽通知债权人，而债权人不予认可的，由原企业承担民事责任。原企业无力偿还债务，债权人就此向新设公司主张债权的，新设公司在所接收的财产范围内与原企业承担连带民事责任"。第七条规定，"企业以其优质财产与他人组建新公司，而将债务留在原企业，债权人以新设公司和原企业作为共同被告提起诉讼主张债权的，新设公司应当在所接收财产的范围内与原企业共同承担连带责任"。第三十一条规定，"企业吸收合并后，被兼并企业的债务应当由兼并公司承担"。第三十三条规定，"企业新设合并后，被兼并企业的债务由新设合并后的企业法人承担"。以上条文表明，企业兼并重组应当适用债务随资产转移理论，以保护债权人的利益。本次煤炭企业兼并重组，有些兼并主体采取资产收购的方式对被兼并煤矿实施兼并，资产收购与企业合并的最大区别在于兼并过程不涉及被兼并方的债权债务问题，作为被兼并企业，把资产卖了，但法人主体还在，债务还由其清偿，必须符合《公司法》规定的实质性要件，还要有独立的财产，能清偿得起债务。如果不能清偿债务了，就应该破产清算。债权人也可以依《合同法》的规定行使撤销权，撤销该资产转让。债权人还可以根据债务随资产转移理论和我国的相关法律规定，要求兼并主体或新成立的公司在接收资产范围内承担责任。对于控股式兼并，原有债务仍由原被兼并企业承担，不是由原来被兼并企业的股东承担，虽然仍由被兼并企业承担，但此时被兼并企业的股东已经变了，兼并主体企业已成为被兼并企业的股东，兼并主体要以被兼并企业的股权为限承担责任，而不是原来企业的债务全部都由原被兼并企业的股东承担。可见，不论采取何种企业兼并方式，兼并主体对被兼并企业原有的债务都是要在一定的范围内承担责任的。

3. 审查兼并之前是否履行了公告义务

兼并企业承担被兼并企业的债务，也有例外情形。如前文所述，《公司法》第一百七十四条规定，"公司合并，应当自做出合并决定之日起10日内通知债权人，并于30日内在报纸上公告。债权人在接到通知书之日起30日内，未接到通知书的自公告之日起45日内，可以要求公司清偿债务或者提供相应的担保"。根据《最高人民法院关于审理与企业改制相关的民事纠纷案件若干问题的规定》第三十二条的规定，企业吸收合并时，参照《公司法》的有关规定，公告通知了债权人。企业吸收合并后，债权人就被兼并企业原资产管理人（出资人）隐瞒或者遗漏的企业债务起诉兼并方的，如债权人在公告期内申报过该笔债权，兼并方在承担民事责任后，可以再行向被兼并企业原资产管理人（出资人）追偿。如债权人在公告期内未申报过该笔债权，则兼并方不承担民事责任。人民法院可告知债权人另行起诉被兼并企业原资产管理人（出资人）。因此，公告是兼并主体有效预防承担被兼并方隐瞒逃避转嫁债务的法定手段。被兼并方的债权人在公告有效期内申报债权的，兼并主体、被兼并主体和债权人可依据兼并重组协议的约定，达成三方协议，及时处理被兼并主体的债务，防止兼并企业承担"替代偿还"的责任；如果被兼并方的债权人在公告有效期满内未申报债权，则兼并主体不负有"替代偿还"的责任。

二、煤矿被承包和转让股权产生纠纷的处理

准确处理被整合煤矿被承包、被转让股权产生的纠纷，主要把握好以

下三个方面：

1. 严格区分煤炭资源所有权、采矿权和经营权

所有权是指所有人对物享有的占有、使用、收益、处分的权利。所有权是自物权，具有独占性和排他性。关于煤炭资源所有权，我国《宪法》规定，"矿藏、水流、森林、山岭、草原、滩涂等自然资源，都属于国家所有"。《矿产资源法》确认了矿产资源属于国家所有。《煤炭法》规定，"煤炭资源属于国家所有。地表或者地下的煤炭资源的国家所有权，不因其依附的土地的所有权或者使用权的不同而改变"。《物权法》第四十六条规定，"矿藏、水流、海域属于国家所有"。

根据我国《矿产资源法》的规定，采矿权是指在依法取得的采矿许可证规定的范围内，开采矿产资源并获得所开采的矿产品的权利。采矿权是具有一定经济利益的财产权利，属物权范畴，受物权法调整。这一点在我国法学界目前已得到认可，《物权法》对采矿权也进行了明确规定，理论上说应该认定为用益物权。《物权法》第一百一十七条规定，"用益物权人对他人所有的不动产或者动产，依法享有占有、使用、收益的权利"。第一百一十九条规定，"国家实行自然资源有偿使用制度，但法律另有规定的除外"。第一百二十三条规定，"依法取得的探矿权、采矿权、取水权和使用水域、滩涂从事养殖、捕捞的权利受法律保护"。

作为一种用益物权，采矿权有其特殊性，采矿权人作为用益物权人，与之对应的矿产资源所有权人是国家。采矿权的取得方式有两种，一种是原始取得，另一种是继受取得。继受取得就是指采矿权人从其他采矿权主体处受让取得采矿权。原始取得是指采矿权人直接从矿产资源的所有人——国家手里取得。采矿权的原始取得并不是通过一般民事主体与国家订立合同的方式取得的，而是通过民事主体申请，然后依照行政审批、许可方式设立的。在2006年以前，矿产资源有偿使用制度还未推广，申请人只要缴纳一定的使用费就能取得矿产资源开采的权利，采矿权人通过出售矿产品获得的巨大的经济利益，与其向国家支付的使用费用严重不对等，实际上行使了矿产资源所有人的权利。在2006年开始推行矿产资源有偿使用制度之后，采矿权人需要依据其取得的采矿权对应矿产资源的数量和质量，向国家缴纳相应数量的资源价款，国家作为矿产资源所有权人的地位才能得到一定程度的体现。国家将矿产资源开发权利有偿出让给煤炭企业，煤炭企业便因此取得了采矿权，国家则取得采矿权价款。对于合法取得的用益物

权，所有权人不得对其权利的行使横加限制和变动。我国《物权法》第一百二十条规定，"用益物权人行使权利，应当遵守法律有关保护和合理开发利用资源的规定。所有权人不得干涉用益物权人行使权利"。在我国，国家是矿产资源所有权的唯一享有者，国家有权调整煤炭资源配置格局，并获得资源增值收益，这就难免与采矿权人已经取得的用益物权相冲突。经营权是指企业在经营过程中对企业财产经营、投资和其他事项所享有的支配、管理权。企业经营权的实现方式主要包括承包、租赁和公司制。经营权可以依法转移，如承包经营、租赁经营等。

2. 准确认定煤炭资源权属转让的效力

我国煤炭资源的所有权属于国家，不得转让。煤炭资源的采矿权、经营权则依法可以转让，但转让要受到法律的限制和约束。我国《矿产资源法》第六条第二款规定，"已取得采矿权的矿山企业，因企业合并、分立，与他人合资、合作经营，或者因企业资产出售以及有其他变更企业资产产权的情形而需要变更采矿权主体的，经依法批准可以将采矿权转让他人采矿"。《探矿权采矿权转让管理办法》第三条第二款规定，"已经取得采矿权的矿山企业，因企业合并、分立，与他人合资、合作经营，或者因企业资产出售以及有其他变更企业资产产权的情形，需要变更采矿权主体的，经依法批准，可以将采矿权转让他人采矿"。该办法第十条规定，"申请转让探矿权、采矿权的，审批管理机关应当自收到转让申请之日起40日内，做出准予转让或者不准转让的决定，并通知转让人和受让人……批准转让的，转让合同自批准之日起生效"。可见，我国法律对采矿权的转让方式和转让程序的规定是非常严格的。

对于符合国务院《探矿权采矿权转让管理办法》第三条和《矿产资源法》第六条规定的情形，当事人签订转让合同并且经过了审批管理机关批准的，可以认定转让合同有效。已取得采矿权的矿山企业，因企业合并、分立，与他人合资、合作经营，或者因企业资产出售以及有其他变更企业资产产权的情形而需要变更采矿权主体的，对于不符合《矿产资源法》第六条和国务院《探矿权采矿权转让管理办法》第三条规定的情形，当事人签订转让合同转让采矿权的，应当认定违反了《矿产资源法》第六条的规定，依照《合同法》应认定该转让合同无效。对于符合《矿产资源法》第六条、国务院《探矿权采矿权转让管理办法》第三条，但当事人签订的转让合同没有经过审批管理机关批准的情形，在审判实践中，对该采矿权转让合同的效力主要有两种观点：一种观点认为，《探矿权采矿权转让管理办法》第十条规定的转让审批是一种管理性强制性规范，不影响转让合同的民事效力；另一种观点认为，转让审批属于强制性法律规定，是国家对矿产资源实行监督管理的有效手段。因此未经审批的转让协议应认定为无效合同。矿产资源属于国家所有，由国务院行使国家对矿产资源的所有权，国家对矿产资源的勘查、开采实行许可证制度。采矿权属于他物权中的用益物权，根据物权与债权区分的原则，对采矿权的转让未办理批准登记手续的，不产生物权上的效力，但不影响转让合同的效力。因此，对于双方当事人签订的采矿权的转让合同，只要该合同是当事人的真实意思表示，且不违反相关法律法规的禁止性规定，一般不应认定为无效合同。但根据《合同法》及其司法解释的规定，对未办理批准登记手续的应认定为效力待定合同[①]。

在审判实践中，由于国家对转让探矿权、采矿权有严格的条件限制和批准程序，有的当事人没有采取签订转让合同的方式，而是采取承包、股份转让、合伙份额转让、联营、租赁等方式，实际上变相转让探矿权采矿权。这种情形目前具有一定的普遍性，对此类合同的效力认定问题是审判实践中争议最大的。

承包是现代企业经营管理的一种模式，在承包关系存续期间，既不消灭、变更原有企业或创设新的企业，也不改变原有企业的名称、经营范围和法律地位。承包是对经营权的一种转让，煤炭企业可以通过承包的方式进行经营权转让，但不能用承包的方式将采矿权进行转让。我国《矿业权出让转让管理暂行规定》第三十八条规定，"采矿权人不得将采矿权以承包的方式转让给他人开采经营"。第六十二条规定，"矿业权出租违反本规定的，矿业权人将矿业权承包给他人开采、经营的，由登记管理机关按照《矿业权出让转让管理办法》的规定予以处罚"。《矿业权出让转让管理办法》第十五条规定，"违反本办法第三条第二项的规定，以承包等方式擅自将采矿权转让给他人进行开采的，由县级以上人民政府负责地质矿产管理工作的部门按照国务院地质矿产主管部门规定的权限，责令改正，没收违法所得，处 10 万元以下的罚款；情节严重的，由原发证机关吊销采矿许可证"。煤矿企业承包经营和利用承包方式转让采矿权，两者的根本区别就在

---

① 崔建远等：《矿业权基本问题探讨》，《法商研究》1998 年第 4 期。

于承包人是否获得煤炭产品，是否以承包人的名义进行煤炭产品的经销。如果承包人与发包人约定，开采出的煤炭产品归发包人所有，以发包人的名义进行销售，发包人只是向承包人支付一定数额的报酬，这是真正意义上的煤矿承包经营合同，这是法律允许的。但如果承包人与发包人在承包合同中约定，承包人在缴纳一定费用之后，就可以在发包人所有的矿区内进行煤炭开采活动，并以承包人名义进行销售，实质上就是采用承包的方式转让采矿权，属于国家法律、法规明令禁止的非法转让采矿权的行为①。

对于转让股权是否构成变相转让采矿权的问题，有的实际上原来的经营者已经完全退出了经营，由新的经营者开展经营，虽然只转让了90%或者更低的比例，还留一点份额未转让，全部转让企业股权、合伙份额的情况较好认定，但部分转让股权的情况则较难认定，在审判实践中很难确定一个具体的比例进行界定是否属于变相转让采矿权，故只能从案件的事实来综合考虑认定合同效力。此类合同要注意从合同的条文、当事人的履行情况以及争议的标的等方面进行综合审查。如果在合同中约定了将全部或绝大部分股权、合伙份额进行转让，实际经营中原来的采矿权人已经完全退出了矿山的经营管理，明确了将矿山企业财产及相关权证移交，再由新的经营者进行管理，在审理中可以确认实际是变相转让采矿权的合同，应当按照《合同法》第五十二条第（三）项："以合法形式掩盖非法目的"的规定认定合同无效。如果在合同中仅约定了部分股权、合伙份额进行转让，不涉及矿山企业财产及相关权证的移交，在实际经营中采矿权人未发生变更，在审理中不能够确认是变相转让采矿权的合同，可以认定合同有效②。

3. 合同无效后和未生效的处理原则

确认转让合同未生效或无效后财产如何返还，是人民法院目前审理此类案件的难点，处理上也是结果不一，严重损害了法律的权威性和严肃性。涉及采矿权转让、承包的案件虽然未经批准，但普遍存在双方已经履行了多年的情况，受让方、承包方已经投入了大量的资金，也已经将获取的矿产品对外出售获取了利益。确定合同未生效或无效后判决双方相互返还，投资和收益就很难确定。矿山投资大部分都在地下、矿洞里，且存在大量

---

① 胡文国、吴栋、李乐夫：《我国煤炭行业管理体制研究》，《煤炭经济研究》2006年第6期。
② 王继军：《依法推进煤矿企业兼并重组整合的研究报告》，山西经济出版社2010年版，第164页。

白条的情况。在确定合同无效后，经营方往往会提交大量白条，提高其投资的数额。同样，矿山的收益也只有矿山的经营者掌握，在涉及返还的时候根本不愿意举证，而由对方当事人举证又有很大难度，只能通过一些缴纳相关税费的情况来进行推断。实践中又大量存在当事人逃税、漏税的情况，因此推断的数额也是不准确的。因此，在涉及矿业权纠纷案件中，对投资和收益依靠法院准确确定有很大困难，只能通过相关鉴定程序进行解决，但鉴定机构同样也面临上述困难。对鉴定机构也应当进行必要的规范，对于提交鉴定的材料没有经过双方当事人认证和法院认证，鉴定机构没有尽到基本的审核义务的，不要作为定案依据使用。如当事人无法举证或者所举证据无法证明其主张的，对其主张人民法院不应予以支持①。

三、名义股东侵犯隐名股东权益纠纷的处理

1. 有关名义股东与隐名股东的法律规定

《公司法》第三十三条规定，"有限责任公司应当置备股东名册，记载下列事项：（一）股东的姓名或者名称及住所；（二）股东的出资额；（三）出资证明书编号。记载于股东名册的股东，可以依股东名册主张行使股东权利。公司应当将股东的姓名或者名称及其出资额向公司登记机关登记；登记事项发生变更的，应当办理变更登记。未经登记或者变更登记的，不得对抗第三人"。该规定中第二款和第三款确立了名义股东和实际出资人（即隐名股东）的概念，但未对双方的法律关系和权利义务做出规定，以至于审判实践中争议很大。在《公司法解释（三）》颁布实施之前，对此问题，审判实践中参照的主要是最高人民法院通过的《关于审理外商投资企业纠纷案件若干问题的规定（一）》第十五条的规定，"合同约定一方实际投资、另一方作为外商投资企业名义股东，不具有法律、行政法规规定的无效情形的，人民法院应认定该合同有效。一方当事人仅以外商投资企业审批机关批准为由主张该合同无效或者未生效的，人民法院不予支持。实际投资者请求外商投资企业名义股东依据双方约定履行相应义务的，人民法院应予支持。双方未约定利益分配，实际投资者请求外商投资企业名义股东向其交付从外商投资企业获得的利益的，人民法院应予支

① 李显冬：《中国矿业立法研究》，中国人民公安大学出版社2006年版，第20页。

持。外商投资企业名义股东向实际投资者请求支付必要报酬的，人民法院应酌情予以支持"。第十六条规定，"外商投资企业名义股东不履行与实际投资者之间的合同，致使实际投资者不能实现合同目的，实际投资者请求解除合同并由外商投资企业名义股东承担违约责任的，人民法院应予支持"。第十七条规定，"实际投资者根据其与外商投资企业名义股东的约定，直接向外商投资企业请求分配利润或者行使其他股东权利的，人民法院不予支持"。

最高人民法院 2007 年全国民事审判工作会议中指出，"在审理公司案件时应当正确适用外观主义原则，注意维持公司内部各民事主体之间约定的效力。公司法律关系具有很强的涉他性，公司的内部决策、内部各民事主体的意思自治，往往涉及公司外部当事人的利益。在审理公司纠纷案件过程中，要注意贯彻外观主义原则，在维护公司内部当事人约定效力的同时，优先保护外部善意当事人的权利。在审理涉及股东资格认定及其与外部第三人之间关系方面的有关纠纷案件时，要准确理解和适用《公司法》第三十三条的规定。在股东和公司之间内部的关系上，股东可以依据股东名册的记载向公司主张权利，公司亦可依据股东名册记载识别股东，并仅向记载于股东名册的人履行诸如通知召开股东会、分配利润等义务。实际出资人与记载于股东名册的股东之间有关'实名出资'的约定，仅在订约人之间产生效力，一般不能对抗公司。在股东与公司之外的第三人之间的外部关系上，应当坚持外观主义原则，即使因未办理相关手续导致公司登记机关的登记与实际权利状况不一致，也应优先保护善意第三人因合理信赖公司登记机关的登记而做出的行为效力"。

2010 年 12 月 6 日，最高人民法院通过了《公司法解释（三）》，第二十五条、第二十六条、第二十七条规定了名义股东和隐名股东的权利义务关系。第二十五条规定，"有限责任公司的实际出资人与名义出资人订立合同，约定由实际出资人出资并享有投资权利，以名义出资人为名义股东，实际出资人与名义股东对该合同效力发生争议的，如无《合同法》第五十二条规定的情形，人民法院应当认定该合同有效。前款规定的实际出资人与名义股东因投资权益的归属发生争议，实际出资人以其实际履行了出资义务为由向名义股东主张权利的，人民法院应予支持。名义股东以公司股东名册记载、公司登记机关为由否认实际出资人权利的，人民法院不予支持。实际出资人未经公司其他股东半数以上同意，请求公司变更股东、签发出资证明书、记载于股东名册、记载于公司章程并办理公司登记机关登记的，人民法院不予支持"。第二十六条规定，"名义股东将登记于其名下的股权转让、质押或者其他方式处分，实际出资人以其对于股权享有实际权利为由，请求认定处分股权行为无效的，人民法院可以参照《物权法》第一百零六条的规定处理。名义股东处分股权造成实际出资人损失，实际出资人请求名义股东承担赔偿责任的，人民法院应予支持"。第二十七条规定，"公司债权人以登记于公司登记机关的股东未履行出资义务为由，请求其对公司债务不能清偿的部分在未出资本息范围内承担补充赔偿责任，股东以其为名义股东而非实际出资人为由进行抗辩的，人民法院不予支持。名义股东根据前款规定承担赔偿责任后，向实际出资人追偿的，人民法院应予支持"。

2. 隐名股东的概念与法律特征

隐名股东是与名义股东相对应的称谓，也称实际出资人，是指实际出资认购公司股份，但在公司章程、股东名册和工商登记中都记载为他人的投资者。隐名股东一般具有以下法律特征：首先，隐名股东实际认缴公司资本，但其姓名或名称未记载于公司章程、股东名册、出资证明书、工商登记中。其次，名义股东同意隐名股东使用自己的姓名或名称，这是隐名股东与冒名股东的区别。因为在冒名投资中，实际出资人盗用他人名义出资，并未取得名义股东的同意。最后，隐名股东承担公司的盈亏风险，这是隐名投资与借贷的区别。如果一方实际出资，另一方以股东名义加入公司，但双方约定实际出资人不承担投资风险，双方之间则不应认定为隐名投资关系，应认定为债权债务关系①。

3. 名义股东与隐名股东投资权益纠纷的处理

隐名股东与名义股东之间的投资权益纠纷，属于内部纠纷。在处理公司内部关系纠纷时应坚持合同自由、意思自治的原则。只要隐名股东与名义股东之间所达成的协议是双方真实意思表示，其权利义务的约定不涉及第三人利益，且该约定不违反法律强制性规定，则完全可以认定该协议的效力。因此，《公司法解释（三）》第二十五条第一款承认了实际出资人（隐名股东）和名义出资人（名义股东）之间关于出资的合同在符合法律法

---

① 奚晓明主编：《最高人民法院关于公司法解释（三）清算纪要理解与适用》，人民法院出版社2010年版，第376页。

规的情况下的效力，并在第二款规定了当实际出资人（隐名股东）和名义出资人（名义股东）因投资权益归属发生纠纷时，以实际出资为认定权利的标准，而不能以股东名册、公司登记等外部公示来否认实际出资人（隐名股东）的权利。值得注意的是，实际出资人（隐名股东）和名义出资人（名义股东）因投资权益发生纠纷，人民法院以实际出资为标准来判定实际出资人为股东的前提是必须符合该条解释第一款的规定，即必须是实际出资人（隐名股东）与名义出资人（名义股东）之间有出资的合同约定。如果没有该约定，则无法确认实际出资人出资的真实意思，无法确认其出资的真实意图，无法确认其实际出资是债权债务、不当得利，还是股东出资。该条第三款规定了实际出资人（隐名股东）要取代名义出资人（名义股东）成为显名股东须经公司其他股东过半数同意。这是因为我国的公司分为有限责任公司和股份有限公司。股份有限公司是资合性公司，股权流动性大，股东资格以持有或者被记载于公司发行的股票为认定标准，一般不存在隐名股东问题。有限责任公司与股份有限公司相比，更多强调的是公司的人合性。有限责任公司的人合性要求各股东之间建立一种友好信任的关系，否则会对有限责任公司的日常经营造成很大障碍。在隐名投资的形式下，公司的其他股东并不知道隐名股东的存在，认同的合作伙伴是名义股东。对隐名股东，其他股东可能不了解，也可能对其不认可，也可能虽然了解也认可，但不愿意与其合作，所以如果不加限制地认可实际投资人（隐名股东）的股东资格，对于信任名义股东为其合作伙伴的其他善意股东是不公平的，可能也会引发公司的不稳定①。

4. 名义股东处分股权纠纷的处理

名义股东虽然与实际出资人（隐名股东）约定由其行使股权，但是该股权是基于实际出资人（隐名股东）出资才取得的，因此，股权最终应归属于实际出资人（隐名股东），名义股东虽然可以行使股东权利，但却不能擅自处分该股权，股权的处分必须得到实际出资人（隐名股东）的同意。《合同法》第五十一条规定，"无处分权的人处分他人财产，经权利人追认或者无处分权的人订立合同后取得处分权的，该合同有效"。根据该规定，当实际出资人（隐名股东）没有授权名义股东处分该部分股权时，名义股

---

① 奚晓明主编：《最高人民法院关于公司法解释（三）清算纪要理解与适用》，人民法院出版社2010年版，第379页。

东对该部分股权不享有处分权，其所进行的处分行为应为无权处分行为。但是，《公司法》第三十三条第二款、第三款规定，"记载于股东名册的股东，可以依股东名册主张行使股东权利。公司应当将股东的姓名或者名称及其出资额向公司登记机关登记；登记事项发生变更的，应当办理变更登记。未经登记或者变更登记的，不得对抗第三人"。根据该规定，股东姓名或名称未在公司登记机关登记的，不得对抗第三人。因此，第三人基于对登记机关登记内容的信赖，一般可以合理地相信登记的股东（即名义股东）就是真实的股权人，可以接受该名义股东对股权的处分。此时，实际出资人（隐名股东）不能主张该处分行为无效。

当然，在认定股东资格时，公司登记只是相对优先适用，并不具有绝对的效力。在当第三人明知该股东不是真实的股权人，股权应归属于实际出资人（隐名股东）时，名义股东向第三人转让股权后，如果仍认定该处分行为有效，实际上助长了第三人及名义股东的不诚信行为，这与法律的诚实信用原则是相悖的。因此《公司法解释（三）》第二十六条第一款规定，"名义股东将登记于其名下的股权转让、质押或者其他方式处分，实际出资人以其对于股权享有实际权利为由，请求认定处分股权行为无效的，人民法院可以参照《物权法》第一百零六条的规定处理"。根据该规定，当实际出资人（隐名股东）主张处分股权行为无效时，应当参照《物权法》第一百零六条的规定，即善意取得制度来处理。

《物权法》第一百零六条规定，"无处分权人将不动产或者动产转让给受让人的，所有权人有权追回；除法律另有规定外，符合下列情形的，受让人取得该不动产或者动产的所有权：（一）受让人受让该不动产或者动产时是善意的；（二）以合理的价格转让；（三）转让的不动产或者动产依照法律规定应当登记的已经登记，不需要登记的已经交付给受让人。受让人依照前款规定取得不动产或者动产的所有权的，原所有权人有权向无处分权人请求赔偿损失。当事人善意取得其他物权的，参照前两款规定"。

对于"合理价格"、"登记"、"交付"，审判实践中都较好认定。但对于"善意"如何界定，则没有明确的认定标准。不应当知道或者根本无法知道隐名出资的事实，当然属于"善意"，但在可以知道而事实上不知道，或者应当知道而事实上不知道的情况下，则应如何界定善意或恶意呢？此外，在第三人虽然明知隐名投资的事实，但是其相信该名义股东处分该股权是得到隐名股东的同意的，或者相信名义股东基于他和隐名股东之间的内部约定而取得了处分权，此时与名义股东订立的股权转让合同是善意还是恶意应如何认定呢？在没有证据或没有充分证据证明第三人知道隐名投资或可推定第三人应当知道隐名投资的事实时，可认定第三人受让股权是善意的。如果有证据证明第三人对隐名投资的事实知情，而第三人又没有证据证明名义股东取得处分权或得到了实际出资人即隐名股东的同意的，则不能认定第三人是善意的。

在第三人是善意受让股权的情况下，实际出资人（隐名股东）不能主张名义投资人（名义股东）与第三人之间的股权转让无效。首先，第三人是基于对登记记载事项的信任才受让股权的，一旦这种转让被认定为无效，那么势必会影响登记的公示公信力，损害登记制度本身的权威性。其次，实际出资人（隐名股东）主张股权转让无效的理由是其为公司的出资者，是公司真正的权利人，而确认其对公司出资的依据是实际出资人与名义股东之间签订的投资协议，但是该投资协议是实际出资人（隐名股东）和名义股东之间签订的，按照合同的相对性原理只能约束实际出资人（隐名股东）和名义股东双方，不能以此对抗善意第三人。最后，从保护善意第三人的角度考虑，为了更好地保护善意第三人的利益，要维护交易安全和交易秩序。[①]

综上，只要受让股权的第三人是善意的，即使名义股东转让股权时未经实际出资人（隐名股东）同意，该股权转让行为也应有效。在这种情况下，实际出资人（隐名股东）不能请求确认该股权转让行为无效，也不能要求第三人承担赔偿责任，其因股权被转让所遭受的财产损失只能向名义股东请求赔偿，实际出资人（隐名股东）可以向人民法院提起侵权之诉，请求名义股东承担损害赔偿责任。但若第三人明知存在实际出资人（隐名股东），名义股东为无处分权人的情况下，该股权转让行为应为效力待定行为，如果实际出资人（隐名股东）事后对该股权处分行为予以追认，那么该股权转让行为有效，如果不予追认，则该股权转让行为应为无效。在名义股东与第三人恶意串通转让股权损害了实际出资人（隐名股东）利益的情况下，该股权转让行为应当认定为无效。

[①] 奚晓明主编：《最高人民法院关于公司法解释（三）清算纪要理解与适用》，人民法院出版社2010年版，第394页。

四、煤炭资源整合中涉及行政诉讼纠纷的处理

在煤炭资源整合后期，还涉及对整合煤矿的采矿许可证和工商营业执照的重新核发问题。据了解，采矿许可证绝大多数已被重新核发，工商营业执照作为最后一道程序，由于前期手续不齐全和法律法规的不明确，核发工作进展缓慢，已出现一些煤矿企业将工商部门诉至法院要求尽快注销颁发或变更工商营业执照的情况。这类纠纷属于行政许可案件，对工商部门的颁（换）证行为进行合法性审查，审理的主要依据是《行政许可法》和行政法律法规，以及最高人民法院的司法解释，同时参照政府的规范性文件。审理这类行政许可纠纷，可从以下几个方面审查认定：

1. 准确适用法律规定

我国《行政许可法》第十二条规定，"下列事项可以设定行政许可：（一）有限自然资源开发利用、公共资源配置以及直接关系公共利益的特定行业的市场准入等需要赋予特定权利的事项……（五）企业或者其他组织的设立等，需要确定主体资格的事项"。煤炭企业是对有限自然资源的开发利用，可以颁发采矿许可证，颁发工商营业执照，这些都有法律依据。《行政许可法》第十四条规定，"本法第十二条所列事项，法律可以设定行政许可。尚未制定法律的，行政法规可以设定行政许可。必要时，国务院可以采用发布决定的方式设定行政许可。实施后，除临时性行政许可事项外，国务院应当及时提请全国人民代表大会及其常务委员会制定法律，或者自行制定行政法规"。《行政许可法》第十五条规定，"本法第十条所列事项，尚未制定法律、行政法规的，地方性法规可以设定行政许可；尚未制定法律、行政法规和地方性法规的，因行政管理的需要，确需立即实施行政许可的，省、自治区、直辖市人民政府可以设定临时性行政许可。临时性的行政许可实施满一年需要继续实施的，应当提请本级人民代表大会及其常务委员会制定地方性法规。地方性法规和省、自治区、直辖市人民政府规章，不得设定应当由国家统一确定的公民、法人或者其他组织的资格、资质的行政许可；不得设定企业或者其他组织的设立登记及其前置性行政许可。其设定的行政许可，不得限制其他地区的个人或者企业到本地区从事生产经营和提供服务，不得限制其他地区的商品进入本地区市场"。第十七条规定，"除本法第十四条、第十五条规定的外，其他规范性文件一律不得

设定行政许可"。从以上规定可以看出，煤炭企业的采矿许可证和工商营业执照的设定权，只能由全国人大及其常委会和国务院行使，省级人大及其常委会和省级人民政府只能在设定的行政许可事项范围内做出具体规定，而且不能与法律、行政法规相抵触。国土资源部门和工商行政管理部门作为行政机关，职责是认真执行法律、法规以及政府规章，更无权设定行政许可。

2. 认真审查规范性文件的合法性

针对兼并重组整合煤矿企业的工商营业执照颁发进展缓慢的情况，山西省政府于 2011 年 6 月 17 日印发了《关于进一步做好兼并重组 整合煤矿企业工商登记注册工作的通知》，明确了界限，做出了具体规定，促进了工商登记注册工作的进行。《通知》第一条规定，"在办理兼并重组整合后煤矿企业工商登记时，对涉及的'十关闭'煤矿企业，原则上应办理清算注销登记；因故不能及时办理注销登记的，凭县级以上人民政府出具的证明文件，说明所属'十关闭'煤矿采矿权已收回，在此次兼并重组整合中仅对资源进行整合，兼并重组主体企业可依法先行申办整合后煤矿企业的工商登记"。第二条规定，"实际改制未完成的被兼并煤矿企业，由工商登记档案中体现的主管部门或出资人作为权利主体签署出具相关文书，办理该被兼并煤矿企业的注销等工商登记。原煤矿企业改制方案已履行审批手续、净资产已合法转让、改制实质工作已完成，但未办理工商改制登记的，在兼并重组整合中，可由原煤矿企业净资产的受让人（改制后企业的股东）作为权利主体签署出具相关文书，办理被兼并煤矿企业的注销登记"。第三条规定，"对在兼并重组整合中，兼并主体企业采取资产收购方式，仅受让其采矿权和实物资产，协议约定其债权债务仍由被兼并企业承担，被兼并煤矿企业随后决定解散的，应及时办理清算注销；被兼并煤矿企业自愿转型存续发展的，须在整合后煤矿企业注册登记前，依法及时办理经营范围等事项的工商变更登记"。对于省政府发布的规范性文件，人民法院在审理具体案件中审查其是否符合法律和行政性法规，如违反法律、行政性法规的禁止性规定、强制性规定，则不能参照，要向有权机关发出司法建议，建议作废或改变规定；如符合法律和行政性法规，则可以参照适用。省政府的《通知》属于规范性文件，对于做好山西全省兼并重组整合煤矿企业的工商登记注册工作，具有重要的指导作用。在不与法律和行政性法规相抵触的情况下，山西省各级法院在审理这类行政许可案件中，可以参照适用。

3. 慎重处理煤炭企业行政许可案件

对于已经起诉到法院的兼并重组整合煤矿企业行政许可案件，煤矿企业要求注销原营业执照，颁发新工商营业执照的，人民法院应先进行司法审查，审查有关手续是否齐全，是否符合法律规定的程序，如符合规定，可做出司法判决，责令工商部门先注销后颁证；否则，可驳回起诉，告知当事人继续完善手续。如地方政府已介入解决的，以县级以上人民政府相关的行政文件为由，工商部门对被兼并煤矿的资产处置和企业注销或变更登记暂缓办理，人民法院参照省政府的规范性文件，则支持工商部门的决定，做出中止审理的裁定。待条件具备时，再恢复审理，做出判决。但对兼并主体企业则不受此限制，责令工商部门对符合条件的兼并主体企业进行工商登记注册。在审理案件过程中，可积极与地方政府沟通协调，发挥地方政府的作用，共同解决兼并企业、被兼并企业以及工商部门的矛盾，在有关民事纠纷及其他矛盾消除后，及时办理注销或变更登记，减少扯皮，帮助兼并整合后的企业进行正常的生产经营活动，促进市场经济活动的正常进行。

山西的煤炭资源整合是一次勇敢的尝试，是在 2008 年金融危机的背景下，在煤炭工业发展受到一定影响的情况下，对于煤炭行业如何做大做强的一次意义重大的尝试。实践过程中，会遇到各种各样的不可避免的问题。法律作为一种依靠国家强制力保证实施的社会控制系统，它的权利和义务机制，它的稳定性、权威性、强制性等特点是其他行为规范所没有的，这对于调整因煤炭资源的开发、利用、保护和管理而发生的纷繁复杂的利益关系来说，具有鲜明的功能优势。煤炭资源整合中的纠纷，不但涉及政府具体行政行为合法性的争议，更涉及深层次的民事权益之争。在坚持"谁投资，谁所有"的原则上，结合历史和现状确认采矿权的归属，确定民事、行政案件的审判原则，完善资源整合配套制度的立法，提高行政机关的执法能力，是解决煤炭资源整合纠纷的有效途径。

第六章 山西煤炭资源整合法治 反思：经验与启示

第一节 山西煤炭资源整合中法治模式的总结

客观地说，矿产资源是不可再生的自然资源，是我国国民经济健康发展的重要物质基础。提高国内矿产资源的开发、利用效率以适应我国国民经济的发展需要，必然是执政部门重点关注的行政热点问题。从另一个角度来看，找到国家经济发展需要与保护合法私权之间的平衡点，维护矿业权主体的正当权益，也是政府不能回避的执政责任①。虽然轰轰烈烈的"矿产资源整合运动"已基本落下帷幕②，有关矿产资源功过是非的争论也已暂告一段落，但系统地从法律视角反思、研究山西乃至我国的资源整合政策，厘清矿产资源整合与矿业权整合的关系，在法治的框架内对矿业权整合进行研究，对于维护经济秩序的稳定、增强政府的公信力、促进我国的法制建设仍然具有很大的价值。

一、煤炭资源整合的法律经济学视角

从经济学的理论来讲，解决经济行为"外部性问题"的方法有两种：

---

① 从法律的视角看，拥有矿业权的实质是国家对特定主体进行矿产资源勘查或开发合法性的认可。

② 《关于进一步推进矿产资源开发整合工作的通知》（国土资发〔2009〕141 号）规定，"2010 年底前，按照经批准的进一步推进整合实施方案，全面完成整合工作任务，建立健全矿产资源管理有关制度，初步建立矿产资源开发利用长效机制。2011 年起，整合工作转入常态化管理"。

一种是庇古的国家干预论①，即通过国家政策措施对经济行为进行协调，解决冲突；另一种是科斯的产权理论②，即通过产权确权的方式将"外部性问题"内部化，再由两个权利主体协商解决，国家不再干预③。由此，国家同煤炭资源开发使用权人的冲突可以由国家出面解决。当然，实际的运作是相当复杂的，按照市场经济发展的自身要求来讲，我们对此类问题的解决方式应尽量采用产权确权的方式，因为这种方式是运用市场机制自身来解决矛盾的。在适当的范围内，如国家的重要战略储备型矿种、稀缺矿种，采用国家干预的形式来解决则更有利于矿产资源的开发利用。

1. 我国煤炭资源整合与改革的维度认识

我国煤炭资源矿业规范制度分析不可避免地会涉及三个维度，即政府（中央政府或地方政府）、企业（资源型企业）以及市场（矿业权市场）。怎样才能把这些维度统筹到一个相对合理的框架之中呢？本书以政府分权的视野来统筹分析上述维度，原因在于煤炭资源整合是在现有的公有制基础上由中央和地方两级政府分别实施的。"市场经济中的主体财产权不是'绝对的'和真正'为所欲为'的，它是从属于社会约束，由政府主导的、有限制的产权。制度性的财产权矛盾和冲突难以通过市场界定来解决，市场对于市场主体实施其财产权行为的约束功能十分有限，而政府介入财产权领域和行政权力的约束和限制，对主体财产权进行调整和重构，就成为现代市场经济的必然需要"④。一般来说，政府在矿业权制度基础上对煤炭资源进行三方面调节：①规定矿业权权能的度量，即权利的边界或界域；②对主体的经营领域，即对实施矿业权的领域进行政府干预；③对矿业权

① 庇古指出，外部效应问题是市场本身无法克服的内在缺陷，如果政府始终恪守传统的"守夜人"职责，它将始终构成市场有效运行的一种威胁。庇古建议：为了实现帕累托最优结果，国家必须越出传统上规定的边界，利用国家拥有的征税权力，对那些制造外部影响的企业和个人征收一个相当于私人与社会边际成本差额的税收或给予同等数量的补贴，具体视外部效应的性质（有利还是有害）而定，使企业和个人自动地按照效率标准提供最优产量。借助国家的干预，市场秩序又得以重建。

② 1991年诺贝尔经济学奖得主科斯是现代产权理论的奠基者和主要代表，被西方经济学家认为是产权理论的创始人，他一生所致力考察的不是经济运行过程本身（这是正统微观经济学所研究的核心问题），而是经济运行背后的财产权利结构，即运行的制度基础。他的产权理论发端于对制度含义的界定，通过对产权的定义，对由此产生的成本及收益的论述，从法律和经济的双重角度阐明了产权理论的基本内涵。

③ Herbert Simon，"Rationality in Political Behavior"，Political Psychology，Vol. 16，1995，pp. 48 –51.

④ 刘诗白：《主体产权论》，经济科学出版社1998年版，第99 –101页。

的收益实行调整。由此可见，市场经济条件下政府对矿业权制度的主导和限制作用不可忽视，矿业权制度并不完全是科斯意义上的"产权私有决定论"。

从现代市场经济发展的历史看，政府并不是作为一个抽象的单一整体来规范、约束和调整矿业权制度的，政府的管制是划分层级并有着不同授权。政府对矿业的管制在市场和政府之间需要平衡，需要研究在政府不同层级下如何实施有效的矿业约束，在一定程度上需要打破原有的二维权衡①。由此可见，我国煤炭资源整合制度的设计必然离不开各级政府的充分介入，这里包括政府对矿产资源所有权的界定和法律保护，政府对矿产资源的产权管理和政府对矿产资源交易、利用的法律规制等。

2. 我国煤炭资源整合与改革的维度把握

我国中央政府和地方政府从整体研究视阈来看，作为参与市场经济活动的主体之一，在煤炭资源整合中不能对中央和地方两级政府各自的调控进行规避，这是在现有制度下对经济问题的中国制度特征的反映和显现。因此，应当明确中央政府与地方政府在矿业权制度改革中扮演的角色对定性的政府行为分析必不可少，即明确是"援助之手"、"福利之手"还是"掠夺之手"，从而有利于将企业维度、市场维度和政府维度及其相互关系统筹到分权的框架中进行分析。从煤炭资源整合的核心即矿业所有权制度改革来说，应当着重分析内含于其中的中央与地方分权问题。

但从煤炭资源矿业权的设置来看，如果矿区划分不合理、矿业权设置不当，即便企业重组资源的配置结果关系到矿山企业的组合方式以及矿山企业的数量，也将是无序的整合。山西规定不得参与整合的煤炭资源地区有：风景名胜、文物保护区；重要水源地；城市规划区；交通枢纽区域；其他法律、法规规定的地区。应以"完善规划、强化法制"为重点，根据形势对煤炭行业政策进行适当调整。从矿区的范围划定、矿业权的调整，到优势矿山企业的选择，再到矿山企业的合并重组、资产划拨的基本时序来看，无论采用何种模式进行整合，矿区和矿业权的合理配置都是整个矿产资源开发整合的基础。所以，实施资源开发整合首先要针对矿山分布和资源利用进行规模结构调整。要在紧密结合实际基础上制定整合矿区矿业

---

① Elinor Ostrom, "Hierarchy and Ecological Control in Federal Budgetary Decision Maker", American Journal of Sociology, Vol. 87, 1981, pp. 77 – 83.

权设置的总体设置方案，拟设采矿权的数量以及最小开采规模，整合后各矿山的矿区范围、资源储量、生产规模及初步经济技术评价等。通过煤炭资源整合促进煤炭的市场化并继续完善矿业权改革，运用市场经济手段协调煤炭企业发展，可通过制定煤炭产业法规鼓励发展煤炭资源综合利用事业，调整煤炭产业结构，培养新的经济增长点①。

二、煤炭资源整合的制度范式

我国煤炭资源制度改革在社会经济宏观层面上是涉及产权结构的一场深刻变革。在这一改革问题研究的思想指导上，我们应该坚持马克思主义的基本理论和方法，我们要研究的对象是我国构建社会主义市场经济中的产权变革。

首先，我们应该坚持马克思主义的制度分析方法。中国的市场化改革和所有制结构的重塑，要寻找其长期规律性，其哲学观应该是马克思主义的历史唯物主义和辩证唯物主义，即从生产力与生产关系的矛盾运动中进行解释。

其次，从当代世界范围内经济体制向市场化转轨、经济全球化和政府职能变革的新情况出发，对于现代经济学理论特别是 20 世纪 70 年代以后发展起来的新制度经济学、公共选择理论、演化自由主义等所提供的相关理论与分析工具，以及各转轨国家的改革实践，也应该给予充分的关注。

最后，应该把产权与改革绩效放到一个作为整体的社会生产制度结构之中来研究，以寻求一个社会在特定阶段的市场环境条件下实现制度均衡的路径，并把制度均衡作为个人、企业、政府在各自的约束条件下理性选择（即交易）的结果，从而在研究方法上把整体主义分析与个体主义分析、制度的宏观结构分析与微观结构分析结合起来。

应当承认，20 世纪经济学的发展特别是在主流经济学理论体系之外发展起来的交易费用理论、产权理论、企业理论、博弈论、信息经济学等，给我们认识中国转轨经济和解决产权问题提供了新的视角②，新制度经济

---

① 郗伟明：《山西煤炭资源整合法律问题探析》，《山西大学学报》（哲学社会科学版）2009 年第 5 期。

② 林岗、张宇：《产权分析的两种范式》，《中国社会科学》2000 年第 1 期。

学、产权理论对于经济运行层面上的产权规则、制度安排等现象有其解释力。但是，中国的经济改革毕竟是一场整体性的制度变迁，是涉及社会制度结构的改革，其深刻原因要由"生产关系一定要适应生产力"这一规律来说明。只有坚持马克思的历史唯物主义和所有制分析范式，才能使矿业权制度改革沿着正确的方向发展。

三、煤炭资源整合的制度化规范机制

我国矿业权制度的设计安排，不是一个所有权和用益物权简单相加的民法物权模式，而是应当考虑我国矿产资源一律由国家所有，但又必须落实到具体的自然人、法人等民事主体才能实现资源利用的特殊制度背景[①]。这一思路非常重要。在实践中，要处理好的一个难点问题就是在煤炭资源开采的公私兼顾过程中，国家、集体与个人或企业（市场主体）之间的关系。构建以矿业权为核心的矿产资源利用物权体系，并不是忽视国家所有权的作用，而是改变过去国家、政府或集体过分关注、依赖和利用行政手段予以监督和管理的形象，力求打造成通过界定资源性权属关系而摸索出更多的授权许可使用、拍卖等分散矿业权的方式，从而科学有效地调整和利用资源性土地使用权和矿业权，维护和引导权利合法行使，使其物尽其用。对此，"煤炭资源整合"应按照事前、事中、事后三个阶段完善相关制度：

1. 煤炭资源产权主体完善制度

我国煤炭资源所有权主体是建立在产权明晰基础上运行的，产权虚置损害了资源的利用效率。正如张维迎所言："公有化程度的提高和公有经济规模的扩大导致委托—代理层次的增加，从而拉大了初级委托人与最终代理人之间的效率，使得监督变得更加缺乏效率。"[②] 值得注意的是，在短期内无法对煤炭资源物权化的前提下，不能只依据《物权法》用益物权的规定就可以实现矿业权的物权化。由于煤炭资源在一定程度上涉及国家能源安全和可持续发展，如何在经济发展和安全保护相互作用的状况下实现有

---

① 杨秋生：《自然资源物权制度构筑的思考》，《中国矿业》2005 年第 5 期。
② 张维迎：《公有制经济中的委托人—代理人关系：理论分析和政策含义》，《经济研究》1995 年第 4 期。

效统一，应考虑设立科学的、独立的、多元的煤炭资源产权主体制度体系，以便实现有效市场化和国家管控，同时协调国家所有权和市场主体既得利益的实现。可以试行国家对煤炭资源的分级分层管制模式，对除战略保护需要之外的煤炭资源，应赋予地方政府适度规模的管制权限以促进地方经济发展；对通过法律方式设定的允许市场主体拥有的矿业权，可在现有物权法律制度背景下，由市场主体行使私权保护，与此同时，对不同保护状态下的煤炭资源，修改法律制度中权利扩展的限制性规定。更需要关注的是，根据产业政策和法律规定如何赋予经营者资格，这是事先的也是煤炭资源管理法治化的历史责任。构建以国家为核心、以地方和不同所有制主体共同参与的产权运营模式，是实现资源有效利用的基本条件。

2. 健全煤炭资源相关法律制度

在煤炭资源整合与改革中就必须要打破传统的"公有、公用、公营"的运行范式，要引入市场竞争和有偿获取矿业权的法律安排，引入矿业权通过市场竞争有偿取得的制度安排。"应使公有财产权依《物权法》享有私法上的自由（如设定用益物权），使公有财产（尤其是土地）经由私法进入市场"①。对矿业权的获得，要根据不同资源的性质和用途，规定不同的使用税费和获得途径，如对紧缺资源实行高标准收费使用制度，对特别资源实行管制使用制度，对公共性资源实行限价使用制度等。我国煤炭资源立法规定煤炭资源属于国家所有，但并未从经济权利角度对矿业权做出明确规范。为解决资源所有权与矿业权收益不对等的问题，必须实行有偿使用制度。

3. 完善煤炭资源的交易制度

目前，我国法律制度禁止煤炭资源的自由市场交易，现行的煤炭资源有偿使用制度只不过是政府出让的某种获利的可能性，而不是所有权的交易，是政府参与下的"管理的交易"，而不是"买卖的交易"。当然，煤炭资源交易权安排的号角已经吹响，必须建立矿业权交易制度，这没有回头路可言。只有建立矿业权交易制度，才可以有效防止行政权与资源产权的结合，才可以明确界定煤炭资源的行政管理权与煤炭资源所有权，杜绝设租与寻租行为的发生，确保公平与效率，充分发挥产权的激励功能。在这

---

① 王泽鉴：《物权法上的自由与限制》，载梁慧星主编《民商法论丛》（第19卷），金桥文化出版（香港）有限公司2001年版。

样的安排中应该设定这样的法律框架，煤炭资源市场由两级市场构成：一是矿业权出让市场，煤炭资源管理部门把煤炭资源一定年限的使用权出让给市场主体，管理部门收取出让费，让煤炭资源的经济价值通过市场交换来实现；二是矿业权交易转让市场，取得矿业权的市场主体可以把矿业权转让给其他人。产权的可转让性使资源能够根据市场需求的变化在全社会自由流动，从而提高资源的配置效率，这是目前我国矿业权法律制度改革中最具有现实性和迫切性的制度环节。同时更需要注意，在转让环节考量转让者的主体资格，防止行为虚化，进而为产业政策的实现形成障碍。

4. 建立煤炭资源征用或回收制度①

建立符合现代宪政制度基本要求的对矿业权进行征用的制度和国家出于保护环境与资源合理利用或其他国家公共利益的需要，给予全额补偿的法律制度。此外，由于无法物权化的产权法律制度安排，产权权利人会为更大的利益而对环境保护和合理利用资源造成损害。为防止这种情况的发生，国家的应对之策是建立资源回收制度。当产权的利用已经或将要对国家公共利益主要在环境与资源领域造成损害时，可以视情况的严重程度采取无条件或者有条件的收回制度。

四、煤炭资源整合中的政府权力边界

政府干预自身的特点，决定了在政府（或国家）干预法运行过程中，既要赋予国家干预的创新性、灵活性，又要注意维护国家干预法的权威性，防止和避免国家干预的随意性、专断性。换句话说，在国家干预法的运行中，要尽可能地协调好创新性、灵活性与容易产生随意性、专断性之间的矛盾，即在保障国家干预具有足够的创新性、灵活性的同时，努力探索新的办法和措施，切实保障国家干预法的执行和遵守，以防止和避免国家干预法蜕变成干预者牟取私利的干预工具。只有这样，才能将国家干预的"合理性"与"合法性"有机结合起来，使政府干预市场经济法制真正发挥出应有的作用。

---

① 矿业权在不能依法得到运用并对国家或其他组织、个体造成重大损失及侵权时，通过制度安排进行收回。

1. 建立相应的权力控制机制

传统的权力控制机制一般是用事先确立的明确规则，来作为国家机构行使其权力的评价尺度，强调的是对既定规则和程序的服从，这种控权方式尽管起到了约束权力的作用，但同时也容易使国家干预机制变得僵化，不能够有效满足迅速变化的社会经济生活的现实需要。正如斯蒂格利茨在评论布坎南强调国家的宪法承诺时所指出的："这种交易成本虽然带来了安定，但却剥夺了政府迅捷地应对环境变化的能力，甚至会使政府完全不能适应环境的变化。"因此，他批评那些过多的旨在约束政府干预权力的预防性规则"妨碍了政府的高效运转"，"经常使决策延误和变得繁杂"①。

依照传统的规则，在政府责任承担上，控权方式很难追究干预者所谓的"法律责任"。正如一位行政管理学者所说："在基于规则合法性或合乎义理性的体制中，从'行政对其外部环境即社会的影响所产生的结果负责'这一意义上的责任不可能存在，只有当行政行为违反了规则体系所确定的条款并被鉴明出来后，才存在'违反规则'的责任问题。②"有些法学学者也认识到这点，明确指出在诸如宏观调控这样的问题上，政府更多的是承担"政治责任"而非"法律责任"③。为什么不可能承担较多的"法律责任"？原因在于法学理论中所说的"法律责任"，是与违反既定规则的违法行为相联系的，即认为"违法行为是产生法律责任的原因和依据，法律责任是违法行为引起的后果"在法律责任与违法行为之间存在因果联系④。这样一来，在政府依据既定法律规则来进行干预或称"依法干预"而未取得实际效果或未达到既定目的的情况下，显然无法责令有关人员或组织承担"法律责任"。因为既是"依法干预"，即排除了"违法行为"的存在，既无违法行为，当然也就不可能与"法律责任"相联系。实践中出现的诸多出了问题而无责任承担者的"无头"干预案，在相当程度上与此有关，说到底，产生这种情况是由传统控权方式所坚持的规则导向的特点所决定的。

正是由于传统的规则控权模式存在上述不足，因此，自20世纪80年代以来，许多国家都开始积极变革建立在规则控权基础之上的传统的国家管

---

① ［美］约瑟夫·斯蒂格利茨：《国家作用的重新定义》，载［日］青木昌彦等编著《市场的作用、国家的作用》，林家彬等译，中国发展出版社2002年版，第26页。
② 杨冠琼：《政府治理体系创新》，经济管理出版社2000年版，第352页。
③ 刘剑文、杨君佐：《关于宏观调控的经济法问题》，《法制与社会发展》2000年第4期。
④ 张文显：《法学基本范畴研究》，中国政法大学出版社1993年版，第186页。

理方式。表现在理论上，就是针对传统的国家统治理论，提出了结合国家与社会、政府与市场各自优势的新的"治理"（Governance）理论，并在治理理论的基础上，针对"治理"这种新的社会管理方式所可能产生的失效问题，进一步提出了"善治"（Good Governance）理论。在学者们所概括的善治理论的内容中，"责任性"（Accountability）和"回应性"（Responsiveness）是两个重要的基本要素。前者意指公共管理机构和人员承担的促进经济发展和社会进步的责任越多、越大，表明善治的程度越高；后者意指在履行这些责任时越及时、越负责，表明善治的程度越高①。由此可见，治理和善治理论的提出虽然存在政治、经济、文化等多方面的原因，但为纠正传统的规则控权模式所特有的反应不灵、责任不足的内在缺陷无疑是一个重要因素。

2. 强化国家干预机构的独立权威

现代法治的发展没有专门化的法律机构也就没有法治，这是与法律机构的专门化紧密相连的。因为"'法治'一词所意味着的不只是单纯的法律存在。它指的是一种法律的和政治的愿望，即创造'一种法律的统治而非人的统治'。在这种意义上说，法治诞生于法律机构取得足够独立的权威以对政府权力的行使进行规范约束的时候"。从这个角度来看，国家干预的法治化在很大程度上是通过干预机构的独立运作来实现的。

以美国为例，我国行政法学家王名扬先生将美国的独立机构划分为三类：一是部内的独立机构，如设在卫生和公众服务部中的食品和药物管理局、社会保障上诉委员会，劳动部中的职业安全和健康局等；二是隶属于总统的独立机构，如环境保护局、国家航空和宇宙空间局等；三是对部和总统都具有独立性质的独立的控制委员会，如洲际商务委员会、联邦贸易委员会、证券交易委员会、国家劳动关系委员会、联邦通信委员会、联邦储备系统、联邦海事委员会等。王名扬先生认为，前两类机构的独立地位在很大程度上受总统控制，仍然属于总统领导的行政部门，只有第三类独立的控制委员会由于不隶属于总统领导的行政部门，才是真正意义上的立法、行政、司法以外的第四部门②。按照美国学者的看法，即一个机构是否独立、是否区别于行政部门，关键是看其成员的职务活动是否存在特定的

① 俞可平：《治理与善治》，社会科学文献出版社 2000 年版，第 10 页。
② 王名扬：《美国行政法》（上册），中国法制出版社 1995 年版，第 172 - 173 页。

法律保护，就此而论，前两类机构中的很多机构仍然应看作独立机构。例如，职业安全和健康复审委员会是一个行政裁决机构，受理的是由设在劳动部中的职业安全和健康管理局提起的有关控告，似乎只是一个劳动部的"部内的独立机构"，但总统对职业安全和健康复审委员会的委员不能随意免职，只有在委员工作无效（Inefficiency）、玩忽职守（Neglect of Duty）和渎职（Malfeasance in Office）的情况下，总统才能解除其职务。从这种意义上讲，职业安全和健康复审委员会仍应看作独立机构。因此，无论是设在部内还是部外的社会经济管理机构，只要有关法律对总统的免职权构成了特定限制，无论是明确规定还是法律中合理地暗示这点，都属于我们这里所讨论的独立的规制机关。

　　事实上干预机构的法律地位不高、独立性不强，不仅反映在我国地方各级干预机构的运作中，即使是对中央级国家干预机构而言，这也是个值得注意的问题。从现有法律体制来看，我国中央级国家干预机构的设置或撤并，除属于部、委一级的由全国人大或全国人大常委会决定外，其他的大多属于国务院的直属机构或直属事业单位，其设置或撤并一般由国务院决定。这种干预机构与立法机关相分离的运作方式，如有学者所指出的，不仅使干预机构的设置或撤并缺少公开性，而且容易造成干预机构定位模糊，使一些承担着重要的干预职能但名义上属于国务院直属事业单位的干预机构，在履行职责时如果严格依据《立法法》和《行政处罚法》的规定，将存在没有规章制定权和处罚设定权这样一些法律上的障碍，同时也容易使干预机构的职责范围处于不确定状态，造成行使职权缺乏法律依据等诸多问题①。因此，提高干预机构的法律地位、增强其独立性，是当前发展我国政府干预机构面临的一个重要问题。在这方面，可以考虑借鉴英美国家的成熟经验，强化我国国家干预机构的独立性、权威性。例如，可以考虑由人大来设立独立的经济干预机构，将其从政府行政体制中分离出来，使之直接对人大负责，这不仅符合独立干预机构独立于行政控制的本义，而且也有利于促进经济民主，有利于制约政府干预权力的过度膨胀，对于防止国家干预法蜕变成政府的权力工具具有现实意义。当然，由于独立干预机构混合行使多种权力，拥有广泛的自由裁量权，因此，对独立干预机构

---

① 周汉华：《机构与法律——从对电监会合法性的争议说起》，《南方周末》2003 年 1 月 9 日第 11 版。

自身也需要加强监督。

3. 加快社会经济的民主化进程

经济学家斯蒂格利茨认为，由于专业知识与价值观并非截然分离，在国家干预的经济决策中国家干预的决策过程并非是全由专家垄断的纯技术化的逻辑操作过程，它同时也是多种价值观相互碰撞、交流、整合的过程。因此，国家在做出干预决策的过程中应当在决策的独立性和民主性之间保持平衡，增强干预措施的社会可接受性，以尽可能降低干预措施的运行成本，提高干预的实际效果①。为防止和避免地方利益、部门利益和行业利益对国家干预的不当影响，保证政府干预者的中立地位，是保障政府干预法有效运行的重要条件。除了需要积极建立和发展独立型干预结构，还应当注重保障民众的广泛参与，健全和完善国家干预机构的体系，提高干预决策的民主化水平。从我国目前的情况来看，尽管有关机构在这方面做了大量工作，立法上也建立了如政府价格决策听证等法律保障措施，但其实际运行情况尚不够理想。除此之外，还需要加快第三部门的发展，注重发挥经济协会、行业协会等民间经济自治组织的作用。例如，将某些经济问题交由第三部门处置，赋予第三部门一定程度的干预权，这不仅能减轻干预机构的工作负担，使其集中精力处理好重大经济社会问题，而且能增强行业的自我管理能力，有利于社会的自主化进程，防止和避免国家的过度干预。

我国经济自治组织的发展明显滞后。要充分发挥第三部门的作用，需要我们从法律上明确第三部门与国家干预机构之间的"合作伙伴关系"，提高第三部门在国家干预法中的法律地位，赋予其相应的职责和权力，在国家干预机构与第三部门之间实行一定程度的权力分散与转移。同时，还应将经济自治组织与国家干预机构之间的联系经常化、制度化，建立起有效的沟通、协商机制，使经济自治组织真正成为独立的"地下部门"，切实发挥出对国家干预应有的社会监督作用。当然，我们在强调充分发挥第三部门的积极作用的同时，也应注意到第三部门自身可能存在的不足。尤其是在目前我国第三部门的发展水平还不高的情况下，完善决策听证制度，注重保障普通公众对公共事务的广泛参与，共同发挥政府干预机构、第三部门和普通公众的作用，对于提高干预决策的透明度、公正性，促进社会经

① ［美］约瑟夫·斯蒂格利茨：《国家作用的重新定义》，载［日］青木昌彦等编著《市场的作用、国家的作用》，林家彬等译，中国发展出版社2002年版，第37页。

济的民主化进程无疑具有现实意义。

第二节　煤炭资源整合中法治化举措的归纳

　　随着市场经济的深化，我国煤炭资源整合流转中也逐渐引入了市场机制即矿业权交易市场化，以促进煤炭资源的使用效率和资源的优化配置。从理论上说，矿业权市场化就是指探矿权与采矿权的有偿转让、抵押的经济活动；但从实际运作来说，其流转的原因和过程非常复杂。从矿业权市场化进程来看，我国矿业权市场发育较快，但因法规不完善、主体资格不充分等问题，矿业权流转实践中表现出"双轨制"特征，价格机制扭曲、不公平竞争，甚至寻租、设租活动盛行等现象猖獗。仅靠《矿产资源法》中有偿开采等条款还不足以应对矿业权市场化中出现的实际问题，总体而言不规范是其主要特征，应当将深化以矿业权市场化改革为代表的煤炭资源整合推进作为今后煤炭资源管理规范完善的一项重要工作，并推动矿业权流转规范化、制度化。

一、理顺矿业权市场中的经济法律关系

　　矿业权是矿产资源优化配置过程中重要的权利，其代表着不同矿产资源产权主体之间的一种经济利益关系，从而是一种特殊的社会生产关系。现阶段，政府引导煤炭资源整合应发挥市场作用，但流转市场不规范、出现这样或那样的问题，其根源就在于围绕矿业权市场所形成的基本经济关系没有理顺，权利主体之间的权、责、利关系归属不清。因此理顺各种经济关系，明晰各权利主体的责、权、利是矿业权市场化规范的首要环节。

　　1. 理顺矿业权人与国家之间的关系

　　国家与探矿权人之间是一种合作关系，作为煤炭资源所有者的国家要通过矿业权人实现所有者权益，双方互相需要，互惠互利，但这种权益不应从探矿采矿权人身上实现。国家收取探矿权转让金是因为探矿权也存在稀缺性（不是任何主体都可以勘探煤炭资源），稀缺性必然导致价格的形成，并不是能实现资源所有者权益。采矿实际上是一种生产过程，国家作

为煤炭资源所有者的权益只能从采矿权人身上实现，这种生产过程必须运用地质资料、煤炭资源、资本、劳动力和企业家才能等要素，其产出是矿产品。法律维护国家作为煤炭资源所有者的权益只能是在采矿权出让的过程中实现，而不应通过探矿权出让来实现这一权益。因而，国家要从中获取煤炭资源的要素收入，探矿权人要从中获取地质资料的要素收入，采矿权人要从中获取资本等要素收入。

2. 将市场竞争机制引入煤炭资源的勘探和开采活动之中

我国在过去采取的是高度集中的计划管理模式来管理煤炭资源的勘探和开采，由中央一级地质工作管理部门确定和下达全国的地质勘探工作，地质勘探投资由中央财政统一包干，煤炭资源的开采则由各级矿业主管部门安排计划，地质勘探人员和物资的分配在管理下开展，矿山企业缺乏生产经营的自主权。这造成了勘探的低效率和煤炭资源开采的高浪费（如弃贫采富等），导致了勘探单位和矿山企业没有压力和动力。美国早在 1920 年通过的《矿产租赁法》就规定，对可出租矿产的开采需缴纳红利、租金和权利金，并实行竞争性投标（在允许可租赁的矿区），并保证了煤炭资源所有者的经济利益和国家的利益，也避免了煤炭资源的损失和浪费①。2013 年 6 月 29 日，第十二届全国人民代表大会常务委员会第三次会议决定对《煤炭法》做出修改，煤炭经营许可证不复存在，标志着煤炭交易的市场化程度进一步提高②。随着我国社会主义市场经济秩序对煤炭资源的勘探和开采实行市场竞争机制，对矿业权实行招标的方法必要并且可能。只要招标制度公开、透明且竞价机制合理，就应当鼓励改革试点，然后逐步推广开来。

---

① 美国 2005 年通过《能源政策法》，其主体部分是应对 1973 年阿拉伯石油禁运和 1979 年伊朗革命的一系列立法，体现了美国国家能源政策。详见《美国能源政策的主流模式》（约瑟夫·P. 托梅因，1900）和《面向 21 世纪的能源法和政策》（Energy Law Group，2000）。

② 过去，由于国家对办理煤炭经营许可证的限制，给煤炭经营企业造成了很多不便，影响了煤炭交易市场化进程。一是很多企业有志于从事煤炭经营，因煤炭主管部门不予办理煤炭经营许可证，致使无法从事煤炭经营；二是由于办理煤炭经营许可证门槛较高，办理程序很繁琐，办理周期比较长，很多有志于煤炭经营的企业被拒之门外，不利于煤炭市场的平等竞争；三是由于国家发放煤炭经营许可证数量的限制，造成能够从事煤炭交易的企业数量有限，出现了煤炭经营领域的相对垄断，这对于完善市场经济体制无疑是一个严重的障碍；四是煤炭经营许可证取消后，国家对煤炭交易的控制和干预减少，愿意进行煤炭贸易的企业就可以不受约束地参与煤炭市场交易，公开、公平、公正、平等的市场竞争环境得以建立，煤炭交易的市场化程度自然而然就提高了，煤炭交易的完全市场化也就可以迎刃而解了。

3. 中央政府与地方政府之间的关系

对于国家出让的矿业权收益，究竟是归中央政府还是归地方政府，法律至今还未明确，按现行法律条文，在煤炭资源矿业权出让市场上，矿业权出让的收益应当归所有权人即国家所有，但这不利于区域经济发展和提高资源配置效率，也不利于调动地方政府的积极性。为充分调动基层地方政府的积极性，给予地方政府一定的收益权是十分必要的，但是中央政府的收益权又受到了一定的削弱。因此，有必要建立中央政府和地方政府分别代表国家行使煤炭资源所有权的分级所有、分类管理新办法，并在此基础上，针对不同矿种矿业权出让的收益，分别确定适宜的中央和地方财政之间的分配比例。

4. 矿业土地与物权权属之间的关系

由于我国目前对土地使用权的流转缺乏相应法律措施的有力保障，矿业权必须依附在相关的土地物权上，特别是我国大部分矿山处于农村乡镇，集体土地三种用途管制限制了集体土地进入市场，使得矿业权流转不能和土地使用权流转很好地结合，再加上当地交通、人力、政策方面的影响，使得异地采矿权申请人、投标人、竞买人很少，不利于统一、开放的矿业权市场形成。因此，有必要通过积极的制度创新安排来破除矿业权与土地流转权利之间的分隔，协调各主体之间的利益关系，消除土地因素对矿业权市场发展的制约。

二、依法运用经济杠杆加强宏观调控

煤炭资源开采总量调控取得了一定成效，促进了矿产供需平衡。据统计，国内短缺的矿产如石油、天然气、铁、铜、钾盐、稀土等产量均有不同程度的增长。矿产品生产的快速增长，为经济社会发展提供了强有力的资源保障；而对产量过剩、开采总规模严重失控的矿产，如钨、锑、铝、萤石等的调控效果较明显，开采总量增长不大，较好地保护了资源和提高了效益。

要维护矿业权人权益，使矿业权人的投资回报得到有效保障，煤炭资源开发利用结构得到优化调整，矿山布局不断优化；各地按照矿山开采规模必须与矿区的储量规模相适应的规划要求，严格执行矿产开采准入条件和矿床最低开采规模制度，避免了大矿小开，使矿山开采规模普遍有所提高。另外，通过设定矿产开采准入条件，严格审批和监督管理煤炭资源勘查开发活动，合理设置矿业权，采取规范、控制、关停等措施，调整了布局不合理的矿区范围，减少了一矿多开、资源浪费、环境破坏、矿业纠纷等现象，保证了煤炭资源的合理开发利用，使矿业秩序的治理整顿取得了积极成效。因此，这就从客观上要求国家在维护矿业权人经济利益的同时，要运用经济杠杆加强对矿业权市场建设的宏观调控，是实现矿业权投资主体多元化与矿业权市场健康发展的关键所在。

1. 维护矿业权人权益，建立健全严格的地质资料有偿使用制度

地质资料的实质是描述煤炭资源品种、质量、分布形态的技术知识产权，是探矿权人进行探矿的目的与结果。对于一般的技术知识产权来说，只要其他的主体获得这种技术，就可以运用这种技术复制生产过程，但这种技术知识产权不同于一般的技术知识产权，因此要通过保密或申请专利权来保护技术开发的权益。探矿所形成的地质资料所特有的特征是：地质资料只能在其特定的矿产地上使用，才能体现其技术知识价值，每一块矿产地都具有其独特的地质资料。因此应通过控制地质资料的使用来实现，探矿权人的权益没有必要通过地质资料的保密来实现（这样也会阻碍信息流通，阻碍市场发展），而在获得评估鉴定机构的有效性认可后，探矿权人的成果和资料完全可以公开，让任何有兴趣的人查询，不必担心其权益受到侵害。但必须通过法律明确，采矿权人在取得采矿权时，必须向探矿权人支付地质成果的使用费，否则便不能取得采矿权。

2. 加强矿业权的资产化管理，提高属性认识

要提高公众对矿业权资产属性的认识，改变矿业权的资产属性没有社会普遍认识的状况，必须加大宣传力度，使矿业权人和矿业投资者知道矿业权和其他财产一样，也是可以给投资者带来收益的一种资产，让他们重视运用矿业权资产来交换劳动、融通资金、合作经营及分担风险。并且还要制定对矿业权资产的形成、利用、交易、收益的财务管理制度和行政管理制度，使矿业权作为一种资产进入企业所有者权益账户。企业在清产核资、改组改制时，要把矿业权资产作为企业的资产来进行评估和处置①。

---

① 王赞新：《矿业权市场与矿产资源可持续发展——国际经验与中国对策》，《资源与产业》2007年第3期。

3. 通过宏观经济手段调控矿业煤炭资源

一部分发达国家的煤炭资源的所有权也属国家所有，但对煤炭资源的管理则由国家和省（州）分别管理。省（州）自行立法，中央政府承认和尊重省（州）政府对它们辖区内煤炭资源的管理权，不直接干预各省（州）对煤炭资源的管理，而是通过征收所得税或使用其他经济杠杆，对全国的矿业进行宏观经济调控，以维护国家对煤炭资源的所有权。我国的煤炭资源管理模式存在着"条块分割"的弊病，长期以来中央政府对煤炭资源的开发管理实行的是行政性直接经营管理方式，造成勘探、采掘企业吃国家的"大锅饭"，国家不仅不能从煤炭资源的管理中获取收益，反而背上了沉重的财政包袱，造成了大量久拖难决的矿业权纠纷，这非常不利于矿业经济的持续稳定发展，形不成矿业经济的可持续发展态势。因此，只有改变这种计划经济条件下的僵化的管理模式，用适应市场经济的宏观调控手段来协调各种利益关系，才能真正理顺各种矛盾，做到宏观管理、微观搞活。宏观调控应当法治化，但是通过具体立法的"固定规则"和以宏观调控来界定法的门类都是不可行的，这是造成宏观调控"法制化"困境的主要原因；宏观调控应当遵循"分权"和"法治"的基本原则，对宏观调控主体适当赋权，由其根据形势和调控目标"相机抉择"或自由裁量，并将其纳入问责体系，令其在民主和法治的框架内对自己行为的后果承担相应的责任[①]。

三、积极发展配套关联产业

加快矿业权的市场发展，应该围绕矿业权的市场交易，建立一个贯通交易场地、中介服务、信息系统等在内的完善的市场体系和产业链条。矿业权市场发展既是一个市场化的过程，又是一个依托相关产业形成市场体系的过程，说到底是一个一般均衡的问题。要在煤炭资源开采枯竭形成以前就做好产业转型的准备，不能沿袭过去那种"以矿养矿"的产业生存局面，以实现煤炭资源型经济的可持续发展。因此，应完善市场体系、积极发展配套关联产业，形成良性的产业链条。

（1）应在全国范围内形成一个比较完善的市场交易体系，应该按照公

---

① 史际春、宋彪：《规划、监管与中国经济法》，《法学家》2007 年第 1 期。

平、公开、公正的原则尽快建立起具有独立法人资格的矿业权市场交易机构或场所，无论是初级市场的矿业权出让，还是交易市场的矿业权转让，都实行进场交易、规范操作。

（2）大力培育和发展社会化的矿业权评估、信息服务、代理、法律咨询、经纪等中介结构，鼓励企业、私人、社会组织和外资采取多种形式，开展矿业权评估、信息服务、代理、法律咨询和经纪等业务。

（3）充分利用现代信息网络技术为矿业权市场交易提供一个快速、便捷的信息平台，建立一个高效畅通的现代化信息网络。这样在未来产业转型时也能提供一个透明的信息、市场平台，不仅能规范矿业权市场本身，而且能避免资源枯竭后的"经济塌陷危机"发生。

四、培育和发展矿业权资本市场

虽然我国矿业权证券化趋势已经显现，但真正与矿业权市场发展相适应的矿业资本市场在我国还没有形成。矿业权资本市场，特别是矿业权证券化市场是矿业权市场完善和发展的内在需要，也是矿业权市场发展的希望所在。因此，有必要积极探索建立矿业权证券化融资体系，培育矿业权资本市场。也只有将整体的、缺乏流动性的矿业权资产证券化为单元化、面额小、流通便利的证券形态的资产，才能使矿业权的价值得到最充分的表现，才能更广泛地吸纳社会公众资金，才能解决矿业权不可分和矿业权资产可流动之间的矛盾。

当然，从现实状况来看，我国目前还缺少大规模开展矿业权证券化的基础和条件，但应积极着手为矿业权证券化的推行创造条件和打好基础。从建立政府支持体系、培育矿业投资者、完善市场环境等方面着手，扎扎实实地做好矿业权证券化的基础工作。在此基础上，统筹兼顾、逐步推进，对矿业权经济权利证券化与债权证券化模式进行积极探索与实践，最终形成反映资源配置关系的矿业权资本市场。这样的制度架构有利于资本的汇集，也可使原来流动性不强的矿业权转化为流动性较强的证券。对此，中国的矿业权资本市场应当包括：①矿业企业直接发行债券或者股票；②发放抵押贷款的金融机构将贷款证券化；③矿业企业进行矿业项目证券融资。

第三节　煤炭资源整合中产权创新机制的型塑

一、煤炭矿业权法律规制的效率诉求

1. 矿业权法律规制的正当性

法律上的权利须具备利益、权能和自由行为三大要素[①]。因此，法律上的权利其实就是法律所保护的利益，因为其背后都隐含着权利主体对利益的追求。矿业权本身就体现着对煤炭资源开发和利用的利益，只是要成为矿业权人，还得要矿业权行政管理机关依法审查申请人的资质，只有合格者方能被准予登记注册并授予勘查许可证或者采矿许可证。既然只有经过严格的行政授权的程序，申请人才能成为矿业权人，那么显然是行政授权的结果才赋予了民事主体以矿业权人的法律地位。

自由行为是法律权利中最核心的部分，利益和权能只有通过权利主体的自由行为才能实现[②]。故自由行为作为法律权利的外化形式，就成了权利主体追求利益的手段和方式。矿业权人一旦获得了行政机关认可的主体资格，就可以追求其所欲实现的正当利益，在法律准许的范围内实施自由行为。

2. 矿业权法律规制的效率诉求

煤炭资源使人类社会必然产生分享煤炭资源的利益冲突，正是因为它的有限性和人类需求的无限性。如果没有系统、合法的采矿权制度界定煤炭资源的使用权和收益，那么在解决利益冲突的发生和煤炭资源稀缺的条件下，在开发和利用煤炭资源过程中，无法按照破损状况和适度补偿原则对竞争中不合理的产权制度进行约束和规范，那么就难以在现实社会生活

[①] 卓泽渊：《法理学》（第四版），法律出版社 2004 年版，第 81 页。

[②] Richard M. Cyert and James G. March, "A Behavioral Theory of the Firm", Prentice - Hall, 1963, pp. 233.

中显而易见地"定分止争"①。

（1）通过矿业权规制使资源得到最佳配置和利用。产权制度通常是由于资源的有限性与需求的无限性所引起的，决定并使经济社会的资源配置发挥着重要作用②。科斯在其著述的《社会成本问题》当中通过列举的大量案例事实证明，在当事人之间如果交易成本可以忽略不计，前提必须是一切有关的资源都有清晰的权利界定，而无论当事人之间如何通过积极的激励行动都会产生无关的结果，国民收入总值也不会受到任何影响，即产权不清导致最终价值与法律保护的利益无法关联，这就是著名的"科斯定理"③。

但在现实生活中，这其实并非现实的假设，因为它是不可能的交易成本。所以"科斯定理"并不是"交易成本为零，资源和财产分配独立"的结论，但其转向"只要交易成本存在，对资源配置和经济体系的运行效率的产权制度就会起着非常重要的作用"。"科斯定理"存在的积极的现实意义为：因为交易是有成本的，不同的产权制度的交易成本是不同的，对资源配置的效率和效果也不同。为了提高资产配置效率，产权和选择重新安排是非常重要的初始设置。因此，产权的清晰界定是产权交易的前提，是基础的经济活动和经济运行，也是资源配置的根本④。产权的明晰度通过法律对矿业权进行规制有利于明晰产权，进而达到最优同样也是煤炭资源配置效率最优的基础，促进煤炭资源的优化配置和有效利用。

实现有序的竞争目标既要充分尊重并发挥市场竞争的功效，又要消除

---

① Ward Edwards, "Conservatism in Human Informantion Processing", in Benjamin Kleinmuntz, eds. Formal Representation of Human Judgement, Wile, 1968, pp. 25 – 32.

② 蔡柏良：《产权制度对资源配置效率的影响》，世界经济学人网，http：//economist. icxo. com/htmlnews/2004/07/13/262893. htm，2012 年 9 月 15 日。

③ 关于科斯定理，比较普遍的说法是，"只要财产权是明确的，并且交易成本为零或者很小。那么，无论在开始时将财产权赋予谁，市场均衡的最终结果都是有效率的，实现资源配置的帕累托最优"。当然，在现实世界中，科斯定理所要求的前提往往是不存在的，财产权的明确是很困难的，交易成本也不可能为零，有时甚至是比较大的。因此，依靠市场机制矫正外部性（指某个人或某个企业的经济活动对其他人或者其他企业造成了影响，但却没有为此付出代价或得到收益）是有一定困难的。但是，科斯定理毕竟提供了一种通过市场机制解决外部性问题的一种新的思路和方法。在这种理论的影响下，美国和一些国家先后实现了污染物排放权或排放指标的交易。

④ R. Kimball and Karen G. Anderson, Public Interest Law Fellowship Call for Applications, The Chicago Bar Foundation：The Communities Foundation for Access to Justice, May 2006, 20 CBA Records 24.

与禁止因自由竞争而产生的反竞争行为。既要保证这种竞争力的提高符合国家的战略安排，又要在竞争过程中提高企业和国家的竞争力，进而形成上层建筑与经济基础共同并有效作用于市场竞争运行的局面。考虑到反垄断法的主要使命是捍卫竞争秩序，很多人会误以为当今各国或地区的反垄断执法机关处理反垄断案件都是按照正式方式进行的——根据反垄断法的规定，由反垄断执法机关在完成对涉嫌垄断行为的调查后，对是否构成垄断行为和是否给予制裁以及给予何种制裁做出正式处理决定。但事实上是，经营者为了获得高额的垄断利润以及逃避反垄断执法机关的查处，其垄断行为不但层出不穷，而且复杂多变。但作为矿业权而言，鉴于资源的国有并购集中，反垄断执法机关被有限的执法资源掣肘，只能理性地让执法天平倾向于效率，在基本顾全公共利益的前提下，对绝大多数的案件采用非正式的执行方式处理，如宽恕制度、承诺制度以及附条件批准经营者集中①。

（2）明晰矿业产权制度是市场交易的基础。当代法治社会的法律制度对经济活动有着重要影响，在法律规范框架范围内进行的市场交易是不同的，市场活动能否得以顺利进行，其重点是对这些资源或产品的产权进行物权化，对交易对象的产权界定要具体明晰②。故产权概念只是其在经济理论中的概括的制度化，也就是物权立法，没有完善的物权法，产权界定只能是一句空话。

实现法律授予财产权的真实目的——社会效用的最大化，就是要有明确的产权状态，就是要按照物权的基本要求进行普遍价值性、物的独占性、交易转让性界定，此即为物权所具有的基本法律特征：①"价值性"强调物权是覆盖在其使用价值及交换价值之上对资源的有效使用，作为行为规范的基本法律特征应当包揽无遗，因此煤炭资源才被抽象到了"物"的范畴之中；②"独占性"强调资源的所有权和支配权应当是相互排斥的，在

---

① 郗伟明：《经济全球化下中国反垄断执法专题研究》，法律出版社 2010 年版，第 82 页。通常，宽恕制度是指"违法者协助反垄断执法机构的调查活动，从而获得反垄断执法机构对其违法垄断行为免除或减轻处罚的一项制度"。宽恕制度的理论基础在于经济学"囚徒困境"理论，即每个垄断协议的参与者都担心被其他参与者出卖，而且也不知道何时向反垄断主管机关供认是合适的。在引入宽恕制度后，主动向反垄断主管机关揭发卡特尔或者在反垄断主管机关调查过程中进行合作并提供有关证据材料，则可以被减轻或者免除处罚，这对于垄断协议的参与者是有着巨大的诱惑力的，只要有一个参与者供认，那么整个垄断协议将被瓦解。

② 刘诚：《产权、产权法与财产法体系》，《中国知识产权报》2001 年第 11 期。

产权界定后不能同时属于两个以上的权利人，此即为所有权的"一物一权主义"；③"交易性"则强调资源从原始所有者转移给其他所有者，可以自由地从一个所有者转移到另一个所有者无疑是商品的基本属性，民法体现出"商品交易的最一般规则"。因此，现代物权制度有利于实现经济增长的效率和价值，从而使这样的产权制度长久稳定发展。

（3）利益平衡是矿业权规范的立足点。

煤炭资源属国家所有，因此依据矿业权法律制度实现其权利价值，根据当前煤炭资源相关法律制度来充分实现煤炭资源社会效用的最佳融合。由于社会主体之间存在多种利益关系，其显现出来的多元化、复杂化的冲突，就会在当前的经济社会化背景条件下，实现和保障资源利用的"帕累托最优"（Pareto Optimality）①，即所谓"使大家的境况达到利益一致并保持这种平衡，使一些人的境况在变得更好的同时并不致使其他人的境况变差，那么这种经济状况就是帕累托有效的"②。这就是说，通过设计出科学合理的矿业权法律制度体系给予矿业权人保护，同时矿业权制度应对公共利益保持不受侵害，按照公共利益目的构建能够保护以及限制矿业权的基本规范。由于受到煤炭资源稀缺性的制约，从规范功能来说，矿业权权利设计的目的就在于实现有限的煤炭资源的最优利用，作为市场主体享有不可侵犯的财产权以最终实现社会效用最大化。

（4）效率是矿业权规制中不可忽略的因素。

任何社会在经济目标上都追求着"效率"，即通过资源的有效配置，提高劳动生产率，满足社会需求③。为了实现这一目标，实行市场经济体制的国家，均依赖于竞争规律的运行。但是，当竞争规律发挥积极作用的同时，也会给社会带来一定的消极作用。这时，竞争规律不仅不能达到理想的有效配置资源、满足社会需求的目的，而且还会产生新的社会问题，即经济与政治方面的"不平等"问题。所谓"不平等"问题，就是在反竞争行为

① 也称为帕累托效率、帕累托改善、帕累托最佳配置，是博弈论中的重要概念，并且在经济学、工程学和社会科学中有着广泛的应用。帕累托最优是指资源分配的一种理想状态，即假定固有的一群人和可分配的资源，从一种分配状态到另一种状态的变化中，在没有使任何人境况变坏的前提下，也不可能再使某些人的处境变好。换句话说，就是不可能再改善某些人的境况，并不使任何其他人受损。

② ［美］哈尔·R. 范里安：《微观经济学：现代观点》，费方域等译，上海三联出版社1994年版，第24页。

③ 郗伟明：《经济全球化下中国反垄断执法专题研究》，法律出版社2010年版，第31页。

作用下，其他竞争者的竞争权利被剥夺、消费者的消费利益被侵害而形成的社会问题，如中小企业破产、掠夺性垄断价格等。

由于市场经济体制讲求公平，并追寻较高的效率，所以"由于市场配置对人为的意思表示降低，体现并优化各种资源调整，因此能在一定程度上体现应有的公正，特别是与不完善的制度相比时发挥这些作用显得尤为重要。但由于具有不同条件的人们对市场的非个人化的筛选过程中，具有不同的起点和天赋以及不同的交好运或坏运的机会，因而产生了不公平"①。同时，财产损失在已经明确规定的情况下，每个采矿权人只能通过经济活动产生的收益弥补损失。在这种情况下，从事煤炭资源勘查和开采活动获得的利益，在不损害他人的利益（包括公共利益）的前提下，才可以无限制地从事各种各样的经济活动。这样的经济活动，在每个矿业权人追求自身利益最大化的同时，也会导致社会福利最大化。

二、煤炭资源产权创新的法治基础

一个社会的产权制度安排，通过界定不同资源中物的要素和人们的产权关系，构成了对人们不同的激励机制，成为实现效率与公平协调的关键性制度安排。因此，要建立合乎规律的产权制度，就必须正确认识和恰当处理好公平与效率的关系。同时，一定的产权制度安排有它相应的公平效率观，公平效率观的改变又会引起产权制度的创新。为了对它们之间的辩证关系有一个系统性的把握，本书拟就不同经济学流派②对不同产权制度安排下的公平与效率互动关系的观点进行分析并揭示其意义所在。

古典经济学家斯密强调"看不见的手"，即价格机制的交换规则公平，其前提是排他性的所有权。在市场经济条件下，排他性的所有权是一种对等的权利，即财产所有者不能运用他的排他性所有权对另一个财产所有者的权益进行损害。事实上，排他性的所有权暗含着交换规则公平和权利对等这两个前提，其构成了市场经济制度安排不可或缺的对立统一的两个方面。没有交换规则公平就不可能有交换意义上的权利对等；没有交换意义

---

① ［美］查尔斯·沃尔夫：《市场或政府——权衡两种不完善的选择》，谢旭译，中国发展出版社1994年版，第136页。

② 李松龄：《制度安排与公平效率的辩证关系及其产权分析》，《财经理论与实践》2004年第9期。

上的权利对等也不可能有交换意义上的规则公平。因此，在古典经济学派看来，排他性所有权的制度安排决定了经济活动的交换性，它是交换的制度基础。

但是，排他性所有权的制度安排并不能保证所有者不会运用他的排他性所有权对他人的所有权权益造成损害。事实上，社会经济生活领域存在着大量的起因于权利不对等和交换不公平的现象，使得交易双方的生产经营积极性、主动性和创造性不可能被同时调动起来。由此，被古典经济学派认为最有效率的排他性所有权和交换规则公平的制度安排，不一定就是最有效率的。排他性的所有权制度安排不能保证交换意义上的权利对等和交换规则公平，关键在于排他性的所有权有可能失效。在经济学传统分析中，排他性的所有权失效会造成外部性，即交易双方无法对相关损益界定清晰，产权失去了其激励和约束功能，由此导致资源不能得到有效配置，经济效率难以提高。如果重新界定产权，则涉及交易费用问题。这是因为，信息是不对称的，也是不充分的，再加上人的机会主义行为和资产专用性等因素，会极大地影响资源配置的效率①。

新古典经济学派发展了古典经济学派的分析，提出了均衡规则公平、效率优先的起点意义上的公平效率观。他们认为，只有自由竞争的市场均衡价格体系才是资源有效配置的制度安排。但是，市场均衡并不能避免所有权排他性的失效，也就不能完全保证交换双方权利上的对等。即使在市场均衡状态下，交易一方对另一方的侵权行为依然可能存在。为界定交易双方的权、责、利关系，同样会产生交易费用②。新古典经济学派虽然发展了古典经济学派的公平效率观，但并没有改变交换规则公平、效率优先的起点公平下的产权关系，从而不可能使社会经济达到最有效率的状态。

马克思主义坚持生产资料占有意义上的平等，主张通过无产阶级革命和建立公有制与按劳分配的制度安排，实现社会主义社会的人人平等。但是，这些制度安排不是建立在所有者权排他性的产权基础上，而是建立在所有权缺乏排他性的产权基础上。缺乏排他性的所有权使得人们使用公有制的生产资料时，既不需要付出成本，也不能获得增值收益；既无成本约

---

① Mancur Olson, The Logic of Collective Action: The Evolution of Institutions for Collective Action, Cambridge University Press, 1990, pp. 109.

② Fenton Martin, "Common - Pool Resources and Collective Action: A Bibliography", in Bloomington, Workshop in Political Theory and Policy Analysis, Indiana University Press, 1989, pp. 103.

束，也没有收益激励，缺乏有效配置生产资料的积极性，导致经济效率低下。需要指出的是，并不是马克思主义的结果公平不正确，而是传统的公有制在实现生产资料占有和使用上的权利平等时，未能保证财产所有权排他性的激励与约束的功能。社会主义计划经济和财产公有制的实践已经证实了这一点。

自由主义学派坚持和维护了古典经济学派和新古典经济学派的自由主义传统。罗宾斯强调市场机制在分配领域内的效率作用，在他看来价格体系能够使市场均衡[1]。可是，自由主义学派所主张的排他性所有权制度安排同样面临着所有权排他性和非排他性的"两难选择"，一方面，市场价格体系建立在所有权排他性制度安排的基础上；另一方面，机会平等又需要缺乏排他性所有权的制度安排。为了解决这个矛盾问题，罗宾斯首先对机会平等和财富平等做了区分。他认为，机会均等建立在排他性所有权制度安排的基础上，而财富平等需要的缺乏排他性所有权的制度安排则是政府干预的范围。这样，罗宾斯通过把财富平等排除在机会均等的范围之外来解决上述产权矛盾。哈耶克强调机会均等的经济自由主义思想[2]，他认为，机会均等的充分条件是自由竞争的市场价格体系，其产权基础只能是所有权排他性的制度安排。如果政府采用行政手段干预经济活动以纠正市场自由竞争中的不公正现象，其结果可能是更大的不公正。

凯恩斯主义主张运用宏观经济政策，如所得税、遗产税等税收政策和转移支付政策，以国家干预的方式对高收入者和低收入者之间的权、责、利关系进行强制性的调整，企业实现收入均等化意义上的公平，体现出来的是一种权利平等的产权关系。但是，凯恩斯主义的结果公平建立在排他

---

① 罗宾斯就采用了"稀缺性"的经济学定义。他指出，每一个经济问题都有着目的很多而实现目的的手段却稀缺的特点。但目的的多种性并不足以确定一个问题为"经济问题"。当某一商品数量十分充裕时，即使有市面上许多不同的目的，也不会在使用上发生特别的问题。实现手段的稀缺性，如果不存在可供选择的多种目的这个条件，那也不足以成为经济问题。但是如果有多种目的可供选择，而实现的手段却稀缺，那我们就会面临一个经济问题。他说，"经济学是一门把人类行为作为目的和（有着多种选择办法的）稀有手段之间的关系来进行研究的科学"。

② 哈耶克认为，只要"在市场之外有一个统一的最小收入提供给那些不能从市场中取得足够维持生活收入的人，而不管他们是由于什么原因，那么这并不会导致限制自由，也不会同法治相冲突"。不过这仍然给自由主义者留下很多争议的余地，这就是最小收入的精确水平是什么，谁有权利得到这个收入。但是自由主义主张的某些支持者，包括作者本人会像 J·S. 穆勒一样进一步认为，财富的长期持续集中会危及经济自由，更不用说会危及政治自由，因为财富的集中和富有的个人权力集中的结合会压倒那些较为不幸的人。

性的所有权制度安排基础上，它同市场经济需要的权利对等意义上的起点公平相矛盾。尽管凯恩斯主义结果公平的政策主张能够提高收入均等化意义上的公平程度，但是因为高收入者缴纳所得税和遗产税与低收入者获得转移性收入，不是通过等价交换的方式，而是在一方受益、另一方受损的前提下实现的，从而有悖于建立在所有权排他性基础上的权利对等的产权关系，难以调动权益受损方的积极性，不利于提高经济效率。供给学派否定了凯恩斯主义收入均等化意义上的平等，主张减税和强化市场调节、放松政府管制；理性预期学派否定了凯恩斯主义宏观经济政策的有效性，提倡政策规则长期不变、公开透明，都认为收入均等化意义上的结果公平损害了市场经济固有的权利对等的产权关系，有损于效率的提高。

实际上，自由主义学派、货币主义学派、供给学派和理性预期学派都是坚持经济自由主义思想和机会平等、规则公平、效率优先的起点公平意义上的公平效率表现。以排他性所有权为基础的权利对等是该公平效率观的产权特点。但是，所有权的排他性在社会经济活动中可能失效，所以权利对等并不能保证交换不会出现侵权行为以及效率提高①。实际上，起点公平只是一种规则公平、机会平等，它在促进效率的同时，会产生收入分配上的贫富不均。

通过对不同经济学流派产权制度安排中所包含的公平与效率观点的分析，权利对等的起点公平的产权基础是排他性所有权的制度安排。资本主义市场经济的产权基础是缺乏排他性所有权的制度安排，它坚持的是规则公平、机会平等、效率优先的权利对等的公平效率观。传统的社会主义计划经济的产权基础是缺乏排他性所有权的制度安排，它坚持的是生产资料占有意义上的平等和等量劳动获得等量收入意义上的权利平等的公平效率观②。

三、煤炭资源产权创新的制度目标

新制度经济学将制度均衡理论理解为制度需求与制度供给相互作用的一种稳定状态。国内有学者指出，由于制度的相关性，制度均衡意味着任

---

① John Joseph Wallis and Douglas C. North, "Measuring the Transaction Sector in the American Economy, 1870 – 1970", in Steven G. Medema, Elgar eds. The Legacy of Ronald Coase in Economic Analysis, 1995, Vol. 1, pp. 398.

② 李松龄：《制度安排与公平效率的辩证关系及其产权分析》，《财经理论与实践》2004 年第 9 期。

何两种现存的具体制度之间都不存在互斥关系，而是处于相互适应的协调状态。同时，由于制度的单向性，制度均衡不是数量均衡而是行为均衡，即任何个人或群众都不再有变动现存制度的动机和行为，因为他们不能通过变动而获取更多的利益，这说明制度均衡状态是适合各群体意愿的状态[1]。还有学者指出，制度均衡是一种行为均衡，就是人们对既定制度安排和制度结构的一种满足状态或满意状态，因而无意也无力改变现行制度。具体来说，制度均衡是指现行制度结构所构成的潜在收入大于另外一个制度安排的所需成本[2]。

由于制度是不断演化的，且制度本身受到很多复杂因素的影响，使其均衡时并不像新古典经济学中所描述的产品的供给与需求均衡那样处于一个静止点，而是一种稳定状态，一种相对普适的状态。制度的均衡所追求的不是静态的均衡，而是动态的稳定。由于它受到来自正式制度（政治规则、经济规则、一般性契约）与非正式制度（行为规范、惯例、风俗）的供给与需求及各复杂因素的绝对影响，因此，制度均衡不是一种常态。制度在变迁过程中，会经过不均衡到均衡，再由均衡到不均衡这样一种螺旋上升的过程，而达到每一次均衡都是动态演化的，尽管各种制度变迁的最终目的是为了达到另外的制度均衡[3]。也就是说，达到制度均衡的过程是动态演化的，制度均衡只是这个动态演化中的相对稳定解。

就煤炭资源产权制度安排而言，它通过界定不同资源中物的要素和人们的产权关系，构成了对人们不同的激励机制，成为实现效率与公平协调的关键性制度安排，其最终均衡是在动态中公平与效率博弈的结果。因此，要建立合乎规律的产权制度，就必须正确认识和恰当处理好公平与效率的关系。同时，一定的产权制度安排有它相应的公平效率观，公平效率观的改变又会引起产权制度创新。那么，在社会主义市场经济实践中，我们在构建产权制度时，如何处理好公平与效率的关系呢？社会主义市场经济的产权基础应该是排他性所有权的制度安排，它既需要坚持规则公平、机会平等、效率优先的权利对等的起点公平，同样需要收入均等化意义上的结

---

① 李旭昆：《论制度的均衡与演化》，《经济研究》1993 年第 9 期。

② 张曙光：《论制度均衡和制度变革》，《经济研究》1992 年第 6 期。

③ Eirik Furubotn and Rudlf Richter, "The New Institutional Economics: Bounded Rationality and the Analysis of State and Society", Journal of Institutional and Theoretical Economics, Vol. 150, No. 1, 1992, pp. 15.

果公平。只有这样，才可能实现效率与公平的统一。

进入 21 世纪以来，可持续发展已成为各国煤炭资源产权制度构建的基本原则。可持续发展的实质，是在以人的全面发展为基础的前提下，努力解决经济社会发展需求的无限性与自然生态供给能力的有限性之间的矛盾，实现自然、经济、社会复合系统的持续、稳定、健康发展①。在产权经济学中，环境配置的制度目标首先是效率即福利标准。传统福利经济学认为②，任何一个帕累托的最优配置都可以从适当的初始配置出发，通过完全竞争市场来实现；而在存在外部性的情况下，"庇古税"（Pigouivaintax）③ 和科斯的"产权界定"成为解决外部性问题的两种方式。20 世纪 70 年代以后，资源环境经济学家依此提出了"外部不经济内在化"的观点，并提出利用价格机制、税收、信贷、赔偿等经济杠杆，使社会损失进入私人厂商的生产成本，把外部因素内在化，使环境资源得到保护。20 世纪 80 年代以后，经济学者又进行了大量的环境价值论研究，探讨价值评估相关问题，环境

---

① 1989 年第十五届联合国环境署理事会通过的《关于可持续发展的声明》指出了可持续发展的严格定义，即"可持续发展，系指满足当前需要而又不削弱子孙后代满足其需要之能力的发展，而且绝不包含侵犯国家主权的含义"。环境署理事会认为，要达到可持续发展，涉及国内合作及跨国界合作。可持续发展意味着走向国家和国际的均等，包括按照发展中国家的国家发展计划的轻重缓急及发展目的，向发展中国家提供援助。此外，可持续发展意味着要有一种支援性国际经济环境，从而导致各国，特别是发展中国家的持续经济增长和发展，这对于环境的良好管理也是具有很大重要性的。可持续发展还意味着维护、合理使用并且提高自然资源基础，这种基础支撑着生态抗压力及经济的增长。再者，可持续的关注和考虑，并不代表在援助或发展资助方面的一种新形式的附加条件。

② 庇古福利经济学的主要论点有：①资源最优配置论。它认为资源最优配置的标准是边际私人纯产值和边际社会纯产值相等，一个行业的边际社会纯产值大于边际私人纯产值时，国家可以通过补助金政策扩大这个行业的生产；反之，国家可以通过税收缩小这个行业的生产。②收入最优分配。其标准是所有社会成员的货币边际效用相等，当这一目标得到实现时，社会经济福利即达到最大化。根据边际效用递减规则，认为收入分配越平均，则货币的边际效用越大，所以主张通过累进税政策实现收入分配的平均化。③外部性理论。庇古发挥了马歇尔的外部经济性理论，提出了内部不经济性、外部经济性和外部不经济性等概念。

③ "庇古税"是解决环境问题的古典教科书的方式，属于直接环境税。它按照污染物的排放量或经济活动的危害来确定纳税义务，所以是一种从量税。"庇古税"的单位税额应该根据一项经济活动的边际社会成本等于边际效益的均衡点来确定，这时对污染排放的税率就处于最佳水平。按照庇古的观点，导致市场配置资源失效的原因是经济当事人的私人成本与社会成本不一致，从而私人的最优导致社会的非最优。因此，纠正外部性的方案是政府通过征税或者补贴来矫正经济当事人的私人成本。只要政府采取措施使得私人成本和私人利益与相应的社会成本和社会利益相等，则资源配置就可以达到帕累托最优状态。这种纠正外在性的方法也称为"庇古税"方案。在科斯条件下，"庇古税"本身将造成资源配置失调。

资源价值论的逐步完善标志着环境经济学的成熟。资源环境经济学把可持续发展理念及实践方式纳入制度构建的目标之中，在微观层次上构建了资源环境利用的持续发展的成本—效益分析，以建立资源环境成本的微观核算机制，在中观层次上把资源环境的可持续发展因素纳入产业结构和生产力布局调整之中，在宏观层次上把资源环境的可持续发展纳入国家宏观政策的研究中，从而构建了可持续发展的经济理性指导下的煤炭资源效率观。

　　在可持续发展理念下，煤炭资源产权制度的构建需要体现公平与效率相统一的价值取向。效率是制度的应有之义。从可持续发展的要求来看，煤炭资源产权制度应在公平与效率相统一的基础上进行构建。在经济学中，基于制度主义的公平价值观认为，制度对于人类社会秩序和行为规范至关重要，只有将社会成员的行为置于既定的制度约束之下时，在资源稀缺和需求无限矛盾约束下的人类社会和个人行为才会出现理想的秩序。制度主义公平观最集中的体现就是规则公平，即通过非歧视的规则对个体行为加以约束，意在保障个人自由和他人自由的基础。可持续发展中的公平是兼顾代内公平与代际公平的公平，代内公平表现为资源的供给与分配在保持不变的或增长的自然资本存量的条件下，达到在给定的时间点上公平对待一国内部或国家之间处于劣势的集团。为此，在煤炭资源的制度安排中，要在确定产权与资源环境交易的同时，注意平衡经济地理区位，界定贫困者或贫困地区对资源环境的拥有与支配权，并在税收、信贷、投资、补贴等方面做出的鼓励性制度安排，使其在缩短与富裕者或发达地区差距的前提下，发展经济与提高人们生活福利水平。同时，该制度应该安排资源开发和利用与环境保护的协调性规则，并要限制富裕者对资源的无止境消耗，在制度安排中激励资源的有效利用。在可持续发展理念中，效率是以全社会生活水平的提高为特征的，其与帕累托效率直接相关。帕累托效率是对于某种经济的资源配置，如果不存在其他生产上可行的配置，使得该经济中的所有个人至少和他们初始时的情况一样，而且至少有一个人的情况比初始时更好，那么这个资源配置就是最优的。据此，可持续发展的效率可以表述为当发展能够保证当代人的福利增加时，也不会使后代人的福利减少。也就是说，当福利的增加是以某种资源的消耗为前提时，要想在资源不断减少的情况下增加福利，唯一的途径就是提高资源开发和利用的效率。制度效率的实现要依靠微观经济主体的产出增长，为此，可持续发展的煤炭资源制度的效率安排，应当是在确定制度规则时拓展人们的选择空间；

在界定投资、契约等产权时，安排资源的公平分配和政府的资源开发和利用的宏观管理与微观规制，并保证资源供给与收入分配的公平与公正。制度效率是一个生产力标准，是客观的，而制度公平则是社会成员基于制度给自己带来的福利增加或减少的主观价值判断。由于处在不同利益层面上的人们的价值标准不可避免地带有其利益集团的价值倾向，制度是否公平的标准在不同的利益人群中是不同的。一种无效率的资源配置可能比另一种有效率的配置更公平，答案取决于一个人对公平是如何想的，因而取决于对各自想要的效用的人际比较①。因此，我们讲的制度公平是一种社会均衡，即社会大多数成员感到相对满意的结果。在此结果之上的制度会激励社会大多数成员进行有效劳动，会促进效率的提升。在这个意义上，公平是效率的要素，而在一定条件下，公平又是效率的制约条件甚至是前提。

四、煤炭资源产权创新的法治路径

要确立有效的煤炭资源产权制度，其最重要的内容就是通过对权利的确认和保护使外部性内在化，通过对权利的转让达到资源利用的效益最大化。我国煤炭资源产权的制度选择应该是在可持续发展的经济理性指导下的煤炭资源效率（处理好效率和公平关系的效率），即追求煤炭资源产权绩效大于成本的制度目标。

有效率的产权制度表现为煤炭资源价格能够准确地反映资源的相对稀缺性，指导人们决策的价格能够反映全部的经济后果，从而传递正确的信息及提供正确的激励②。要消除我国现行产权制度的低效率，有两个不同的思路：一是加强政府的管制，二是充分发挥市场的作用。不同的思路需要不同的产权安排作为基础。由于煤炭资源本身的多样性、公共性程度的差异和产权界定的难易不同，一个国家的煤炭资源产权制度应该是一个多层次、多元化的结构，单一产权结构难以满足制度设计所要实现的全部目标。我国煤炭资源产权制度的变迁总体上是政府主导的强制性制度变迁，从统一的公有产权到所有权与使用权的分离，从无偿委托到有偿交易，是这场

---

① Benjamin Page and Robert Y. Shapiro, "Effects of Public Opinion on Policy", American Political Science Review, Vol. 77, 1983, pp. 28 - 34.

② Daniel Kaheman, "New Challenges to the Rationality Assumption", Journal of Institutional and Theoretical Economics, Vol. 150, No. 1, 1993, pp. 25 - 26.

制度变迁的趋势，而问题的关键是制度变迁中是否有效率的增进。

按照现行的法律框架，我国煤炭资源理论上归国家所有，事实上归各地方政府或部门所有。地方政府不仅具有占有、使用和收益权，而且对一些资源具有事实上的所有权和转让权。这种格局必然会形成中央政府和地方政府的博弈关系，一项有效的产权制度的供给，旨在激励经济当事人选择最大化其收入的行为。煤炭资源产权制度的设计，应在一些重要资源实行国家专属所有权情况下确立资源收益多级化的制度，明确划分中央和地方的利益分配关系。在制度安排中，要解决煤炭资源的资本化和流动性问题，只有这样才能实现煤炭资源的价值最大化。煤炭资源的流动不是技术层面的物理流动，交易的实质是产权。煤炭资源的物理流动成本很高，但煤炭资源产权是完全可流动的、可交易的。对产权的明确界定是实现这种交易的前提，也是市场经济真正得以建立的制度前提。煤炭资源优势不能有效地转化为经济优势的关键不在于技术约束，而在于制度约束。有关煤炭资源的一系列制度安排尤其是产权制度安排和制度环境的变革，是经济落后但有煤炭资源禀赋优势的地区发展经济的关键。

在关于煤炭资源产权制度创新与改革绩效问题的研究上，我们瞄准的是中国的现实问题，要解决的是中国的事情。应当承认 20 世纪经济学的发展特别是在主流经济学理论体系之外发展起来的交易费用理论、产权理论、企业理论、博弈论、信息经济学等，给我们提供了认识中国转轨经济和解决产权问题的新视角[1]，新制度经济学、产权理论对于经济运行层面上的产权规则、制度安排等现象有其解释力[2]。但是，中国的经济改革毕竟是一场整体性的制度变迁，涉及社会制度结构的改革，其深刻原因要由"生产关系一定要适应生产力发展"这一规律来说明。只有坚持马克思历史唯物主义的所有制分析范式，才能使产权制度创新沿着正确的方向发展。

---

[1] 林岗、张宇：《产权分析的两种范式》，《中国社会科学》2000 年第 1 期。

[2] David Kreps and Robert Wilson, "Reputation and Imperfect Information", Journal of Economic Theory, Vol. 27, 1982, pp. 253.

结　语

随着经济全球化趋势的增强，在国内外市场上竞争更加激烈的形势下，煤炭企业通过兼并、联合等方式，向大型化、集团化发展已成为其主要趋势。山西根据煤炭资源现实状况应时展开了煤炭资源整合工作，这对优化和调整经济发展起到了不容忽视的作用。尽管如此，在整合进程中仍有诸多矛盾或问题，亟待以法治思维和法治方式予以探究和解决。将此作为博士后出站报告予以研究，可谓恰逢其时，通过法理和制度审视剖析和构建山西煤炭资源整合中问题解决的机制和路径。煤炭资源整合是伴随着经济社会发展而不断提高资源利用效率的持续过程，是矿业经济发展的内在要求。山西煤炭资源整合虽取得了明显成绩，但就山西煤炭产业发展而言，资源整合工作仍远未结束。因此，加大资源整合机制创新的力度，建立操作规范、程序合法的工作机制，是山西今后煤炭资源整合的工作重点和关键。为此，在正视煤炭资源整合既有得失的基础上，进一步从体制、机制以及制度等各方面推进山西煤炭资源整合工作，以优化煤炭资源开发利用。

首先，科学合理地完善相关政策法规，提高煤炭资源整合的效率。实施煤炭资源整合和有偿使用是一项重大的战略决策，必须针对存在的问题和出现的新情况，不断完善各项政策法律措施，及时弥补政策规范漏洞，保证矿业权改革不断深入：

（1）深化完善资源有偿使用政策。一是整合标准的制定应充分考虑自然资源区域分布特点，将资源整合和有偿使用工作建立在遵循客观规律的基础上，在已制定规定和政策的前提下，要进一步考虑各地的特殊性，以减少实际工作中的阻力和促进地方经济的健康发展。二是逐步建立煤矿退出机制，使煤矿投资经营者、煤矿职工、矿区所在农村集体以及农民等的利益不受损害，促进煤炭经济转型。三是进一步明确各相关职能部门权限，明确工作流程、不同权限行使的顺序和时限。加强对权力行使不规范情况的监管，对违反政策和法律规定的行为要及时予以纠正和处理。

（2）由于煤炭资源整合和有偿使用的实施是一个长期而系统的工程，相关政策法规的制定应本着"统筹兼顾、合理负担、循序渐进"的原则，审慎出台。一是在省政策措施试点工作没有结束之前，各级地方政府不应再出台新的增加煤炭企业成本费用的政策和措施，提高政策的稳定性。二是新的政策出台要与煤炭企业改革、发展和减轻企业负担同步进行，注重听取行业意见和企业诉求，认真开展调查研究，做好科学论证与分析，提高政策的科学性。三是政策执行过程中要认真做好研究和论证，征求相关部门意见，做好部门之间衔接与协调，提高政策执行效率，避免政出多门，影响企业长远发展。

其次，引入市场机制，继续推进矿业权市场化改革。在今后相当长的时期内，山西应以煤炭资源整合和有偿使用为契机，充分发挥市场在资源配置中的基础性作用，保证矿业权改革不断深入。

（1）山西煤炭产业应积极推进采矿权管理方式的转变，全面引入市场机制，建立与完善煤炭资源产权交易的二级市场。一是继续完善采矿权一级市场，在严格市场准入条件的前提下，对煤炭资源应采取招标和拍卖的方式出让。二是逐步建立煤炭采矿权二级市场，实行市场化运作，促进矿权流通。对煤炭资源产权交易的二级市场，必须严格规范探矿权、采矿权的转让、出租、承包、抵押等市场交易规则、程序；明确规范探矿权、采矿权市场退出机制，明确探矿权人和采矿权人的权利义务；规范探矿权、采矿权市场内的中介服务机构管理。

（2）发展相关产业，完善市场体系。矿业权市场发展既是一个市场化的过程，又是一个依托相关产业形成市场体系的过程。加快矿业权的市场发展，应该围绕矿业权的市场交易，建立一个包括交易场地、中介服务、信息系统等在内的完善的市场体系。一是尽快建立具有独立法人资格的矿业权市场交易机构或场所，以便在山西范围内形成一个比较完善的市场交易体系。无论是一级市场的矿业权出让，还是二级市场的矿业权转让，都应该按照公平、公开、公正的原则，实行进场交易、规范操作。二是大力培育发展社会化的矿业权评估、信息服务、代理、法律咨询、经纪等中介机构。鼓励企业、私人、社会组织和外资采取多种形式，开展矿业权评估、信息服务、代理、法律咨询和经纪等业务。三是充分利用现代信息网络技术，建立一个高效畅通的现代化信息网络，为矿业权市场交易提供一个快速、便捷的信息平台。

（3）加快矿业权评估制度建设，强化矿业权评估管理。目前，山西矿业权评估市场还不成熟，矿业权评估制度还不够完善，矿业权的评估管理还存在着各种欠缺，这有待我们在实践中认真探索和研究。一是要加快矿业权评估制度建设。组织专家编制并发布矿业权评估指导以及对矿产储量核查出台有关的规范要求；进一步完善煤炭资源开发利用方案编制；简化模拟勘查设计编制和评审等环节；建立评估招标制度，形成业内合理的公平竞争。二是要对矿业权评估资质进行认定。根据机构现有业绩确定不同的执业范围，同时确定升级和降级标准，这样既给予评估机构一定的压力，也有利于保证评估质量。

最后，优化资源配置，优化煤炭资源整合机制。在完成煤炭资源整合工作的基础上，省内煤炭矿业权出让、转让，应继续优先向"进一步实施煤炭资源整合的项目、组建大型煤炭集团公司或区域性煤炭企业集团的项目、提高煤炭加工转化能力或能够形成煤炭产业链的项目"倾斜。鼓励矿权向勘查开发能力强、资源利用水平高、安全生产条件好的矿山企业流转聚集，实现矿业开采的集约化和规模化。同时，相关职能部门还需从多方着手，积极推进和完善煤炭资源整合进程、深化煤炭资源整合工作：一是支持五大煤炭集团和重点煤矿对本矿区、周边中小煤矿就地兼并重组，恢复资源的整体性；二是引导煤矿企业与煤炭加工转化企业联营、联合、延伸煤焦化、煤电化、煤电冶等产业链，实现煤炭资源一体化开发，提高资源利用率；三是在重点产煤县，鼓励煤加工转化项目整合区域内的中小煤矿，有效解决一批招商引资深加工项目的原矿供应问题，促成丰富资源与先进的企业机制对接，实现资源的优化配置和集约利用；四是加大对山西优质稀缺煤炭资源的保护，研究制定《山西省优质和稀缺煤炭资源开发保护管理办法》，促进煤炭资源的合理开发利用。

在建立健全山西煤炭资源整合相关法律法规的基础上，积极而全面地推进整合工作向纵深方向发展，有利于推动山西甚至全国煤炭企业整合重组，形成规模效应，提高山西和全国煤炭资源生产的效率和安全性。当然，其中法律法规与整合实际不相符的情形时有出现，有待通过法治思维和法治方式，以市场机制为基准，在国家宏观调控下予以协调和消解，从而确保山西以及全国煤炭资源和煤炭产业的可持续发展。煤炭产业是山西的支柱产业，抓好煤炭资源整合和有偿使用，事关山西改革、发展和稳定的大局，对促进山西经济社会全面协调、可持续发展具有重要意义。作为全国试点省份之一，山西正积极推进的煤炭资源整合和有偿使用，可以说是中国煤炭资源采矿权有偿使用改革的一个缩影，具有全国意义。但整合进程中亦不可避免地浮现了一些问题和矛盾，因此在坚持可持续发展的理念下，应多维度地探究山西煤炭资源整合的路径。在此情形下，积极有效地推进山西煤炭资源整合实践探索，在增强本省煤炭产业竞争力、生产技术水平和安全保障能力的同时，必将影响并加快我国矿业管理体制改革的进程，有利于推动我国煤炭市场的形成和山西煤炭经济体制的进一步完善。

参考文献

一、中文部分

（一）论文类

陈甦：《证券市场诚信机制的运行逻辑与制度建构》，《证券法苑》2012 年第 2 期。

陈洁：《评级机构侵权责任之构造——以公众投资者因评级错误导致投资受损为视角》，《法律适用》2012 年第 3 期。

史际春：《求真务实、肩负社会责任的人大经济法学》，《法学家》2010 年第 4 期。

姜孟亚：《我国地方税权的确立及其运行机制研究》，史际春评议，《法学家》2010 年第 3 期。

史际春：《反垄断法与社会主义市场经济》，《法学家》2008 年第 1 期。

邹海林：《论我国物权法上的担保物权制度》，《清华法学》2007 年第 4 期。

王赞新：《矿业权市场与矿产资源可持续发展——国际经验与中国对策》，《资源与产业》2007 年第 3 期。

史际春、宋彪：《规划、监管与中国经济法》，《法学家》2007 年第 1 期。

康继田：《采矿权制度的产权分析》，《行政与法学论坛》2006 年第 9 期。

徐康宁、王剑：《自然资源丰裕程度与经济发展水平关系的研究》，《经济研究》2006 年第 1 期。

蒋承松：《再论地质矿产资源行政管理》，《国土资源通讯》2006 年第 6 期。

史际春、张扬：《非营利性组织的法学概念和法治化规范》，《学术月刊》2006 年第 9 期。

徐孟洲、叶珊：《矫治"政府失灵"：划定公权力的边界》，"十一五规划与中国经济法"论文集。

曹小凡：《矿业权制度的历史沿革》，《资源环境与工程》2006 年第 4 期。

朱大旗：《从财政法（学）的演进论其独立性》，《法学家》2006 年第 5 期。

谢地：《论我国自然资源产权制度改革》，《河南社会科学》2006 年第 5 期。

孙洪涛、田强：《论矿业权的流转》，《中国矿业大学学报》2006 年第 3 期。

王欣新、徐阳光：《论金融机构破产之理念更新与制度设计》，《首都师范大学学报》2006 年第 1 期。

崔勤之：《完善公司法人治理结构　提高公司运作效率》，《中国社会科学院院报》2005 年 12 月 29 日。

孟雁北：《论产业政策与反垄断法的冲突与协调》，《社会科学研究》2005 年第 2 期。

吕忠梅、尤明青：《论矿产资源所有权及其实现》，中国法学会环境资源法研究会 2005 年年会论文集。

杨秋生：《自然资源物权制度构筑的思考》，《中国矿业》2005 年第 5 期。

谢青霞、孔国荣、邹权：《我国矿产资源刑事保护立法及其完善研究》，《企业经济》2004 年第 12 期。

史际春：《新发展观与经济法治新发展》，《法学家》2004 年第 1 期。

李柏林：《矿业权法律与矿产资源所有权比较》，《中国矿业》2003 年第 5 期。

朱讯、张慧君：《我国现行矿权制度的历史背景》，《国土资源经济调查与参考》2003 年第 8 期。

王万山：《中国自然资源产权市场应如何"转轨"》，《改革》2002 年第 6 期。

王泽鉴：《物权法上的自由与限制》，载梁慧星主编《民商法论丛（第 19 卷）》，金桥文化出版（香港）有限公司 2001 年版。

崔勤之：《论政府干预经济与宏观经济立法》，《法学杂志》2001 年第 3 期。

梅夏英：《当代财产权的公法与私法定位分析》，《人大法律评论》2001 年第 1 辑。

刘诚：《产权、产权法与财产法体系》，《中国知识产权报》2001 年第 11 期。

吴宏伟：《论竞争法的基本原则》，《法学家》2001 年第 2 期。

高富平、顾权：《我国矿业权物权化立法的基本思路》，《法学杂志》2001 年第 6 期。

张文驹：《我国矿产资源产权制度的演化和发展方向》，《中国地质矿产经济》2000 年第 1 期。

林岗、张宇:《产权分析的两种范式》,《中国社会科学》2000 年第 1 期。

李志学:《我国矿业权出让与流转制度研究》,《西安石油学院学报》1999 年第 1 期。

崔建远等:《矿业权基本问题探讨》,《法学研究》1998 年第 4 期。

陈世荣:《加强法律文化建设、推进依法治国》,《法学杂志》1997 年第 4 期。

蒋承菘:《矿业权价值评估概述》,《中国地质》1997 年第 12 期。

肖国兴:《论中国自然资源产权制度的历史变迁》,《郑州大学学报》(哲学社会科学版)1997 年第 6 期。

唐咸正:《矿地产权流转》,《地质工作管理》1997 年第 2 - 4 期。

沈滢:《国外矿产资源产权制度》,《经济研究参考》1996 年第 16 期。

张维迎:《公有制经济中的委托人—代理人关系:理论分析和政策含义》,《经济研究》1995 年第 4 期。

张明楷:《行政刑法辨析》,《中国社会科学》1995 年第 3 期。

(二)著作类

宋梅、田蕾:《煤炭资源富集地利益相关者及其协调发展模式研究》,冶金工业出版社 2013 年版。

辜胜阻:《创新驱动战略与经济转型》,人民出版社 2013 年版。

李金克:《中国煤炭资源战略储备及其调控机制研究》,经济管理出版社 2012 年版。

赵国浩:《煤炭资源管理理论与政策研究》,经济管理出版社 2011 年版。

邹海林、崔勤之主编:《中国商法的发展研究》,社会科学文献出版社 2008 年版。

潘静成、刘文华:《经济法》(第三版),中国人民大学出版社 2008 年版。

孟雁北:《竞争法》(第二版),中国人民大学出版社 2008 年版。

徐孟洲、孟雁北:《竞争法》,中国人民大学出版社 2008 年版。

吴宏伟:《经济法》,中国人民大学出版社 2007 年版。

史际春:《反垄断法理解与适用》,中国法制出版社 2007 年版。

伍装:《国家经济秩序政策原理——秩序经济学引言》,上海财经大学出版社 2006 年版。

徐孟洲:《经济法学原理与案例教程》,中国人民大学出版社 2006 年版。

邹海林:《债权担保的理论与实务》,社会科学文献出版社 2005 年版。

张红凤：《西方规制经济学的变迁》，经济科学出版社 2005 年版。

吴庚：《行政法之理论与实用》（增订八版），中国人民大学出版社 2005 年版。

国土资源部地质勘查司编：《各国矿业法选编》（上、下册），中国大地出版社 2005 年版。

河山、肖水：《物权原理解析与批判》，群众出版社 2005 年版。

茅铭晨：《政府管制法学原论》，上海财经大学出版社 2005 年版。

杨立新：《物权法》，中国人民大学出版社 2004 年版。

卓泽渊：《法理学》（第四版），法律出版社 2004 年版。

尚明主：《主要国家（地区）反垄断法律汇编》，法律出版社 2004 年版。

廖进球、陈富良：《规制与竞争前沿问题》，经济管理出版社 2004 年版。

陈敏：《行政法总论》，新学林出版股份有限公司 2004 年版。

胡叔宝：《契约政府的契约规则》，中国社会科学出版社 2004 年版。

何之迈：《公平交易法专论》，中国政法大学出版社 2004 年版。

廖卫东：《生态领域产权市场制度研究》，经济管理出版社 2004 年版。

陈华彬：《物权法》，法律出版社 2004 年版。

王利明：《物权法论》（修订版），中国政法大学出版社 2003 年版。

龙翼飞：《土地登记相关法律知识》，中国农业出版社 2003 年版。

崔建远：《准物权研究》，法律出版社 2003 年版。

孙宪忠：《中国物权法总论》，法律出版社 2003 年版。

应松年：《行政法学新论》，中国方正出版社 2003 年版。

于雷：《市场规制法律问题研究》，北京大学出版社 2003 年版。

胡建淼：《行政法学》，法律出版社 2003 年版。

姚开建：《经济学说史》，中国人民大学出版社 2003 年版。

朱训、陈洲：《中华人民共和国地质矿产史（1949～2000）》，地质出版社 2003 年版。

《中国的矿产资源政策》（白皮书），2003 年 12 月 23 日。

谢地：《政府规制经济学》，高等教育出版社 2003 年版。

史际春：《探究经济和法互动的真谛》，法律出版社 2002 年版。

杨君昌：《公共定价理论》，上海财经大学出版社 2002 年版。

王利明：《物权法研究》，中国人民大学出版社 2002 年版。

王四光：《矿产资源资产概论》，中国大地出版社 2001 年版。

王俊豪：《政府管制经济学导论》，商务印书馆 2001 年版。

蒋承崧：《矿产资源管理导论》，地质出版社 2001 年版。

刘大洪、何易：《公有财产法律保护》，西苑出版社 2001 年版。

高富平：《物权法原论》，中国法制出版社 2001 年版。

傅英：《中国矿业法制史》，中国大地出版社 2001 年版。

高圣平：《土地使用权和用益物权》，法律出版社 2001 年版。

王利明：《中国物权法草案建议稿及说明》，中国法制出版社 2001 年版。

王泽鉴：《民法物权（通则·所有权）》，中国政法大学出版社 2001 年版。

史尚宽：《物权法》，中国政法大学出版社 2000 年版。

张俊浩：《民法学原理》（上册），中国政法大学出版社 2000 年版。

卢炯星：《宏观经济法》，厦门大学出版社 2000 年版。

吴宏伟：《竞争法有关问题研究》，中国人民大学出版社 2000 年版。

陈樱琴：《公平交易法与经济政策》，翰芦图书出版有限公司 2000 年版。

张昕竹：《中国规制与竞争：理论和政策》，社会科学文献出版社 2000 年版。

毛寿龙、李梅：《有限政府的经济分析》，上海三联书店 2000 年版。

翁岳生：《行政法》（上册），翰芦图书出版股份公司 2000 年版。

钱津：《特殊法人：公营企业研究》，社会科学文献出版社 2000 年版。

姜明安：《行政法与行政诉讼法》，北京大学出版社、高等教育出版社 1999 年版。

苏永钦：《跨越自治与管制》，五南图书出版股份有限公司 1999 年版。

周志忍：《当代国外行政改革比较研究》，国家行政学院出版社 1999 年版。

袁礼斌：《市场秩序论》，经济科学出版社 1999 年版。

梁慧星：《中国物权法研究》（上、下），法律出版社 1998 年版。

何斌、陆永潮：《矿政管理概论》，地质出版社 1998 年版。

刘诗白：《主体产权论》，经济科学出版社 1998 年版。

张文显：《二十世纪西方法哲学思潮研究》，法律出版社 1996 年版。

汪同三、齐建国：《产业政策与经济增长》，社会科学文献出版社 1996 年版。

国家计委编：《宏观经济调控》，中国计划出版社 1995 年版。

杨振山：《民商法实务研究·物权卷》，山西经济出版社 1994 年版。

曹树培：《地质矿产行政法》，中国政法大学出版社 1993 年版。

吴庚：《行政法之理论与实用》，三民书局 1992 年版。

张可凡：《民法的应用》，人民法院出版社 1992 年版。

江平：《中国矿业权法律制度研究》，中国政法大学出版社 1991 年版。

苏宏章：《利益论》辽宁大学出版社 1991 年版。

魏杰：《宏观经济政策学通论》，中国金融出版社 1990 年版。

中国人民大学清史研究所、档案系中国政治制度史教研室合编：《清代的矿业》（上、下），中华书局 1983 年版。

［德］马克斯·韦伯：《经济与社会》，林荣远译，商务印书馆 2006 年版。

［德］卡尔·拉伦茨：《法学方法论》，陈爱娥译，商务印书馆 2004 年版。

［美］P. 诺内特、P. 塞尔兹尼克：《转变中的法律与社会：迈向回应型法》，张志铭译，中国政法大学出版社 2004 年版。

［美］阿维纳什·K. 迪克西特：《经济政策的制定：交易成本政治学的视角》，刘元春译，中国人民大学出版社 2004 年版。

［美］劳伦斯·M. 弗里德曼：《法律制度——从社会科学角度观察》，李琼英、林欣译，中国政法大学出版社 2004 年版。

［美］麦克尼尔：《新社会契约论》，雷喜宁、潘勤译，中国政法大学出版社 2004 年版。

［美］布莱克：《法律的运作行为》，唐越、苏力译，中国政法大学出版社 2004 年版。

［美］理查德·A. 波斯纳：《法律理论的前沿》，武欣、凌斌译，中国政法大学出版社 2003 年版。

［英］韦恩·莫里森：《法理学：从古希腊到后现代》，李桂林、李清伟、侯健、郑云端译，武汉大学出版社 2003 年版。

［德］何梦笔主编：《秩序自由主义》，董靖、陈凌、冯兴元等译，中国社会科学出版社 2002 年版。

［英］朱迪·丽丝：《自然资源——分配、经济学与政策》，蔡运龙等译，商务印书馆 2002 年版。

［德］罗伯特·阿列克西：《法律论证理论——作为法律证立理论的理性论辩理论》，舒国滢译，中国法制出版社 2002 年版。

［美］凯斯·R. 孙斯坦：《自由市场与社会正义》，金朝武、胡爱平、乔聪启译，中国政法大学出版社 2002 年版。

［美］R. M. 昂格尔：《现代社会中的法律》，吴玉章、周汉华译，译林出版社 2002 年版。

〔美〕迈克·波特：《国家竞争优势》，李明轩、邱如美译，华夏出版社 2002 年版。

〔印〕阿马蒂亚·森：《以自由看待发展》，任赜、于真译，中国人民大学出版社 2002 年版。

〔英〕约翰·奥斯丁：《法理学的范围》，刘星译，中国法制出版社 2002 年版。

〔法〕贝尔纳·克莱芒：《自由竞争》，黄传根译，商务印书馆 2001 年版。

〔美〕埃莉诺·奥斯特罗姆：《公共事务的治理之道》，余逊达、陈旭东译，上海三联书店 2000 年版。

〔英〕边沁：《道德与立法原理导论》，时殷弘译，商务印书馆 2000 年版。

〔英〕弗里德利希·冯·哈耶克：《法律立法与自由》（第一、第二、第三卷），邓正来、张守东、李静冰译，中国大百科全书出版社 2000 年版。

〔英〕约翰·凯恩斯：《就业、利息和货币通论》，高鸿业译，商务印书馆 1999 年版。

〔美〕博登海默：《法理学——法律哲学与法律方法》，邓正来译，中国政法大学出版社 1999 年版。

〔美〕丹尼尔·F. 史普博：《管制与市场》，余晖等译，上海人民出版社 1999 年版。

〔美〕米尔顿·弗里德曼：《资本主义与自由》，张瑞玉译，商务印书馆 1999 年版。

〔日〕我妻荣：《日本物权法》，五南图书出版股份有限公司 1999 年版。

〔美〕范伯格：《自由、权利和社会正义》，王守昌、戴栩译，贵州人民出版社 1998 年版。

〔德〕马克斯·韦伯：《论经济与社会中的法律》，张乃根译，中国大百科全书出版社 1998 年版。

〔英〕P. S. 阿蒂亚：《法律与现代社会》，范悦、全兆一、白厚洪、康振家译，辽宁教育出版社、牛津大学出版社 1998 年版。

〔英〕弗里德利希·冯·哈耶克：《自由秩序原理》（上、下册），邓正来译，三联书店 1997 年版。

〔美〕G. J. 施蒂格勒：《产业组织和政府管制》，潘振民译，上海人民出版社 1996 年版。

〔美〕哈罗德·J. 伯尔曼：《法律与革命》，贺卫方等译，中国大百科全书出版社 1996 年版。

［美］戴维·奥斯本、特德·盖布勒：《改革政府：企业精神如何改革着公营部门》，上海市政协编译组、东方编译所编译，上海译文出版社 1996年版。

［英］麦考密克、［澳］魏因贝格尔：《制度法论》，周叶谦译，中国政法大学出版社 1994 年版。

［美］哈尔·R. 范里安：《微观经济学：现代观点》，费方域等译，上海三联出版社 1994 年版。

［美］罗伯特·考特：《法和经济学》，张军等译，上海人民出版社 1994年版。

［美］肯尼思·W. 克拉克森、罗杰·勒鲁瓦·米勒：《产业组织：理论、证据和公共政策》，杨龙、罗靖译，上海三联书店 1993 年版。

［前苏联］瓦西林科夫：《苏维埃行政法总论》，北京大学出版社 1985 年版。

［捷］奥塔·锡克：《经济·利益·政治》，王福民等译，中国社会科学出版社 1984 年版。

［美］罗斯科·庞德：《通过法律的社会控制》，沈宗灵译，商务印书馆1984 年版。

［英］亚当·斯密：《国民财富的性质和原因的研究》（上、下卷），郭大力、王亚南译，商务印书馆 1974 年版。

二、英文

Robinson T. J. C. , "Economic Theories of Exhaustible Resources", Routledge. London , 1989.

Bradley Jr. , Robert L. , "Resourceship: All Austrian Theory of Mineral Resource", The Review of Austrian Economics , Vol. 20 , No. 1 , 2007 , pp. 63 − 90.

MacKenzie Brian , "Mineral Economies: Decision − Making Methods in the Mineral Industry", Austrialian Mineral Foundation , Adelaide , 1987.

Maxwell Phillip , "Austrilian Mineral Economics: A Survey of Important Issues", Auslrilian Institue of Mining and Metallurgy , Carlton , Victorial , 2006.

Gordon Richard L. , "A Reinterpretation of the Pure Theory of Exhaustion", Journal of Political Economy , Vol. 75 , No. 3 , 1967 , pp. 274 − 286.

Koopmans Rjailing C. , "Ways of Looking at Future Economic Growth, Resource and Energy Use", Macrakis, Michael S. (Ed.), Energy: Demand, Conservation, and Institutional Problems. The MIT Press, Cambridge, MA, Vol. 10, 1974, pp. 3 – 15.

Gordon Richard L. , Tilton John E. , "Mineral Economics: Overview of a Discipline", Resource Policy, Vol. 33, 2008, pp. 4 – 11.

Tyron E. G, Eckles E. C. (Eds.), "Mineral Economics: Brookings Lectures", McGraw – Hill, New York, 1932.

Barnett Harold J. , Morse Chandler, "Scarcity and Growth: The Economics of Natural Resource Availability", Johns Hopkins Press for Resources for the Future, Baltimore, 1963.

Krautkraemer Jeffrey A. , "Nonrenewable Resource Scarcity", Journal of Economic Literature, Vol. 36, No. 4, 1998, pp. 2065 – 2107.

Tilton J. E. , "On Borrowed Time? Assessing the Threat of Mineral Depletion", Resources for the Future, Washington. DC, 2003.

Ballard C. , Banks Q, "Resource Wars: The Anthropology of Mining ", Ann. Rev. Anthrop, Vol. 32, No. 1, 2003, pp. 297 – 313.

McAllister J. , "The Central Queensland Sapphire Mining Community: A Case of Common Property and Cultural Capital. Paper Presented at the Second International Conference on Environmental, Cultural, Economic and Social Sustainability", Hanoi, Vietnam, 2006.

Taylor J. , "Populmion and Diversity: Policy Implications of Emerging Indigenous Demographictrends. Discussion Paper 283, Centre Aboriginal Economic Policy Research (CAEPR)", Australian National University, Canberra, 2006.

Me' lanie J. , Penney K. , Austin A. , Rumley C. , "Minerals Sector: Sustainable Development in the APEC Region. ABARE Research Report 06. 8 ", Prepared for the Australian Government Department of Industry, Tourism and Resources (DITR), Canberra, 2006.

Lawrence R. , "Goveming Warlpiri Subjects: Indigenous Employment in the Central Australian Mining Industry", Geograph. Res, Vol. 43, No. 1, 2005, pp. 4.

Joyce S. , Macfarlane M. , "Social Impact Assessment in the Mining Industry: Current Situation and Future Directions", MMSD Report No. 46, International Institute for Environment and Development (IIED) and World Business Council (WBC) for Sustainable Development London, 2002.

NCAV, "Prospecting for Skills: The Current and Future Skill Needs in the Minerals Industry", National Centre for Vocational Education (NCAV), Adelaide, 2005.

Heiler K. , Pickersgill R. , Briggs C. , "Working Time Arrangements in the Australian Mining Industry", Report of International Labour Office, Geneva, Switzerland, 2000.

Trebeck K. , "Companies, Complexity and CSR: Community Engagement in the Mining Industry", Australian Chief Executive, 2004, pp. 48 – 49.

Brereton D. , "Selfregulation of Environmental and Social Performance in the Australian Minerals Industry", Environ. Plan. Law J. , Vol. 20, No. 1, 2003, pp. 1 – 14.

Yongvanich K. , Guthrie J. , "The Australian Mining Industry' Sustainability Reporting: An Examination of Legitimation Strategies", Working Papers in Management, Macquarie Graduate School of Management: NSW, 2004.

ICMM, "Sustainable Development Framework", International Council on Mining and Metals, London. /http: //www. icmm. com/sd framework. phpS, 2004.

Solomon F. , Schiavi P, Horowitz L. , Rouse A. , Rae M. , "The Mining Certification Evaluation Project (MCEP) Final Report", Worldwide Fund for Nature (WWF) Australia, Melbourne, 2006.

Schiavi P. , Solomon E. L. , "Voluntary Initiatives in the Mining Industry: Do They Work? Ali S. , O' Faircheallaigh, C. (EdS.)", Greener Management International, Special Edition on Mining, 2007.

O' Faircheallaigh C. , "Aborigines, Mining Companies and the State in Contemporary Australia: A New Political Economy or Business as Usual?", Aust. J. Political Sci. , Vol. 41, No. 1, 2006, pp. 1 – 22.

Trigger D. , "Mining Projects in Remote Aboriginal Australia: Sites for the Articulation and Contesting of Economic and Cultural Futures. Proceedings of Mining Frontiers: Social ConflicL Property Relations and Cultural Change in Emerging Boom Regions", Max Planck Institute of Social Anthropology, University of Leipzig, Germany, 2003, pp. 16 – 18.

Lawrence R. , "Governing Warlpiri Subjects: Indigenous Employment in the Central Australian Mining Industry", Geograph. Res. , Vol. 43, No. 1, 2005, pp. 48.

Neate G. , "Agreement Making and the Native Title Act. Langton M. , Mazel, O. , Palmer L. , Shain K. , Tehan M. (Eds.), Honour Among Nations? Treaties and Agreements Witll Indigenous Peoples", Melbourne University Press, Melbourne, 2004.

Harvey B. , Nisk S. , "Rio Tinto and Indigenous Community Agreement Making in Australia. J", Energy Natural Resource Law, Vol. 23, No. 4, 2005, pp. 490 – 510.

Hrouda L. , Pearce D. , "An Extemal Perspective on Mining and Regional Development: Ensuring Companies and Governments Live Up to Their Obligations to Partner Sustainable Regional Development", Paper Presented at Minerals Council of Australia Sustainable Development Conference, 31 October – 4 November, Alice Springs, 2005.

Crooke E. , Harvey B. , Langtorg M. , "Implementing and Monitoring Indigenous Land Use Agreements in the Minerals Industry: All Australian Case study: The Western Cape Communities Co – existence Agreement", Langton M. , Mazel O. , Palmer L. , Shain K. , Tehan M. (Eds.), Settling with Indigenous People: Case Studies in Land use Agreement Makingin Australia, Canada and New Zealand. Federation Press, Annandale, NSW, 2006.

Macintyre M. , "Informed Consent and Mining Projects: Some Problems and a Few Tentative Solutions", Symposium Hosted by the School of Anthropology, Geography and Environmental Studies, the University of Melbourne, University of Melbourne, 2004.

Kemp D. , "Between a Rock and a Hard Place: Community Relations Work in the Minerals Industry, Unpublished Ph. D. Thesis", University of Queensland, 2005.

Rolfc J. , Ivanova G. , Lockie S. , "Assessing the Social and Economic Impacts of Coal Mining on Communities in the Bowen Basin: Summary and Recommendations", ACARP and Central Queensland University, 2006.

Cheney H. , Lovel R. , Solomon E. , "People, Power and Participation: A Study of Mining – community Relationships", MMSD Research Paper, 2002.

Guerin T. , "A Survey of Sustainable Development Initiatives in the Australian

Mining and Minerals Industry", Miner, Vol. 20, No. 3 – 4, 2006.

Heiler K. , "The Struggle for Time: A Review of Extended Shifts in the Tasmanian Mining Industry", Stage One of the Review of Safety in the Tasmanian Mining Industry, 2002.

McCann D. , "Working Time Laws: A Global Perspective: Findings From the ILO'S Conditions of Work and Employment Database", International Labour Organisation, Geneva, 2005.

Colley P. , "A Career and a Life in Mining: What Needs to be Done", Proceedings of the Minerals Council of Australia Sustainable Development Conference, Alice Springs, 2005.

Gray J. , "Minerals and Energy: Work Place Human Rights. Paper Presente dat the Minerals Council of Australia Sustainable Development Conference", Perth, Western Australia, 2006.

Maher T. , "Cooperation is Vital. Proceedings of NSW Minerals Industry Occupational Health and Safety Conference, Sydney. Ellem, B. ", Scaling Labour, Work Employ Soc. , Vol. 20, No. 2, 2006, pp. 369 – 387.

Altman J. , "Mining, Remote in Digenous Communities and the State: Conte Station Sover Development Futures", Seminar Presented 16 May 2007, CAEPtLANU, Canberra. /http: //www. anu. edu. au/caepr/Publications/topical/Altman _ Mining. pdfl333k – 17May2007S, http: //www. anu. edu. au/caepr/new. phpS, 2007.

Tiplady T. , Barclay M. A. , "Indigenous Employmentin the Australian Minerals Industry", CSRM, Univer Sity of Queensland, 2007.

三、网站

中国煤炭工业网：http：//www. chinacoal. gov. cn。

国家煤炭安全监察局网站：http：//www. chinasafety. gov. cn/。

国家煤炭工业网：http：//www. coalchina. org. cn/。

山西省政府网站：http：//www. shanxi. gov. cn/。

山西煤炭工业厅网站：http：//www. sxcoal. gov. cn。

山西煤炭运销集团有限公司网站：http：//www. sxmx. com. cn/。

索　引

后　记

　　煤炭资源整合过程中仍有诸多矛盾和问题，亟待以法治思维和法治方式予以探究和解决。诚然，从社会现象中归纳，这不是个简单的问题或课题，需要扎实的理论功底和行之有效的指导。幸运的是，博士后合作导师陈甦研究员在繁重的科研和行政工作之中欣然接受本人进入中国社会科学院法学研究所博士后流动工作站从事法学学术研究，从而使我有难得的机会在站进行研究学习。恩师授业解惑、拓思引智、论及法理、善以法德，从选题到成文不仅多次拨冗给予精心独到的指导，更于学习过程中从诸多方面给予充分的启蒙与关心、热情的鞭策和鼓励，师言谆谆、师言切切，师恩师德，永志难忘。

　　在景山东麓幽静之院，经过两年愉快而又富有压力的学术熏陶，本人不断学习、力求提升自身科研水平。正因如此，本人才有勇气去探求这一重要而鲜有前人系统、深入涉足的领域——煤炭资源政策化整合法律问题研究。在合作导师的指导下和法学所诸位名师大家的指导与帮助下，本人得以对山西煤炭资源整合问题展开理论联系实际、有的放矢的研究。历经两年，已就有关山西煤炭资源整合问题汇集成文、辅以成册。值此研究成果入选《中国社会科学博士后文库》之际，诚挚地感谢陈老师对我的接纳和知识的赋予，正是在先生的法治思想教导下，逐渐成文于此。衷心地感谢法学所王晓晔、孙宪忠、张广兴、李明德、崔勤之、邹海林、陈洁等诸位老师对我博士后研究工作的指导和帮助，对流动工作站孙秀升、缪书蕾老师的热情支持表示感谢！正是您们的关怀和照顾，方使我今天能顺利地完成出站报告。还要感谢单位领导和同事们，也正是因为您们的鼎力支持与热心鼓励，本人方能形成硕果。感谢父母和妻子的支持和帮助！

最后，诚挚感谢中国社会科学院与全国博士后管理委员会的评审专家支持，使研究成果入选《中国社会科学博士后文库》，并获资助出版。

我想，用心思考的成果应该且值得和大家分享！

郗伟明

2015 年 7 月